अस्तित्ववाद में मानव स्वतंत्रता और जिम्मेदारी

AASTIK AUR NAASTIK ASTITVAVAAD

डॉ एस के सचान | पीएच.डी.

ISBN 979-888629112-4

यह किताब मेरे परिवार और दोस्तों को समर्पित है।

यह मेरे दादा-दादी, पिता और अन्य प्रियजनों को भी समर्पित है जिनका निधन हो गया है। उन्होंने हमेशा मुझे धार्मिकता के मार्ग पर चलने और कर्तव्य, प्रतिबद्धता और समर्पण के साथ आगे बढ़ने की क्षमता प्रदान की है। जब तक हम उनके बारे में नहीं भूले, हमारे मृत वास्तव में कभी मरे नहीं हैं।

उनकी प्रशंसा की जानी चाहिए।

क्रम-सूची

क्रम-सूची

क्रम-सूची

प्रस्तावना

पुस्तक के इस संस्करण को प्रस्तुत करते हुए मुझे अत्यंत प्रसन्नता हो रही है। यह लेखक की पीएचडी थीसिस, ह्यूमन लिबर्टी एंड रिस्पॉन्सिबिलिटी इन एक्सिस्टेंशियलिज्म पर आधारित है, जिसे उन्होंने अपने डॉक्टरेट अध्ययन के हिस्से के रूप में प्रस्तुत किया था। यह पुस्तक न केवल स्नातक और स्नातक छात्रों के लिए उपयोगी होगी, जिन्होंने दर्शनशास्त्र को अपने प्रमुख विषय के रूप में चुना है, बल्कि साथ ही शोध शिक्षाविदों को भी जो दर्शन के इस क्षेत्र में शोध करना चाहते हैं, तथा यह जीवन के सभी क्षेत्रों के लोगों के लिए भी उपयोगी साबित होगी।

पुस्तक को सरल लेकिन व्यापक बनाया गया है, क्योंकि इसमें थीसिस के सभी पहलुओं और आस्तिक/नास्तिक अस्तित्ववादियों द्वारा उन्नत विचारों को शामिल किया गया है। इस पुस्तक का मुख्य लक्ष्य अवधारणाओं को स्पष्ट और संक्षिप्त तरीके से समझाना है जिससे पाठकों को लाभ होगा। मौलिक धारणाओं को व्यवस्थित और स्थिर तरीके से स्थापित किया गया है।

पुस्तक का विषय, जो एक पीएच.डी थीसिस पर आधारित है, अस्तित्ववाद पर एक अध्ययन परियोजना है, जो एक आधुनिक दार्शनिक चिंता का विषय है। यह डेनमार्क में शुरू हुआ, जर्मनी में विकसित हुआ, और फ्रांस में परिपक्वता तक पहुंच गया। यह दर्शन किसी भी दार्शनिक सिद्धांतों को खारिज करता है जो मनुष्य के बजाय बाहरी दुनिया को दार्शनिक विचार का मुख्य विषय मानते हैं। मनुष्य अस्तित्ववादियों के दर्शन के केंद्र में है, और वे इस क्षेत्र में अपने विचार के विषय के रूप में मानते हैं, वे एक मौजूदा इंसान का उपयोग करते हैं। यद्यपि सभी अस्तित्ववादी विचारक इस विषय पर सहमत नहीं हैं, फिर भी वे मानते हैं कि (1) मनुष्य स्वतंत्र है (2) और मानव अस्तित्व पर विचार करते समय मनुष्य कुछ स्तर तक स्वयं के लिए जिम्मेदार है।

इस पुस्तक को बनाने में कठिनाई यह थी कि डॉक्टरेट की उपाधि प्राप्त करने के बाद, मेरे सरकारी सेवा में होने के कारण लिखने के लिए समय नहीं दे पा रहा था। अब जब मैं सेवानिवृत्त हो गया हूं, मेरे पास अपने जीवन का दूसरा भाग शुरू करने के लिए बहुत समय है, और मेरे गाइड की इच्छा थी कि इसे पुस्तक के रूप में प्रकाशित किया जाए, मुझे इसे करने के लिए प्रेरित किया। वह आज इस पुस्तक को देखने के लिए नहीं हैं, लेकिन यह उनके लिए एक अद्भुत श्रद्धांजलि है। उनके सारगर्भित विचार मेरे जीवन में हमेशा मौजूद हैं।

इस पुस्तक को लेखक की इसी विषयवस्तु पर लिखी अंग्रेजी संस्करण से अनुवादित किया गया है। कुछ शब्द कठिन लग सकते हैं, यथा संभव उन्हें अंग्रेजी में भी लिखकर भाषा को सरल बनाने की कोशिश की गई है। आशा है कि पाठकगणों को विषयवस्तु समझनें में आसानी होगी।

पावती (स्वीकृति)

मैं अपने गुरु का आभारी हूं, जिनके प्रोत्साहन ने मुझे अपनी पीएचडी थीसिस को एक पुस्तक के रूप में प्रकाशित करने में सक्षम बनाया। प्रो. एस.सी. श्रीवास्तव, मेरे मार्गदर्शक, सलाहकार और संरक्षक ने मेरी पीएचडी थीसिस को सामान्य रूप से पूरा करने में महत्वपूर्ण भूमिका निभाई। मैं अपने पर्यवेक्षक प्रो. एस.सी. श्रीवास्तव, प्राचार्य (सेवानिवृत्त), डीएवी कॉलेज कानपुर को थीसिस के लेखन में उनकी निरंतर मदद के लिए, साथ ही पांडुलिपि की जांच के लिए और विभिन्न बिंदुओं पर महत्वपूर्ण संशोधन, सुझाव देने के लिये धन्यवाद देना चाहता हूं, जो अब हमारे साथ नहीं हैं, । थीसिस को पुस्तक के रूप में प्रकाशित करना उनका लक्ष्य था, जैसा कि इसकी जांच करने वाले प्रोफेसरों ने सिफारिश की थी; हालांकि, हमारे नियंत्रण से बाहर कई कारकों के कारण, उस समय ऐसा नहीं हुआ था। उनकी इच्छा ने मुझे इसे एक पुस्तक के रूप में प्रकाशित करने के लिए प्रेरित किया है, और मुझे विश्वास है कि यह उन्हें एक उचित श्रद्धांजलि होगी।

मैं विभिन्न विश्वविद्यालयों के उन प्रोफेसरों का भी आभारी हूं जिन्होंने थीसिस को पढ़ने, मूल्यांकन करने और टिप्पणी करने के लिए समय निकाला। मैं उनकी सिफारिश की सराहना करता हूं।

अंत में, मैं अपने माता-पिता, रिश्तेदारों और दोस्तों के प्रति कृतज्ञता व्यक्त करना चाहता हूं, जिनके बिना यह संभव नहीं होता।

1

अस्तित्ववाद की उत्पत्ति और उसकी समस्याएं

अस्तित्ववाद एक ऐसा मुद्दा है जो समकालीन दर्शन से उत्पन्न हुआ है। यह डेनमार्क में उत्पन्न हुआ, जर्मनी में विकसित हुआ और फ्रांस में परिपक्व हुआ। यह दर्शन उन सभी दार्शनिक सिद्धांतों का खंडन करता है जिन्होंने दार्शनिक सोच के मुख्य विषय बाहरी दुनिया, न कि मनुष्य के रूप में स्वीकार किया है। अस्तित्ववादियों की सोच का केंद्र मनुष्य है और वे इस दुनिया में मौजूद इंसान को अपनी सोच का विषय मानते हैं। यद्यपि सभी अस्तित्ववादियों के दार्शनिक इस विषय पर एक नहीं हैं, लेकिन वे मानव अस्तित्व की चर्चा करते हुए कुछ हद तक सहमत हैं कि (1) मनुष्य स्वतंत्र है (2) और वह मनुष्य स्वयं के लिए जिम्मेदार है।

विचार के एक आंदोलन के रूप में, अस्तित्ववाद 19 वीं शताब्दी में डेनमार्क के धर्मशास्त्री सोरेन आबे कीर्केगार्ड और अजीब जर्मन प्रतिभा फ्रेडरिक विल्हेम नीत्शे तक अपनी उत्पत्ति के लिए वापस पहुंचता है, लेकिन फ्रांस में इस सदी के चालीसवें और अर्द्धशतक में क्रिस्टलीकृत हो गया। जर्मनी से अस्तित्ववाद के आने के कई कारण हैं, जहां कार्ल जसपर्स और मार्टिन हाइडेगर ने इसे विकसित किया था, जैसा कि फ्रांस में जेपी सार्त्र और गेब्रियल मार्सेल ने बुद्धिजीवियों के इतने व्यापक स्तर से अपील की थी।

अस्तित्ववाद एक कट्टरपंथी प्रोटेस्टेंट विचारक, सोरेन अबे कीर्केगार्ड की निराशा से "हाल के समय के उथले और बंजर ईसाई धर्म के खिलाफ उभरा। यह व्यक्तिगत अस्तित्व पर जोर देने के साथ अस्तित्व में आया। यह सभी अस्तित्व के सार, आत्म-आधारित और सामंजस्यपूर्ण रूप से प्रकट व्यक्तित्व के साथ आया है।"1

अस्तित्ववाद आम तौर पर आधुनिक वैज्ञानिक तर्कवादी और अनुभववादी सिद्धांत का विरोध करता है जो मानता है कि ब्रह्मांड एक निर्धारित, आदेशित प्रणाली है जो चिंतनशील पर्यवेक्षक के लिए समझदार है जो सभी प्राणियों को नियंत्रित करने वाले प्राकृतिक कानूनों और मानव गतिविधि को निर्देशित करने वाली शक्ति के रूप में कारण की भूमिका की खोज

कर सकता है।

अस्तित्ववादी दृष्टिकोण में, होने की समस्या को ज्ञान की तुलना में दार्शनिक जांच में प्राथमिकता लेनी चाहिए। होने को वस्तुनिष्ठ जांच का विषय नहीं बनाया जा सकता; यह समय और स्थान में अपने स्वयं के अद्वितीय ठोस अस्तित्व पर प्रतिबिंब द्वारा व्यक्ति के सामने प्रकट होता है। अस्तित्व बुनियादी है; यह बदलती और संभावित खतरनाक दुनिया में व्यक्तिगत उपस्थिति और भागीदारी का तथ्य है। प्रत्येक व्यक्ति अपने स्वयं के और अपनी स्थिति के अपने स्वयं के अनुभव के संदर्भ में अपने अस्तित्व को समझता है। जिस स्व के बारे में वह जानता है, वह एक सोच वाला प्राणी है जिसके पास विश्वास, आशा, भय, इच्छाएँ, एक उद्देश्य और एक इच्छा खोजने की आवश्यकता है। अस्तित्व की समस्या को अगर अमूर्त रूप में देखा जाए तो कोई महत्व नहीं हो सकता है। इसे केवल प्रभाव, किसी विशेष अस्तित्व पर किए गए अनुभवों के संदर्भ में देखा जा सकता है। तर्कसंगत प्रणाली के भीतर किसी भी व्यक्ति का पूर्व-निर्धारित स्थान या कार्य नहीं होता है और कोई भी तर्क के माध्यम से अपने कथित कर्तव्य का निर्धारण नहीं कर सकता है। हर कोई चुनाव करने की जिम्मेदारी लेने के लिए मजबूर है। मनुष्य अपनी पसंद की आवश्यक स्वतंत्रता, भविष्य के बारे में अपनी अज्ञानता, कई गुना संभावनाओं के बारे में अपनी जागरूकता और एक अस्तित्व की परिमितता की प्राप्ति से उत्पन्न होने वाली चिंता की स्थिति में है जो पहले था और शून्य में समाप्त होना चाहिए।

अस्तित्ववादी विचारक अस्तित्व के "प्रामाणिक और अप्रमाणिक" रूप के बीच अंतर करते हैं। कुछ लोग किसी विशेष स्थिति को पार करने के व्यक्ति के प्रयास के आधार पर भेद करते हैं, वैकल्पिक रूप से परिस्थितियों के प्राणी के रूप में गुमनामी के रूप में स्वतंत्रता और परित्याग से इनकार किया जाता है। अन्य लोग अपने स्वयं के दृष्टिकोण को पार करने की संभावना से इनकार करते हैं और दावा करते हैं कि नैतिक जीवन एक भ्रम है। प्रामाणिकता एक व्यक्ति की व्यक्तिगत पहचान का संरक्षण है जो समाज के प्रभाव और मांगों के तहत धोखे से नष्ट होने का खतरा है। फिर भी अन्य लोग अन्य स्वतंत्र व्यक्तियों की मान्यता और उनके साथ संचार को प्रामाणिक अस्तित्व की कसौटी मानते हैं।

अस्तित्ववादियों के विचारक एक साझा पद्धति, समस्याओं के प्रति एक सामान्य दृष्टिकोण साझा करते हैं। इस प्रकार, सभी अस्तित्ववादियों के लिए, यह व्यक्तिगत मानव है जो केंद्रीय महत्व का है और यह व्यक्ति का "जीवित अनुभव" है जो सभी ज्ञान की कसौटी है। इसका अर्थ है व्यक्ति के विशेष और एकवचन और अद्वितीय अनुभव के लिए सार और आवश्यक और सार्वभौमिक के सभी "व्यवस्थित" विचारों की अस्वीकृति।

अस्तित्ववादियों ने मनुष्य की अपरिवर्तनीय विशिष्टता पर जोर दिया है। उनके लिए मानव स्वतंत्रता की दुनिया वैज्ञानिक नियतत्ववाद की दुनिया के खिलाफ खड़ी है और इसे कभी भी कम नहीं किया जा सकता है। अस्तित्ववाद हमारे समय की बौद्धिक संस्कृति में एक असामान्य रूप से शक्तिशाली उर्वर शक्ति रहा है और इसे एक प्रचलित प्रचलन या

फैशन के रूप में खारिज नहीं किया जा सकता है। 2

अस्तित्ववाद को मानव अस्तित्व, स्वतंत्रता और जिम्मेदारी की समस्याओं के साथ केंद्रीय रूप से चिंतित होने के लिए मजबूर किया जाता है। यह कोई आंदोलन या विचारों का समूह या लेखकों की स्थापित सूची नहीं है। यह एक "रवैया है जिसने हमारे समय के सबसे प्रतिभाशाली लेखकों में दार्शनिक अभिव्यक्ति पाई है और अभी भी ढूंढ रही है।" 3

2

अस्तित्ववाद के प्रकार

समकालीन अस्तित्ववादी दर्शन कई तरह से विकसित हुआ है। फ्रांस में, जीन पॉल सार्त्र और उनके अनुयायी नास्तिक हैं; फ्रांस के गेब्रियल मार्सेल रोमन कैथोलिक हैं। जर्मनी में, मार्टिन हाइडेगर एक नास्तिक हैं जिन्होंने ईसाई विचारकों को गहराई से प्रभावित किया है। कार्ल जसपर्स एक आस्तिक और सामान्य रूप से धार्मिक हैं, हालांकि ईसाई नहीं हैं। वे सभी जो ईसाई या धार्मिक हैं, कम से कम कीर्केगार्ड के विचारों को स्वीकार करते हैं जो आस्तिक हैं। फ्रेडरिक नीत्शे एक नास्तिक है।

जेपी सार्त्र ने अपनी पुस्तक अस्तित्ववाद में लिखा है, "अस्तित्ववादी दो प्रकार के होते हैं; पहला, वे जो ईसाई हैं; जिनमें से, मैं कार्ल जैस्पर्स और गेब्रियल मार्सेल, दोनों कैथोलिक; और दूसरी ओर, नास्तिक अस्तित्ववादी, जिनके बीच में हाइडेगर और फिर फ्रांसीसी अस्तित्ववादी और खुद को वर्गीकृत करता हूं।4

इस प्रकार, व्यापक अर्थों में, अस्तित्ववाद को दो प्रमुखों के अंतर्गत वर्गीकृत किया जा सकता है, पहला, आस्तिक या धार्मिक अस्तित्ववाद और दूसरा, एक नास्तिक अस्तित्ववाद।

कीर्केगार्ड, कार्ल जसपर्स और गेब्रियल मार्सेल, सभी धार्मिक विचारक, एक साथ एक आस्तिक अस्तित्ववाद के लिए आधार तैयार करते हैं। और इसी तरह, मार्टिन हाइडेगर, फ्रेडरिक नीत्शे, और जेपी सार्त्र, एक साथ, नास्तिक अस्तित्ववाद के लिए एक मजबूत नींव का निर्माण करते हैं।

आस्तिक अस्तित्ववाद को आमतौर पर सोरेन कीर्केगार्ड और नास्तिक अस्तित्ववाद के साथ फ्रेडरिक नीत्शे के साथ शुरुआत के रूप में माना जाता है।

कीर्केगार्ड: - आस्तिक अस्तित्ववाद के कई विषयों को निर्धारित करता है। विशेष रूप से, वह व्यक्ति पर जोर देता है, मानव जीवन की केंद्रीय भावना के रूप में व्यक्तिपरकता और पीड़ा के महत्व, "विश्वास की छलांग" की आवश्यकता पर जोर देता है।

गेब्रियल मार्सेल: - एक आस्तिक अस्तित्ववादी, एक रोमन कैथोलिक है। वह एक दर्शन होने से इनकार करते हैं जो विशेष रूप से उनके पास है, और जिसे कटे और सूखे रूप में रखा जा सकता है। उनका दर्शन दूसरे विचारों का दर्शन है, प्रतिबिंब पर प्रतिबिंब है, प्रतिबिंब को उच्च स्तर की अमूर्तता तक नहीं बढ़ाता बल्कि संक्षिप्तता, जीवन और सोच की एकता को बहाल करने के लिए प्रतिबिंब का उपयोग करता है।

कार्ल जसपर्स: - एक आस्तिक अस्तित्ववादी, अस्तित्ववादी होने या हाइडेगर के साथ कोई संबंध होने से इनकार किया। फिर भी उन्होंने प्रामाणिकता के विचार के इर्द-गिर्द अपने अस्तित्ववादी दर्शन का निर्माण किया, इसी तरह मनुष्य की स्वतंत्रता और ऐतिहासिकता पर जोर दिया।

नीत्शे: - पहले नास्तिक अस्तित्ववादी ने इस आंदोलन में योगदान दिया कि "ईश्वर मर चुका है" और प्रत्येक व्यक्ति को अपने स्वयं के मूल्यों की तलाश करनी चाहिए, भविष्य के लिए एक सेतु प्रदान करना चाहिए।

हाइडेगर: - एक नास्तिक अस्तित्ववादी, अस्तित्ववादियों में सबसे महत्वपूर्ण माना जाता है। उन्होंने मनुष्य की स्वतंत्रता की प्रामाणिकता, और शून्यता पर बल दिया।

जेपी सार्त्र: - एक और नास्तिक अस्तित्ववादी, प्रामाणिक अस्तित्ववाद के सभी विषयों मनुष्य की मौलिक स्वतंत्रता और उसकी जिम्मेदारी, परमेश्वर की मृत्यु; मूल श्रेणी के रूप में मूल्यों का आविष्कार, प्रामाणिकता, पीड़ा और शून्यता की उपस्थिति को एक साथ लाता है।

दार्शनिक शब्दों में, प्रत्येक वस्तु का एक सार और एक अस्तित्व होता है; एक सार, यानी दुनिया में एक निश्चित प्रभावी उपस्थिति। बहुत से लोग मानते हैं कि सार पहले आता है, और अस्तित्व बाद में। यह विचार धार्मिक विचार (ईश्वरवादी अस्तित्ववाद) में उत्पन्न होता है। वास्तव में, जो कोई भी घर बनाना चाहता है, उसे ठीक-ठीक पता होना चाहिए कि वह किस तरह की वस्तु बनाने जा रहा है। उन सभी के लिए जो यह मानते हैं कि परमेश्वर मनुष्य को बनाता है; सार अस्तित्व से पहले है, लेकिन यहां तक कि जिन लोगों को कोई विश्वास नहीं है, उन्होंने पारंपरिक राय को संरक्षित किया है कि वस्तु कभी भी अपने सार के अनुरूप नहीं होती है, और पूरी 18 वीं शताब्दी का मानना था कि सभी पुरुषों के लिए एक सार समान था, जिसे उन्होंने मानव प्रकृति कहा। अस्तित्ववाद, इसके विपरीत, यह मानता है कि केवल मनुष्य के साथ- अस्तित्व सार से पहले है। *

वास्तव में, एक व्यक्ति क्या होगा, यह उस भ्रूण में पूर्व निर्धारित नहीं होता है जिसमें इसकी संभावनाएं होती हैं। स्वतंत्र होने के कारण मनुष्य इन संभावनाओं में से न केवल पहले विकल्प से, अपने जन्म के समय या अपने सबसे शक्तिशाली विचार के जागरण पर, बल्कि हर दिन चुन सकता है। मनुष्य का सार उसकी स्वतंत्रता में, सस्पेंस में है। **

मनुष्य अपना सार चुनता है; क्या सार? सार्वभौमिक सार, जो हमें मनुष्य बनाता है, और व्यक्तिगत सार के बीच अंतर न करते हुए, जो हमें यह या वह *** विशेष मानव-डरपोक या

बहादुर, ईमानदार या बेईमान बनाता है।

-- ----------------------------------

*जेपी सार्त्र को उद्धृत करते हुए, पॉल फॉल्की ने अपनी पुस्तक, अस्तित्ववाद में लिखा है- मनुष्य में, अस्तित्व सार से पहले होता है।

अस्तित्ववाद शब्द ही सार के संबंध में एक निश्चित प्राथमिकता या अस्तित्व की प्राथमिक पहचान को इंगित करता है, सामान्य चीजों में नहीं, बल्कि केवल मनुष्य में।(अस्तित्ववाद, पॉल फॉल्की, पृष्ठ 47....)

** अस्तित्व और शून्यता, जेपी सार्त्र, पी.61

*** जेपी सार्त्र ने 'एक्शन' में कहा कि इसका मतलब अधिक सरल है, वह आदमी पहले है, और बाद में वह यह या वह है (जेपी सार्त्र इन एक्शन, दिसंबर 12 वीं 44)

-- ----------------------------------

जाहिर है, हम उस सार्वभौमिक या विशिष्ट सार का निर्माण नहीं करते हैं जिसके आधार पर हम मानव प्रजाति के हैं, लेकिन व्यक्तिगत सार जो हम में से प्रत्येक के लिए विशिष्ट है, वह किसी अन्य मनुष्य में नहीं मिलता है। हमारा सामान्य और विशिष्ट सार- "पशु" और "मनुष्य" - हमारे द्वारा निर्धारित नहीं किया जाता है; हम आदमी ही हैं; हमारा व्यक्तिगत या विशिष्ट सार एक निश्चित अनिश्चितता को प्रस्तुत करता है। कभी कम नहीं, चुनाव की काफी गुंजाइश है।

इसके अलावा, अगर मैं उस सामाजिक वर्ग को नहीं चुन सकता जिसमें मैं पैदा हुआ हूं, मेरी ऊंचाई, या मेरी बुद्धि, या मेरा रवैया जो मैं इस कच्चे तथ्य के प्रति अपनाता हूं, वह मेरे ऊपर निर्भर करता है। सर्वहारा "पूरी तरह से अपने वर्ग द्वारा बद्ध" है, लेकिन यह वह है जो अपनी स्थिति और अपने साथियों के अर्थ पर निर्णय लेता है; वह है जिसने स्वतंत्र रूप से निर्णय लिया; सर्वहारा वर्ग के लिए, अप्रतिबंधित अपमान के भविष्य पर, या विजय और जीत पर, जैसे कि वह इस्तीफा देना चाहता है, या एक क्रांतिकारी बनना चाहता है। * ऐसा होने के लिए चुने बिना मैं एक अमान्य हूं; लेकिन' मैं एक अमान्य नहीं हो सकता ...... जिस तरह से मैं अपनी दुर्बलता को मानता हूं ('असहनीय', 'अपमानजनक', 'छिपाने के लिए', 'सभी को प्रदर्शित करने के लिए', 'गर्व का स्रोत' के रूप में) के रूप में 'मेरी विफलताओं के लिए एक औचित्य, आदि)। 'मैंने अपने होने में नहीं, बल्कि अपने होने के तरीके में खुद बनना चुना'। **अब मैं जो हूं उसके प्रति जो रवैया अपनाता हूं, वह मुझे बदलने में योगदान देता है। यह रवैया एक ऐसे क्षेत्र में बनता है जो मुझे स्वतंत्र लग रहा था, स्वतंत्रता पर एक द्वार खुलता है। 5

----

*इबिड

**बीइंग एंड नथनेस, जेपी सार्त्र, पी.393, 633

3

नियतिवाद और स्वतंत्रता

नियतत्ववाद सिद्धांत है कि सभी घटनाएं पूर्ववर्ती परिस्थितियों का अनिवार्य परिणाम हैं और मनुष्य, स्पष्ट पसंद के कृत्यों में उनकी आनुवंशिकता और पिछले पर्यावरण की यांत्रिक अभिव्यक्ति दिखाते हैं।

नियतत्ववाद का तर्क है कि भविष्य में कोई घटना घटित होनी चाहिए या नहीं होनी चाहिए। जो कुछ भी होगा वह सही निकलेगा, और इसलिए हमेशा सही था, चाहे हम इसे जानते हों या नहीं।

नियतत्ववाद के प्रकार :-

नियतत्ववाद को कभी-कभी कठोर और नरम में विभाजित किया जाता है। कठोर निर्धारक का कहना है कि हमारे कार्य इस तरह से होते हैं जो हमें उतना स्वतंत्र नहीं बनाता जितना हमने सोचा होगा, ताकि जिम्मेदारी अगर स्वतंत्र इच्छा का तात्पर्य है, तो यह एक भ्रम है। कारण शारीरिक और मनोवैज्ञानिक (मस्तिष्क में होने वाली घटनाएँ) या फिर मानसिक (जैसे, सचेत या अचेतन इच्छाएँ, और बचपन के अनुभव जो ऐसी इच्छाओं का कारण बनते हैं) हो सकते हैं। कठोर निर्धारक असंगतताएं हैं, अर्थात स्वतंत्र इच्छा और सार्वभौमिक कारण असंगत हैं।

नरम निर्धारक, हाल के दिनों में अब तक के सबसे बड़े वर्ग का कहना है कि हमारे कार्य वास्तव में कारण हैं, लेकिन इसलिए हम किसी भी तरह से कम नहीं हैं, क्योंकि कार्य-कारण हम पर कोई बाधा या मिलीभगत नहीं है। जब तक हमारे स्वभाव और विकल्प कारण श्रृंखला में मदों के रूप में प्रभावित हो रहे हैं, यह तथ्य कि वे स्वयं कारण हैं, अप्रासंगिक है और उन्हें वह होने से नहीं रोकता है जो वे हैं।

नरम निर्धारक अक्सर मानते हैं कि जो प्रशंसा और दोष को सही ठहराता है वह केवल यह है कि वे कार्रवाई को प्रभावित कर सकते हैं। नरम निर्धारक संगतिवादी होते हैं, अर्थात स्वतंत्र सोच और सार्वभौमिक कार्य-कारण संगत होते हैं।6

स्वतंत्रता या स्वतंत्र इच्छा आनुवंशिकता पर्यावरण, और परिस्थितियों की निर्धारित बाध्यता से सचेत पसंद के कृत्यों में एजेंट की आंशिक स्वतंत्रता है।

लिबर्टी और नियतत्ववाद दो स्पष्ट रूप से विरोधी दार्शनिक अवधारणाएं हैं, "पूर्व में यह माना जाता है कि मनुष्य अपनी इच्छा के अनुसार चुनने और कार्य करने में सक्षम है, दूसरा यह कि मानव क्रियाओं सहित सभी घटनाएं पूर्वनिर्धारित हैं। हम यह नहीं मान सकते हैं कि अधिकांश रोज़मर्रा की ज़िंदगी में कई मौकों पर हम स्वतंत्र एजेंट हैं, ऐसा करने या करने से दूर रहने में सक्षम हैं। *

मानव आचरण सहित सब कुछ वास्तव में पूर्ण अनिवार्यता के साथ होता है। दार्शनिक समस्या यह पता लगाना है कि वास्तव में दो क्षेत्रों की पूर्वधारणाएँ और निहितार्थ क्या हैं और क्या उनमें सामंजस्य स्थापित किया जा सकता है या नहीं। एक दृष्टिकोण के अनुयायी, जैसा कि उल्लेख किया गया है, संगतिवादी हैं, और अन्य असंगतिवादी हैं।

यदि आस्तिक सृष्टि का सिद्धांत सत्य है, तो क्या यह मानवीय जिम्मेदारी और चुनाव के लिए कोई जगह छोड़ सकता है? आस्तिक संदर्भ में, पूर्वनियति के बारे में बात करना सामान्य है, जिसका अर्थ है कि विशेष रूप से हर पसंद सहित सब कुछ दैवीय फरमान द्वारा पहले से तय किया गया है।7

---

* दर्शनशास्त्र का एक शब्दकोश, एंटनी फ्लेव, पी.125

4

मानव स्वतंत्रता का अर्थ

निश्चित रूप से, स्वतंत्रता के सबसे बुनियादी अर्थों में से एक महत्वपूर्ण विकल्प के विचार पर केंद्रित है। इस अर्थ में स्वतंत्रता का अर्थ है दो या दो से अधिक विकल्पों में से किसी एक को चुनने की शक्ति। जीवन में हमारे सामने आने वाली अधिकांश परिस्थितियों में यदि इसके अलावा कुछ और करने की शक्ति है तो हम इस अर्थ में स्वतंत्र हैं। यदि कोई स्वतंत्रता के इस दृष्टिकोण को धारण करता है, तो भविष्य को खुला या अनिश्चित मानना स्वाभाविक है। इसलिए, अनिश्चिततावाद स्वतंत्रता के इस दृष्टिकोण का एक स्वाभाविक परिणाम है।

अस्तित्ववादी आमतौर पर पसंद की सबसे व्यापक स्वतंत्रता रखते हैं। जेपी सार्त्र ने स्वतंत्रता के प्रति मानव के उभयलिंगी रवैये, मानव जीवन में इसकी विशाल सीमा और नियतत्ववाद के सिद्धांत के पलायनवादी चरित्र पर जोर दिया।

5

स्वतंत्रता के प्रकार

इस संबंध में हमारे पास दो स्टैंड हो सकते हैं

1. क्या मनुष्य अपनी पसंद की कार्रवाई में स्वतंत्र है या

2. क्या उसके कार्य उसके नियंत्रण से बाहर की ताकतों द्वारा पूर्वनिर्धारित और उसकी इच्छा के विरुद्ध हैं?

यदि हम कहते हैं कि मनुष्य स्वतंत्र है, तो हम अपने उत्तर को वस्तुनिष्ठ आवश्यकता की स्वीकृति के साथ कैसे मिला सकते हैं?

यदि हम कहें कि वह स्वतंत्र नहीं है, तो क्या इसका यह अर्थ है कि लोग सामाजिक विकास के नियमों को साकार करने का एक साधन मात्र हैं? कांट के अनुसार, यदि मानवीय इच्छाएं अनुभवजन्य रूप से सशर्त और आवश्यक हैं, तो किसी भी इंसान को उनके लिए जिम्मेदार नहीं ठहराया जा सकता है। यही कारण है कि कांट का कहना है कि एक और एक ही मानवीय कार्यों में स्वतंत्रता और आवश्यकता के बीच विरोधाभास हो सकता है। मनुष्यों पर अपना अंतिम फैसला सुनाते हुए, कांट ने कहा कि यद्यपि आप एक इंसान के रूप में इस तरह से कार्य करते थे क्योंकि आप अन्यथा कार्य नहीं कर सकते थे, आपके कार्यों को परिस्थितियों के आधार पर किया जा रहा है और परिणामस्वरूप आपको दोषी नहीं ठहराया जा सकता है। इससे कोई फर्क नहीं पड़ता कि, आखिरकार, आप कार्य कर सकते थे या नहीं कर सकते थे, और अन्यथा आप अभी भी दोषी हैं, क्योंकि आपको ऐसा कार्य नहीं करना चाहिए था जैसा आपने किया था।

कांट के अनुसार स्वतंत्र रूप से (अर्थात बिना किसी बाध्यता के) घटनाओं को आरंभ करने की क्षमता ही स्वतंत्रता है, मनुष्य के सामने अनेक रास्ते हैं और वह उनमें से किसी एक को चुन सकता है।

स्वतंत्रता को कभी-कभी केवल नकारात्मक अर्थों में, व्यक्तिगत स्वतंत्रता के रूप में, "नहीं" कहने की क्षमता के रूप में परिभाषित किया जाता है। हालांकि, हर इनकार को निश्चित रूप से किया जाना चाहिए, शायद पूरी तरह से सचेत स्थिति से नहीं, एक

सकारात्मक सिद्धांत का अर्थ है, जो किसी व्यक्ति की अस्वीकृति को सही ठहराता है और उसकी अस्वीकृति के अर्थ और मूल्य को व्यक्त करता है। किसी एक चीज की अस्वीकृति का मतलब किसी और चीज का दावा होना चाहिए।

स्वतंत्रता अस्तित्व का एक विशेष रूप से मानवीय तरीका है और केवल स्वतंत्रता की प्राप्ति ही मानवीय अर्थों में अच्छी हो सकती है। कोई समाज में नहीं रह सकता और समाज से मुक्त नहीं हो सकता।

व्यक्ति हमेशा वैसा ही कार्य करने के लिए स्वतंत्र नहीं होता जैसा वह फिट देखता है। उसे अपने कार्यों को अपने आसपास के लोगों के साथ समन्वयित करना चाहिए। यह उसकी जिम्मेदारी है कि वह अपने व्यवहार को उनके हितों और गतिविधियों के साथ सहसंबद्ध करे। वह अपनी कुछ भावनाओं और आवेगों को दबाने के लिए मजबूर होता है और उन्हें अपनी इच्छा से अलग दिशाओं में निर्देशित करता है।

स्वतंत्रता की बात करते समय, किसी को यह नहीं सोचना चाहिए कि वह कुछ ऐसा कर रहा है जैसे कि सनकी मनमानी, ऐसी स्वतंत्रता बस मौजूद नहीं है। मानवीय क्रियाएं विभिन्न कारकों, कानूनी, नैतिक, सौंदर्यशास्त्र और चरित्र के विभिन्न लक्षणों, प्राकृतिक क्षमताओं आदि द्वारा प्रतिबंधित हैं। सार्त्र के अनुसार, 'स्वतंत्रता पसंद की स्वायत्तता है'। यह महसूस किया जाता है कि जहां एक व्यक्ति अपनी इच्छाओं की पहल करता है, अपनी ओर से और स्वयं की ओर से चुनता है।

मनुष्य द्वारा उन लक्ष्यों की स्वतंत्र पूर्ति जो वह एक तर्कसंगत प्राणी के रूप में स्वयं को निर्धारित करता है, केवल प्रकृति और सामाजिक वास्तविकता के नियमों के उपयोग पर आधारित हो सकता है, न कि उनके लिए अवमानना पर। नतीजतन, स्वतंत्रता सबसे पहले, उन कानूनों के ज्ञान को मानती है जो मनुष्यों पर निर्भर नहीं हैं, और यह वह ज्ञान है जो लोगों को आंतरिक रूप से स्वतंत्र बनाता है। इस प्रकार, स्वतंत्र इच्छा एक अवधारणा के रूप में उभरती है जो चेतना और ज्ञान की अवधारणाओं से निकटता से संबंधित है। ज्ञान केवल शक्ति नहीं है; यह भी स्वतंत्रता है। मुक्ति का एकमात्र मार्ग ज्ञान का मार्ग है। बंधन के लिए अज्ञान साझा किया जाता है। ज्ञान की डिग्री स्वतंत्रता की डिग्री निर्धारित करती है। जिसे कोई नहीं जानता उसकी कोई इच्छा नहीं कर सकता। ज्ञान अपने आप में अभी स्वतंत्रता नहीं है, लेकिन इसके बिना कोई स्वतंत्रता नहीं हो सकती। स्वतंत्रता का तात्पर्य न केवल वर्तमान में विकास की स्थिति और नियमों का ज्ञान है, बल्कि सचेत गतिविधि के भविष्य के परिणाम की तैयारी, उनका पूर्वाभास भी है। व्यक्तिगत और सामाजिक स्वतंत्रता दोनों में वस्तुनिष्ठ कानूनों की कुछ काल्पनिक स्वतंत्रता नहीं है, बल्कि मामले के ज्ञान के साथ सक्रिय रूप से निर्णय लेने और निर्णय लेने की क्षमता है, और सबसे बढ़कर, ऐसी परिस्थितियों में सोचने और कार्य करने की क्षमता है जो किसी के इरादों को महसूस करना संभव बनाती हैं।

सचेत आवश्यकता के रूप में स्वतंत्रता की अवधारणा आवश्यक है, लेकिन स्वतंत्रता की प्रकृति की समझ के मार्ग पर पहला कदम है। यह हमें स्वतंत्रता को मनमानी से अलग करने की अनुमति देता है और वस्तुनिष्ठ स्थितियों की प्राथमिकता पर जोर देता है।

जसपर्स के अनुसार, सबसे स्वतंत्र लोग पागल हैं, क्योंकि उनके पास कोई तर्क नहीं है, अस्तित्ववाद मनुष्य की व्याख्या दुनिया के विरोध में खड़ी और उसके प्रति शत्रुता के रूप में करता है।

मनुष्य प्रकृति से मुक्त नहीं है, समाज और उनके कानूनों से नहीं बल्कि प्रकृति और समाज दोनों के नियमों के संचालन द्वारा प्रदान किए गए ढांचे के भीतर है। जब उन्हें जाना जाता है, तो वे किसी व्यक्ति की इच्छा को अपेक्षाकृत मुक्त कर देते हैं। लेकिन वे इसकी सीमा भी निर्धारित करते हैं। उन लक्ष्यों की प्राप्ति की सीमा जो मनुष्य ने स्वयं को निर्धारित किया है; स्वतंत्र इच्छा नहीं है, मनमानी।

स्वतंत्रता आवश्यकता के ज्ञान के आधार पर इस आवश्यकता के अनुसार चुनने और कार्य करने की क्षमता है। इसमें न केवल प्राकृतिक और सामाजिक नियमों का ज्ञान होता है बल्कि इस ज्ञान की व्यावहारिक प्राप्ति भी होती है। स्वतंत्रता की प्राप्ति में कुछ बाधाओं पर काबू पाना और बाधा जितनी कठिन होती है, उतनी ही मजबूत और अधिक स्वतंत्रता प्रेमपूर्ण होती है। वह होना चाहिए।

स्वतंत्रता न केवल कई संभावनाओं में से एक निश्चित लक्ष्य के चुनाव में निहित है, बल्कि नए लक्ष्यों की स्थापना में रचनात्मकता में भी निहित है। स्वतंत्रता न केवल सचेत आवश्यकता है, बल्कि स्वयं मनुष्य द्वारा निर्मित अस्तित्व, उसके सामाजिक संबंध, भौतिक और बौद्धिक संस्कृति की दुनिया है।

स्वतंत्रता का विचार पूरी तरह से मानवीय और सामाजिक है, यह परिस्थितियों के हर ठोस ऐतिहासिक सेट में भिन्न होता है। स्वतंत्रता अपने आप में एक अमूर्तता है। एक वास्तविकता के रूप में यह हमेशा ठोस ऐतिहासिक अर्थ से भरा होता है। स्वतंत्रता एक ऐतिहासिक रूप से विकसित होने वाली चीज है, विकास की एक प्रक्रिया है जो कभी भी पूरी तरह से साकार नहीं होती है। प्रकृति स्वतंत्रता नहीं जानती।8

6

मानव जिम्मेदारी

अस्तित्ववादी समाज के प्रति व्यक्ति की जिम्मेदारी को यह मानते हुए पूर्ण करते हैं कि प्रत्येक व्यक्ति दुनिया में होने वाली हर चीज के लिए जिम्मेदार है। यह थीसिस इस आधार (premise) पर आधारित है कि व्यक्तिगत इच्छा ऐतिहासिक घटनाओं के प्रवाह से स्वतंत्र है और ये घटनाएं व्यक्तिगत इच्छा के उत्पाद हैं। प्रत्येक अलग व्यक्ति हर चीज के लिए जिम्मेदार है क्योंकि यह "सब कुछ" होशपूर्वक उसके द्वारा बनाया गया है, लेकिन यह व्यक्तिपरक आदर्शवाद है। यह स्पष्ट रूप से व्यक्त किया गया है, उदाहरण के लिए, सार्त्र में, जो उस व्यक्ति को बनाए रखता है, स्वतंत्रता की निंदा करते हुए, पूरी दुनिया का भार अपने कंधों पर ले लेता है; वह दुनिया के लिए और खुद के लिए जिम्मेदार है।

उत्तरदायित्व व्यक्ति पर समाज की विशिष्ट माँग को कर्तव्य के रूप में व्यक्त करता है। कुछ सामाजिक मानक हैं लेकिन उन मानकों का उल्लंघन करने की संभावना सहित पसंद की स्वतंत्रता भी है। जहां कोई विकल्प नहीं है, वहां कोई जिम्मेदारी नहीं है। व्यक्ति अपनी व्यक्तिगत जिम्मेदारी से अवगत हो जाता है जब वह जानता है कि अन्य लोग उससे क्या उम्मीद करते हैं। उत्तरदायित्व दो रूपों में प्रकट हो सकता है, पूर्वव्यापी और वास्तविक, अर्थात, पहले किए गए कार्यों के लिए जिम्मेदारी और दिए गए समय में किए जा रहे कार्यों के लिए।

उत्तरदायित्व चेतना की स्थिति है, समाज और स्वयं के प्रति कर्तव्य की भावना, किए गए कार्यों के उद्देश्य और एक निश्चित सामाजिक समूह या वर्ग और स्वयं के लिए उनके परिणामों के बारे में जागरूकता है। उत्तरदायित्व व्यक्ति के व्यवहार को उसकी चेतना के माध्यम से नियंत्रित करने के लिए समाज का आवश्यक साधन है। सामाजिक रूप से विकसित व्यक्तित्व के एक अभिन्न गुण के रूप में; जिम्मेदारी नैतिक, राजनीतिक, नागरिक, कानूनी और अन्य क्षेत्रों में व्यक्ति की गतिविधि के सभी रूपों का प्रतीक है। गैर-जिम्मेदार गतिविधि के कोई रूप नहीं हैं, जितना कि ऐसी कोई गतिविधि नहीं है जिसके परिणाम स्वयं व्यक्ति, सामाजिक समूह या समाज के हितों को प्रभावित नहीं करते हैं।

ऐतिहासिक रूप से, समाज के प्रति व्यक्तिगत जिम्मेदारी सामाजिक प्रगति के मद्देनजर बढ़ने की प्रवृत्ति को दर्शाती है। समकालीन समाज में समाज के प्रति प्रत्येक व्यक्ति की नागरिक, राजनीतिक और नैतिक जिम्मेदारी का महत्व, राष्ट्रों और सभी मानवता के भाग्य के लिए उसकी जिम्मेदारी तेजी से बढ़ गई है। व्यक्ति इस हद तक जिम्मेदार है कि वह अपने कार्यों में स्वतंत्र है। व्यक्ति आमतौर पर केवल कुछ ऐसा करने या प्राप्त करने में स्वतंत्र होता है जो उसके अपने इरादे की प्राप्ति होती है। इस तरह की कार्रवाई और उपलब्धि के लिए व्यक्ति जिम्मेदार है। वह जिम्मेदार नहीं है और उसकी इच्छा के विरुद्ध दूसरों द्वारा किए गए कार्यों के लिए जिम्मेदार नहीं ठहराया जा सकता है। इस तरह के कार्यों के लिए उसके दरवाजे पर दोष नहीं लगाया जा सकता है।

उत्तरदायित्व और दायित्व का अर्थ केवल इतना है कि वे व्यक्ति में उसके भविष्य के व्यवहार के संबंध में सकारात्मक परिवर्तन लाते हैं। उत्तरदायित्व का अर्थ उत्तरदायित्व से कहीं अधिक है। किसी के व्यवहार और इरादों के लिए आंतरिक जिम्मेदारी, यानी आत्म-नियंत्रण, आत्म-मूल्यांकन और किसी के जीवन के सामान्य नियमन का भी बहुत महत्व है।

जिम्मेदारी का एक महत्वपूर्ण रूप भविष्य के लिए जिम्मेदारी है, दोनों निकट और दूर, जो वर्तमान और अतीत के लिए जिम्मेदारी की भावना पर बनाया गया है।

इतिहास के क्रम में उत्तरदायित्व का स्वरूप और उसके स्वरूप बदल गए हैं। आदिवासी व्यवस्था कोई व्यक्तिगत जिम्मेदारी नहीं जानती थी। केवल उस समुदाय के प्रति जिम्मेदारी थी, जिसने अपने सदस्यों पर कार्रवाई का एक निश्चित पाठ्यक्रम लगाया और इन कार्यों को नियंत्रित किया। दास समाज ने व्यक्तित्व की ओर झुकाव की शुरुआत का खुलासा किया, जबकि कम्यून ने व्यक्ति की कार्रवाई को बंद कर दिया। दास समाज ने उसे कुछ हद तक स्वतंत्रता के साथ, अपने जोखिम पर कार्य करने की अनुमति दी। दास-स्वामित्व काल के दौरान व्यक्ति न तो समुदाय के प्रति, न ही स्वयं के प्रति, बल्कि राज्य व्यवस्था और देवताओं के प्रति उत्तरदायी था। राज्य के जोखिम के साथ राज्य, सम्राट और ईश्वर के प्रति व्यक्तिगत जिम्मेदारी की अवधारणा आकार लेने लगी।9

जिम्मेदारी का वास्तविक माप जो एक व्यक्ति अपने कार्यों के लिए वहन करता है, वह वास्तविक परिस्थितियों पर निर्भर करता है जो जीवन ने उसे अपने कार्यों के परिणामों का सचेत रूप से मूल्यांकन करने और एक व्यक्तिगत व्यक्तिगत स्टैंड लेने के लिए दिया है।

पार्ट-1

आस्तिक अस्तित्ववाद में मानव स्वतंत्रता और उत्तरदायित्व

सोरेन अबे कीरकेगार्ड के दर्शन में मानव स्वतंत्रता और जिम्मेदारी

7

सोरेन अब्ये कीर्केगार्द/ SOREN AABYE KIERKEGAARD (1813-1855): Brief Sketch and Introduction

SOREN AABYE KIERKEGAARD
(1813-1855): Brief Sketch and Introduction

Søren Aabye Kierkegaard (1813-1855)
Søren Aabye Kierkegaard
Born

Søren Aabye Kierkegaard, 5 May 1813, Copenhagen, Denmark–Norway

Died

11 November 1855 (aged 42),Copenhagen, Denmark

Education

University of Copenhagen,(M.A., 1841)

Region

Western philosophy

School

Existentialism, Continental philosophy, Christian existentialism, Existential psychology[1][2]

Thesis

Om Begrebet Ironi med stadigt Hensyn til Socrates (On the Concept of Irony with Continual

Reference to Socrates) (1841)

Main interests

Aesthetics,Christianity,Epistemology,Ethics,Metaphysics,Philosophy of Christianity

Poetry, Psychology

Notable ideas

The Absurd, Angst, Authenticity, Existential despair, Existential philosophy,

Infinite qualitative

distinction, Knight of faith, Leap of faith, Present age

Influences

Abraham,Descartes,Diogenes,Hamann,Goethe,Hegel,Heiberg,

Kant,Lessing,Luther,

Mozart,Møller,Olsen, Plato,Schelling,Shakespeare[4],Socrates,Wolff[5],

Influenced

Adorno,Barth,Bergman,Buber,Camus,Caputo,Ellul,Freud,

Heidegger,Ibsen,Jaspers,

Kaufmann,Levinas,H. R. Niebuhr,Marcel[6],May,Merton,Percy,

Sartre,Schmitt, Shestov,Tillich,Unamuno,Wahl,West,Wittgenstein

Courtesy –Wikipedia

सोरेन अब्ये कीर्केगार्द

कीर्केगार्ड का जन्म 1813 में कोपेनहेगन में हुआ था। उनके पिता उनकी सेवानिवृत्ति के बाद धार्मिक और दार्शनिक अध्ययन और चर्चा के साथ व्यस्त थे। वह गहराई (profoundly) से उदास (melancholy) था और किर्केगार्ड पर एक शक्तिशाली और

गंभीर प्रभाव डाला, बच्चे को अपने स्वयं के अपराध और ईसाई धर्म की सबसे हिंसक अवधारणा के साथ अपनी व्यस्तता के बारे में बताया। कीर्केगार्ड ने बाद में इस उपचार को 'आध्यात्मिक बलात्कार (spiritual rape)' के रूप में वर्णित किया।

कीर्केगार्ड ने खुद को अपने पिता के प्रत्यक्ष प्रभुत्व से मुक्त कर लिया और छात्र जीवन के बौद्धिक और सामाजिक प्रभाव के लिए खुद को समर्पित कर दिया। उन्होंने धार्मिक अध्ययनों को पूरा करने में दो साल बिताए जो उनके लिए अरुचिकर हो गए थे। इसके बाद वे जर्मनी में बर्लिन गए, हेगेलियन प्रणाली पर स्केलिंग व्याख्यान सुनने के लिए उत्सुक थे लेकिन निराश थे। वह जल्द ही कोपेनहेगन लौट आये। उन्होंने 20 से अधिक प्रकाशन लिखे। केवल बयालीस वर्ष की आयु में 1855 में कोपेनहेगन में उनका निधन हो गया।

परिचय

सोरेन कीर्केगार्ड समकालीन अस्तित्ववाद के जनक थे। उनका जन्म 1813 में कोपेनहेगन में हुआ था और 1855 में कोपेनहेगन में उनकी मृत्यु हो गई थी। उनके जीवन को थोड़ा समझे बिना उनके काम को समझना असंभव है। एक छोटे बच्चे के रूप में, वह अपने पिता के धर्म से बहुत प्रभावित थे। बाद में, एक युवा के रूप में, उन्होंने उस प्रभाव को जितना हो सके दूर फेंक दिया, और एक समय के लिए, खुद को पूरी तरह से इससे बच निकलने का विश्वास हो गया। उन्होंने अपना समय दुनिया से जितना हो सके सीखने और खुद का आनंद लेने के लिए दिया। 1836 में, उन्होंने एक प्रकार का नैतिक परिवर्तन किया, और कुछ समय के लिए सख्त और सार्वभौमिक नैतिक सिद्धांतों के अनुसार अपना जीवन व्यतीत किया। फिर 1838 में, उन्हें ईसाई धर्म में परिवर्तित कर दिया गया। कीरकेगार्ड ने उस राज्य को स्पष्ट रूप से प्रतिष्ठित किया जिससे वह गुजरा। उनके पहले मुक्ति के वर्षों को उनके द्वारा प्रामाणिक चरण कहा गया था। इस समय, वह अपने आप को स्वतंत्रता का आनंद लेने के लिए लगा रहा था, लेकिन यह स्वतंत्रता भ्रामक निकली। वह जिस उच्च स्तर पर आगे बढ़े, वह भी अंततः भ्रम पर आधारित था, न कि इस बार, स्वतंत्रता का भ्रम, क्योंकि जीवन के नैतिक चरण में उन्होंने खुद को सार्वभौमिक और पूर्ण वैधता के नियमों से बंधे हुए महसूस किया। भ्रम था 'मानवतावाद' का; नैतिक कानूनों के लिए जो उनके जीवन की रूपरेखा थे, उनका कोई पारलौकिक समर्थन नहीं था, लेकिन वे मानवीय आवश्यकताओं और निश्चित, सामाजिक मानकों से प्राप्त हुए थे। इस चरण से ईसाई धर्म में परिवर्तित होने के बाद, उन्होंने मानवतावादी भ्रम को दूर कर दिया, और अंत में विश्वास के दृष्टिकोण को अपनाया।

जिस भ्रम से कीर्केगार्ड स्वयं सबसे ऊपर, लोगों को मुक्त करना चाहते थे, वह वस्तुनिष्ठता (objectivity) का भ्रम था। यह सबसे अधिक संभावना न केवल लोगों के विचारों पर हावी होने का भ्रम था, बल्कि वास्तव में उनके द्वारा प्रबुद्धता और प्रगति के रूप में स्वागत किया जाना था। वे कहते हैं कि "हमने आत्मपरकता (subjectivity) की क्षमता खो दी है, और इसे हमारे लिए फिर से खोजना दर्शन का कार्य है।"1

8

अध्ययन की विधि

कीर्केगार्ड, विशेष रूप से, अध्ययन की व्यक्तिपरक पद्धति का उपयोग करता है। यहाँ, मुझे इस बात पर विचार करना चाहिए कि 'निष्पक्षता (objectivity)' और 'व्यक्तिपरकता (subjectivity)' से कीर्केगार्ड का क्या अर्थ है। व्यवहार और विचार दोनों को नियंत्रित करने वाले नियमों को स्वीकार करने की प्रवृत्ति में निष्पक्षता खुद को दिखाती है। कोई भी विषय वस्तु जो साक्ष्य के नियमों से बंधी हो, या जिसे कक्षा में पढ़ाया जा सकता हो, वस्तुनिष्ठता (objectivity) के क्षेत्र में आती है।

वस्तुनिष्ठता उस पर्यवेक्षक की भूमिका की स्वीकृति है जो सामान्य कानूनों को अपनाता है या खोजता है, लेकिन निष्पक्षता को त्यागना आसान नहीं है। विषयपरकता, विरोधाभास जैसा कि यह प्रतीत हो सकता है, प्राप्त करना कठिन है।

'व्यक्तिपरक पद्धति (subjective method)' का अर्थ किसी विशेष दृष्टिकोण से अधिक या कम कुछ भी नहीं होना चाहिए, जहां वस्तुनिष्ठता अपर्याप्त है, वहां उपयोग की जाने वाली उद्देश्य पद्धति के समान वैधता की, जहां किसी भी ज्ञान को प्राप्त करने के लिए व्यक्तिगत भागीदारी की आवश्यकता होती है और ऐसे में मामलों में, आमतौर पर, हम व्यक्तिगत अनुभवों, नैतिकता, मूल्यों और विश्वास से निपटने का प्रयास करते हैं। इसलिए, इसका तात्पर्य यह है कि व्यक्तिपरक पद्धति अपने तरीके से उतनी ही विश्वसनीय होनी चाहिए जितनी कि उद्देश्य।

इस प्रकार कीर्केगार्ड न केवल यह दर्शाता है कि विधि का कितना उपयोगी उपयोग किया जा सकता है, बल्कि इसकी कुछ मुख्य विशेषताओं को प्रकट करता है और इस प्रकार हमें इसे सही ढंग से लागू करने में मदद करता है।2

व्यक्तिपरक ज्ञान की तीन आवश्यक विशेषताएं हैं। सबसे पहले, इसे एक व्यक्ति से दूसरे व्यक्ति तक नहीं पहुंचाया जा सकता है, न ही विभिन्न शोधकर्ताओं द्वारा जोड़ा जा सकता है। इसे क्लास रूम में नहीं पढ़ाया जा सकता। दूसरा, जिसे व्यक्तिपरकता के रूप में जाना जाता है, उसमें हमेशा एक विरोधाभास की प्रकृति होती है। केवल विश्वास के लिए,

और कारण नहीं, हमें विरोधाभास को स्वीकार करने के लिए प्रेरित कर सकता है। विश्वास एक बौद्धिक नहीं, बल्कि एक भावनात्मक गुण है। कीर्केगार्ड कहते हैं, 'ईसाई धर्म जुनून (गहरी भावना) को उच्चतम पिच तक तीव्र करना चाहता है; लेकिन जुनून व्यक्तिपरकता है, और वस्तुनिष्ठ रूप से मौजूद नहीं है। तीसरा, व्यक्तिपरक ज्ञान ठोस है, अमूर्त नहीं। ऐसा इसलिए है क्योंकि यह अनिवार्य रूप से एक जीवित व्यक्ति के वास्तविक ठोस अस्तित्व से संबंधित होना चाहिए।3

उनका प्रारंभिक बिंदु ज्ञान और विश्वास के बीच का अंतर है। इस संदर्भ में ज्ञान का अर्थ है सोच के सचेत प्रयास से प्राप्त ज्ञान। उसकी स्थिति यह है कि जो कुछ भी हम जान सकते हैं उस पर विश्वास करना असंभव है। यह एक अतिशयोक्ति की तरह लग सकता है, लेकिन हम देख सकते हैं कि उसका क्या मतलब है। चूँकि हम अपने स्वयं के प्रयासों से आवश्यक सभी ज्ञान प्राप्त नहीं कर सकते हैं, हमें व्यवहार में, अक्सर दूसरों पर विश्वास करना चाहिए; फिर भी सिद्धांत रूप में हम स्वयं वस्तुनिष्ठ विधि के आधार पर सभी ज्ञान का परीक्षण कर सकते हैं, उदाहरण के लिए, हम स्वयं वैज्ञानिक प्रयोग करना सीख सकते हैं, ताकि यह तय किया जा सके कि उनके आधार पर निष्कर्ष स्वीकार्य हैं, या हम दस्तावेजों को इस तरह देख सकते हैं यह देखने के लिए कि क्या "किर्केगार्ड का जन्म 1813 में कोपेनहेगन में हुआ था" जैसे बयान तथ्यों से मेल खाते हैं। विश्वास केवल गौण, व्यावहारिक महत्व का है। फिर भी विश्वास के साथ, विश्वास सार का है, क्योंकि यह उस दिव्य क्षेत्र को संदर्भित करता है जो मनुष्य से परे है और इसलिए पूरी तरह से ज्ञात नहीं किया जा सकता है। यहाँ हमें विश्वास का कार्य करना है; हमें जो सबूत से परे है उसे स्वीकार करने के लिए लगातार नवीनीकृत इच्छा की आवश्यकता है, हमें रसातल में कूदने का जोखिम उठाना चाहिए 'जिसे इसके परिणामों के पिछले ज्ञान से नहीं, बल्कि केवल सुनिश्चित अनुभवों द्वारा उचित ठहराया जा सकता है। इस प्रकार, विश्वास नहीं है, जैसा कि अक्सर माना जाता है कि ज्ञान के लिए एक सप्ताह का विकल्प है, जितनी जल्दी हो सके इसे इसके द्वारा प्रतिस्थापित किया जाना चाहिए। दोनों मौलिक रूप से भिन्न हैं।

व्यक्तिपरक पद्धति से एक सत्य प्रकट होना चाहिए, जो तथ्यात्मक जानकारी के विपरीत एक व्यक्तिगत अनुभव बन सकता है और इस तरह हम जो मानते हैं और करते हैं उस पर गहरा प्रभाव पड़ता है-जैसे किसी भी तरह के विश्वास द्वारा प्रयोग किया जाता है।

जिस सत्य के द्वारा हम जीते हैं, उस सत्य की खोज के लिए हमें व्यक्तिगत अनुभव से शुरुआत करनी चाहिए और अपने विचारों को उस पर आधारित करना चाहिए, न कि इसके विपरीत। कीर्केगार्ड का विचार से अस्तित्व का अनुमान लगाने का प्रयास एक विरोधाभास है। विचार के लिए अस्तित्व को वास्तविक से दूर ले जाता है और इसे असंभव के क्षेत्र में अनुवाद करके सोचता है। वह समबाहु त्रिभुज की चर्चा करके इस कथन को स्पष्ट करता है जो प्रकृति में पूर्ण ज्यामितीय नियमितता में कभी नहीं होता है; ऐसी नियमितता तभी प्राप्त होती है जब सभी वास्तविक प्राकृतिक परिस्थितियों की अवहेलना की जाती है।

हमें अस्तित्व के अपने व्यक्तिगत अनुभव से शुरुआत करनी चाहिए। इस तरह की शुरुआत के लिए हमें व्यक्तिपरक पद्धति को लगातार और सही ढंग से लागू करने की आवश्यकता होती है। कीर्केगार्ड अपनी कठिनाइयों से अवगत है; आमतौर पर यह माना जाता है कि व्यक्तिपरक होने के लिए किसी कला या कौशल की आवश्यकता नहीं होती है। निश्चित रूप से, हर इंसान एक तरह से एक विषय है। लेकिन अब वह बनने का प्रयास करना है जो पहले से है; ऐसे कार्य पर अपना समय बर्बाद करने के लिए कौन कष्ट उठाएगा, जिसमें इस्तीफे की सबसे बड़ी कल्पनीय डिग्री शामिल है?...... लेकिन केवल इसी कारण से यह बहुत कठिन कार्य है, वास्तव में सभी कार्यों में सबसे कठिन कार्य है।

जिस पद्धति का अर्थ है वह शायद सबसे अच्छी तरह से प्रकाशित होता है जब कीर्केगार्ड कहते हैं, "ईसाई धर्म की एक उद्देश्य स्वीकृति जीवन का तरीका है; इसे विचार की एक दिलचस्प रेखा के रूप में स्वीकार करने के लिए, ब्रह्मांड की एक अमूर्त व्याख्या के रूप में, या अनुष्ठान के रूप में, लेकिन इस पर कार्रवाई किए बिना इसे अच्छी तरह से मतलबी बना देता है अंतर्हीन। व्यक्तिपरक विधि हमेशा जीवन और क्रिया के बीच सबसे पहले संबंध स्थापित करती है। पंथ को वास्तविकता देने के लिए, विधि हमें इसके परिणामों में शामिल करती है। वास्तविक अनुभव के माध्यम से इसका अर्थ समझने के लिए हमें जो विश्वास है, उसके लिए हमें खुद को प्रतिबद्ध करने के लिए तैयार रहना चाहिए। क्रियाएँ केवल सही प्रकार की व्यक्तिपरक अंतर्दृष्टि उत्पन्न करेंगी, हालाँकि, यदि वे सही दृष्टिकोण पर आधारित हों। जब वह देखता है तो कीर्केगार्ड इस रवैये की मांग करता है। 'अधिकांश पुरुष स्वयं के प्रति व्यक्तिपरक होते हैं, जबकि अन्य सभी के प्रति वस्तुनिष्ठ होते हुए, कभी-कभी बहुत उद्देश्यपूर्ण होते हैं- लेकिन वास्तविक कार्य इसके ठीक विपरीत होता है; एक स्वयं के प्रति वस्तुनिष्ठ और अन्य सभी के प्रति व्यक्तिपरक होना। हमें दूसरों के प्रति गंभीर और स्वयं के प्रति उदार होने की अपनी स्वाभाविक प्रवृत्ति के आगे झुकना नहीं चाहिए, क्योंकि हम दूसरों को तभी समझ पाएंगे जब हम उनके अनुभवों को अपना बनाने का प्रयास करके उन्हें भीतर से समझने का प्रयास करेंगे। हालांकि, खुद का सामना करते समय, हमें एक निश्चित अलगाव की आवश्यकता होती है ताकि हम उस स्वयं से पूर्वाग्रह और पूर्वाग्रह को अलग कर सकें जो सभी पुरुषों के लिए सामान्य है, लेकिन केवल व्यक्तिगत अनुभव के माध्यम से सुलभ हो जाता है। दूसरे शब्दों में, हमें हमेशा वस्तुनिष्ठता और विषयपरकता के बीच अंतर की आवश्यकता होती है; इसलिए, हमें इसे अपने बाहर दोनों जगह विश्वास करना होगा, जहां निष्पक्षता अधिक स्वाभाविक लगती है, और हमारे अंदर भी, जहां पक्षपातपूर्ण व्यक्तिपरकता हमें अंधा कर देती है। हमें कार्रवाई की आवश्यकता है क्योंकि वे बाहर और अंदर के बीच संबंध बनाते हैं, और वे हमारी समझ को बढ़ाएंगे यदि हमारा उद्देश्य और व्यक्तिपरक दृष्टिकोण दोनों सही हैं, केवल भगवान, किर्कगार्ड के अनुसार, पूर्ण व्यक्तिपरकता है। उसके लिए, बाहर और अंदर एक हैं, और जो हमें उद्देश्यपूर्ण और इस प्रकार विदेशी प्रतीत होता है, वह उसे भीतर से पूरी तरह से जानता है।

हमें वस्तुनिष्ठता को व्यक्तिपरक पद्धति की सेवा देना है।

अधिकांश गैर-अस्तित्ववादी दार्शनिक चीजों से शुरू करते हैं, फिर व्यक्ति को शामिल करते हैं, लेकिन केवल एक अमूर्त इकाई के रूप में, एक अमूर्त विचारक के रूप में, और चीजों पर फिर से लौटते हैं, ताकि उद्देश्य ज्ञान प्राप्त हो सके। कीर्केगार्ड व्यक्ति से शुरू होता है, और फिर व्यक्तिगत अनुभवों को हासिल करने और स्पष्ट करने के लिए चीजों को शामिल करता है, और व्यक्ति के पास फिर से लौटता है, ताकि सही प्रकार की व्यक्तिपरकता प्राप्त हो सके। वह हमारा ध्यान आंतरिक अनुभवों की ओर लगाना चाहता है; उसका लक्ष्य आंतरिकता है।

हालाँकि, दो विधियों के बीच एक और अंतर है; विश्वसनीयता जो प्रत्येक प्राप्त कर सकता है वह अलग है, क्योंकि यह दो अलग-अलग प्रकार की निश्चितता पर आधारित है।

वस्तुनिष्ठ विधि के परिणामों का परीक्षण किया जा सकता है, सिद्ध किया जा सकता है, और एक बार जब वे सिद्ध हो जाते हैं, तो दूसरों को संतोषजनक ढंग से सूचित किया जाता है, क्योंकि उन्हें बिना किसी जांच के स्वीकार किया जा सकता है। फिर भी वे कभी अंतिम नहीं होते, हालांकि तथ्य उनकी व्याख्या को नहीं बदलते हैं।

व्यक्तिपरक पद्धति लगातार नए अनुभवों पर निर्भर रहती है; इसके परिणाम हमेशा के लिए स्वीकार नहीं किए जा सकते, क्योंकि उन्हें हमेशा हमारे अपने अनुभवों में अनुवाद करना होता है। चूंकि व्यक्तिगत भागीदारी की आवश्यकता होती है, इसलिए अनिश्चितता के क्षेत्र को खुला छोड़ दिया जाना चाहिए, ताकि व्यक्तिगत निर्णय लेने की अनुमति मिल सके। इस प्रकार, इस पद्धति का अनुप्रयोग लगातार कठिनाइयों और खतरों से घिरा रहता है; इसके किसी भी परिणाम को हल्के में नहीं लिया जा सकता है। फिर भी एक बार, निश्चितता हासिल की जाती है। यह निरपेक्ष है। जब हम पूरी तरह से अच्छाई का अनुभव करते हैं, उदाहरण के लिए, हम अब और संदेह नहीं कर सकते हैं कि हमने एक वास्तविकता को छुआ है जिसे हमें बिना शर्त स्वीकार करना चाहिए, अगर हमें अपने अनुभव के साथ न्याय करना है; इसलिए, व्यक्तिपरक पद्धति के परिणामों में दस आज्ञाओं की स्थिरता या पर्वत पर उपदेश एक स्थिरता है जो उद्देश्य पद्धति के क्षेत्र में अप्रतिम है। ये परिणाम अंतिम हैं, फिर भी उन्हें पूरी तरह से संप्रेषित नहीं किया जा सकता है; अगर उन्हें हमारा अपना विश्वास और हमारे जीवन का हिस्सा बनना है तो उन्हें बार-बार अपना अनुभव बनाना होगा। इस प्रकार, हमेशा एक जोखिम होता है, हमें गलत निर्णय लेने से कोई नहीं रोकता है। लेकिन जोखिम उठाने लायक है, क्योंकि विज्ञान हमारे जीवन के बाहरी रूप को पूरी तरह से बदल सकता है, अकेले व्यक्तिपरक पद्धति के संभावित सकारात्मक परिणाम हमारे आंतरिक, व्यक्तिगत विकास के लिए गहरा महत्व रखते हैं।4

9

विश्वास से इनकार

सोरेन कीर्केगार्ड ने अपने मध्य युग में एक नैतिक परिवर्तन किया और नैतिक सिद्धांतों के अनुसार अपना जीवन व्यतीत किया। अंत में, उन्हें ईसाई धर्म में परिवर्तित कर दिया गया और विश्वास के दृष्टिकोण को अपनाया। उन्होंने विश्वास और तर्क के बीच स्थायी दरार को मान्यता देकर ईसाई धर्म के अर्थ को नवीनीकृत करने के लिए इसे अपने जीवन का प्रयास बनाया।

विश्वास को आमतौर पर तर्क के अलावा किसी अन्य आधार पर सत्य की स्वीकृति के रूप में परिभाषित किया जाता है। विश्वास उन घटनाओं से उचित है जहां विश्वास धार्मिक विश्वास से जुड़ा हुआ है, एक वैकल्पिक आधार घुसपैठ करता है। धार्मिक विश्वास केवल विश्वास नहीं है, जिस पर विश्वास करने के लिए अपर्याप्त कारण है, उसे स्वीकार करने के रूप में विश्वास हो सकता है, जिस पर विश्वास करने का कोई कारण नहीं है, और यहां तक कि जिस पर विश्वास न करने का पर्याप्त कारण है।

धार्मिक विश्वास को अक्सर रहस्योद्घाटन द्वारा समर्थित कहा जाता है, * चाहे आस्तिक का अपना हो या किसी स्वीकृत अधिकार का, कभी-कभी जिसकी कथित गवाही पर एक पूरी संस्था खड़ी की गई हो। ऐसी संस्था की उपस्थिति धार्मिक विश्वास के आधार के मुद्दे को भ्रमित कर सकती है। उनके प्रभाव को देखते हुए एक व्यक्ति ऐसा न करने के परिणामों के डर से बस 'विश्वास' कर सकता है, जहां डर वही होगा जो सिद्धांत की प्रतियोगिता की सदस्यता लेता है, या

---

*ईसाई रहस्योद्घाटन को प्राकृतिक बनाया गया था, आत्मसात किया गया था और संभावित और स्वीकार्य एक विरासत को शेष इतिहास के साथ कुल विश्व दृष्टिकोण में समेट दिया गया था। प्राकृतिक धर्मशास्त्र के वृक्ष में रहस्योद्घाटन को ग्राफ्ट करने के लिए ईसाई मान्यताओं को दार्शनिक बनाने के लिए, विश्वास और तर्क को समेटने का हमेशा प्रयास किया जाता है। जल्दी या बाद में ईसाई विश्वास को तर्क और अनुभवों के लिए पूरी तरह से

विदेशी के रूप में बाहर निकालना आता है, एक सीमा को आत्मसात करने में असमर्थ और विचार के लिए एक चुनौती। विचार का ऐसा आंदोलन संदेहपूर्ण मन और धार्मिक हृदय के बीच तनाव से उत्पन्न हो सकता है, लेकिन यह ईसाई हठधर्मिता और धर्मनिरपेक्ष प्राणियों के बीच लगातार तनाव का भी प्रतिनिधित्व करता है। (छह अस्तित्ववादी विचारक, एच.जे. ब्लैक हैम पृष्ठ.3)

गलती से संस्था की सहायता को अपने आप में एक अच्छा कारण मानने के माध्यम से, इस मामले में सिद्धांत की पहचान विशेष रूप से धार्मिक के रूप में नहीं की गई है। धार्मिक विश्वास के लिए प्रेरणा और समर्थन की तलाश करते समय यह आवश्यक लगता है, कि ये स्वयं विश्वास की सामग्री से जुड़ते हुए देखे जा सकते हैं, अर्थात, विश्वास कुछ मामलों की स्थिति का प्रतिनिधित्व करता है जिसे आस्तिक प्राप्त करना चाहता है, या वर्तमान में होना चाहता है प्राप्त करना, और यह कि समर्थन को स्वतंत्र रूप से काम करने के रूप में समझा जाना चाहिए, चाहे जो भी साक्ष्य आधार हो, यह विश्वास करने के लिए कि यह करता है या प्राप्त नहीं करता है। धार्मिक विश्वास, तब किसी अन्य आधार पर एक पसंदीदा निष्कर्ष की स्वीकृति कहा जा सकता है कि अवलोकन सहित जो कुछ भी तर्कसंगत है। 5

आस्था का निर्णय दुनिया को त्यागने के लिए एक नैतिक निर्णय पर जोर देता है, सभी अनुलग्नकों को तोड़ने के लिए, विशेष रूप से सबसे पोषित लोगों को। इस प्रकार विश्वास का कोई और निर्णय बाहरी नहीं किया जा सकता है और सभी के लिए एक बार किया जा सकता है (उदाहरण के लिए, एक मठ में सेवानिवृत्ति के द्वारा)। आस्तिक बिना किसी प्रत्यक्ष बाहरी अंतर के पहले की तरह चलता है, लेकिन आंतरिक अंतर कुल है। सब कुछ त्याग दिया गया है, साथ ही जो कुछ औपचारिक रूप से आनंद लिया गया था वह अभी भी वास्तव में पास है और इसके लिए इच्छा इसलिए बढ़ गई है। त्यागपत्र, अधिकार, इच्छाओं को समान रूप से पढ़ा जाता है और दैनिक रूप से नवीनीकृत किया जाता है। यह दुख और जुनून के आंतरिक तनाव को बनाए रखता है जो विश्वास और तर्क के तनाव को बढ़ाता है।6

कीर्केगार्ड के तर्क ईसाई धर्म के उद्देश्य से संबंधित हैं। उनका तर्क है कि इतिहास में पैदा हुआ और जीवित व्यक्ति कहता है कि वह एक ईश्वर है और अपमान में मर जाता है जो उन लोगों के लिए दुविधा में पड़ जाता है जो उस पर और उसके उपदेशों पर अपना जीवन बनाएंगे। तब से कुछ भी नहीं हुआ है, विश्वास पर तनाव, एक हाथ से हल्का करने के लिए।

वर्तमान पीढ़ी बिल्कुल मसीह के समकालीनों की स्थिति में है जिन्होंने क्रूस पर उनके अपमान को देखा। विश्वास, आज, जब तक कि यह प्रेरितों के विश्वास में विश्वास नहीं है, उस व्यक्ति में उनके विश्वास के अलावा नहीं है जो सबसे बेतुका दावा करता है। इस दावे की सच्चाई को मामले की प्रकृति में निष्पक्ष रूप से निश्चित नहीं किया जा सकता है, या यहां तक कि जांच भी नहीं की जा सकती है, इसके विपरीत, मानव और परमात्मा के बीच पूर्ण

असंतुलन जो भगवान की अवधारणा में निहित है, इसे अकल्पनीय बना देता है, ताकि यह नहीं हो सके किसी भी मानव मन को सत्य के रूप में पहचाना जा सकता है, एक संभावना के रूप में मनोरंजन नहीं किया जा सकता है।

कीर्केगार्ड के विचार में, "ईसाई धर्म सबसे बेतुका है। यह विश्वास करना कठिन है कि परमेश्वर मनुष्यों में सबसे नीच बन गया और उसे मार डाला गया। फिर भी यीशु ने विश्वास के सबसे मजबूत संभव कार्य को प्रतिबिम्बित किया।"7

हालांकि, "ईसाई धर्म एक सिद्धांत नहीं है। इसे एक अस्तित्व के रूप में माना जा सकता है; ईसाई धर्म इस अस्तित्व के बारे में स्वयं को नकारने का सिद्धांत नहीं है, बल्कि ईसाई धर्म स्वयं को नकारना है। और यदि क्राइस्ट, यह क्षण पूर्ण आत्म-अस्वीकार व्यक्त करने का होता, तो मृत्यु निश्चित होती।"8

10

मानव प्रकृति

मानव प्रकृति पर कीर्केगार्ड के विचारों को मनुष्य की सीमित और अनंत विशेषताओं को ध्यान में रखते हुए संक्षेप में कहा जा सकता है। मनुष्य के रूप में मनुष्य हमेशा अपनी मानवता को दूसरों के साथ साझा करता है। वह मानव स्वभाव के कुछ आदर्शों और मानकों का निर्माण करता है। अपने कर्तव्य और धार्मिकता की ओर ध्यान देने से आदर्शों और मानकों को प्राप्त किया जा सकता है। मनुष्य, जिसे "अच्छे आदमी" के रूप में प्रतिष्ठित किया गया है, हमेशा सही प्रकार के आदर्शों और मानकों को चुनने के लिए लगातार प्रयास करेगा, जो अंततः स्वयं को और दूसरों को लाभान्वित करेगा। ये सभी मनुष्य के सीमित चरित्रों का निर्माण करते हैं। इसके अलावा वह अपने व्यक्तित्व को ऊंचा करने के लिए आवश्यक अपने अनंत चरित्रों को विकसित करने का भी प्रयास करता है।

मनुष्य अपने आप में स्वयं और आत्मा में विभाजित है। आत्म एक संश्लेषण है जिसमें परिमित सीमित कारक है और अनंत, विस्तार कारक है। आत्मा विस्तार पक्ष को तब व्यक्त कर रही है जब उसे पता चलता है कि वह मौजूद है और उसका अस्तित्व उसकी अनंत चिंता है। लेकिन यह चिंता एक नहीं है। यह अपने आप सामना कर सकता है; यह केवल भगवान के साथ संबंध के माध्यम से किया जा सकता है।

मनुष्य अनंत और परिमित का, लौकिक और शाश्वत का, स्वतंत्रता और आवश्यकता का संश्लेषण है, संक्षेप में, वह एक संश्लेषण है।

एक व्यक्ति अपनी स्वतंत्रता में लगातार इसे महसूस करके ही रह सकता है। वह इसे चुनकर महसूस करता है। यह विकल्प पारलौकिक है और चुनी हुई चीजों की वास्तविकता को नहीं, बल्कि पसंद के कार्य की वास्तविकता को संदर्भित करता है। मैं मुख्य रूप से इस या उस चीज़ को नहीं चुनता; मैंने खुद को देखने और खुद बनने के लिए खुद को चुना।

उसके व्यक्तित्व की संपूर्ण अन्तर्मुखीता के साथ चुनाव किये जाने के कारण उसका स्वभाव शुद्ध हो जाता है और वह स्वयं उस बाह्य शक्ति से तत्काल सम्बन्ध स्थापित कर लेता है जिसकी सर्वव्यापकता समस्त अस्तित्व में व्याप्त है।

एक आदमी में सौंदर्यशास्त्र वह है जिसके द्वारा वह तुरंत वह है जो वह है, नैतिक कि जिससे वह बन जाता है जो वह बन जाता है। महान बात यह या वह नहीं है, बल्कि स्वयं होना है और यह हर कोई अगर चाहे तो कर सकता है। व्यक्तित्व की सामग्री के लिए चुनाव ही निर्णायक कारक है। पसंद का पल बहुत गंभीर है। 'केवल एक गंभीर व्यक्तित्व ही एक वास्तविक व्यक्तित्व है'।

संक्षेप में, मैं दृढ़ता से कह सकता हूं कि मनुष्य, जो परिमित और अनंत का संश्लेषण है, जैसा कि ऊपर उल्लेख किया गया है, संश्लेषण के बिना कभी भी पूर्ण नहीं होता है। उसे जीना है लेकिन आधा जीवन बल्कि अधूरा जीवन। इस संश्लेषण के अभाव में वे अपने पूर्ण व्यक्तित्व की अभिव्यक्ति से वंचित रह जायेंगे। वह आदमी नहीं रहेगा। वह निष्क्रिय हो जाएगा। वह चुनाव करने की शक्ति खो देगा; और संभवत: वह बिखर जाएगा। चूंकि वह एक आदमी बनना खो देता है; वह भी, संश्लेषण के अभाव में, अपने अधूरे मानव स्वभाव को प्रदर्शित करता है। नतीजतन, उसकी अनंत विशेषताओं का विकास रुक जाता है; और उसकी पूरी प्रगति रुक जाती है, और वह एक पूर्ण मनुष्य के रूप में विकसित होने के लिए रुक जाता है।

---

*मनुष्य परिमित और अनंत का संश्लेषण है...... संक्षेप में, वह एक संश्लेषण है। (सिकनेस टू डेथ- सोरेन कीर्केगार्ड ट्र. वाल्टर लोरी द्वारा, प्रिंसटन यूनिवर्सिटी प्रेस, 1941, पृष्ठ.17)

11

मानव स्वतंत्रता

मौजूदा व्यक्ति, जैसा कि कीर्केगार्ड ने उसे परिभाषित किया है, सबसे पहले वह है जो स्वयं के साथ एक अनंत संबंध में है और अपने और अपने भाग्य में अनंत रुचि रखता है। दूसरे, विद्यमान व्यक्ति हमेशा स्वयं को अपने सामने एक कार्य के साथ होने का अनुभव करता है; और इस विचार को ईसाई धर्म में लागू करते हुए, कीर्केगार्ड कहते हैं, एक ईसाई नहीं है एक ईसाई बन जाता है। यह निरंतर प्रयास की बात है। तीसरा, मौजूदा व्यक्ति एक भावुक विचार से उत्साहित है; वह प्रेरित है; वह परिमित में अनंत का एक प्रकार का अवतार है। यह जुनून जो अस्तित्व को जीवंत करता है (और यह हमें चौथी विशेषताओं में लाता है) जिसे कीर्केगार्ड "स्वतंत्रता का जुनून" कहते हैं।

कीर्केगार्ड के अनुसार, परिवर्तित व्यक्ति को दिखाया जाता है कि वह स्वतंत्र है। सबसे पहले तो वह यह चुनने के लिए स्वतंत्र है कि ज्ञानोदय की एक अवस्था से दूसरी अवस्था में जाना है या नहीं। यह स्वतंत्रता का प्राथमिक अभ्यास है, और यदि पुरुष स्वतंत्र नहीं थे, तो उन्हें प्रबुद्ध नहीं किया जा सकता था, क्योंकि वास्तविक स्थिति को स्वीकार करना एक ठोस व्यक्ति का कार्य है, जो उसकी ओर से किसी और के द्वारा नहीं किया जा सकता है। यदि मैं आपकी ओर से सत्य को स्वीकार करने का प्रयास करता हूँ, तो मैंने सत्य के स्वरूप को गलत समझा है। सत्य आपके लिए मौजूद है और यह मेरे लिए मौजूद है, लेकिन हम में से प्रत्येक को इसे अपने लिए समझना चाहिए। यही 'आंतरिकता' की मात्रा है।

दूसरे, मनुष्य स्वतंत्र हैं क्योंकि वे अपने लिए सोचने में सक्षम हैं, और उन्हें कानूनों, नियमों, और न ही इतिहास और विज्ञान के मानकों का सहारा लेने की आवश्यकता नहीं है। यह स्वतंत्रता अलगाव के समान है। यदि कोई एक रेगिस्तानी द्वीप पर पूरी तरह से अकेला है, तो भले ही वह शब्द के सभी अर्थों में स्वतंत्र न हो, एक महत्वपूर्ण अर्थ है जिसमें वह स्वतंत्र है। लंबे समय तक जीना काफी नहीं है; हमें अच्छी तरह से जीना पता होना चाहिए। इसके लिए मनुष्य को अपने जीने का तरीका तय करना होगा। सभ्यता के सभी सहारा, नैतिकता के समर्थन, कानून संस्थागत धर्म और शिक्षा को हटा दिया गया है। यह इस रेगिस्तानी

द्वीप अर्थ में है कि कीर्केगार्ड का विश्वास का आदमी स्वतंत्र है। वह स्वशासी है और उससे भी बढ़कर वह रचनात्मक है। उसके द्वीप पर कुछ भी मूल्यवान नहीं है जब तक कि वह ऐसा नहीं करता। यदि वह अपने पीछे स्वीकृत मूल्यों, संहिताओं या नियमों के अवशेष पीछे आता है, तो वह नैतिक व्यक्ति नहीं है। उसकी नैतिकता ठीक इस बात में निहित है कि वह अपने लिए सत्य की खोज कर रहा है, वह आंतरिकता है।

यह स्वतंत्रता का 'अस्तित्ववादी मूल्य' है जो किसी की कार्रवाई के मूल्य को निर्धारित करता है, अर्थात, एक क्रिया 'अस्तित्वगत मूल्य' की होती है, यदि यह स्वतंत्र रूप से चुनी गई प्रतिबद्धता का परिणाम है। स्वतंत्र चुनाव "वास्तव में मौजूद व्यक्ति" का निशान है, उसे "भीड़" से अलग करना, किर्केगार्ड के लेखन में एक स्पष्ट रूप से अपमानजनक शब्द है, भीड़ के सदस्य के विरोध में वास्तव में मौजूद व्यक्ति होना क्यों मूल्यवान है? स्वतंत्रता की मान्यता के साथ आने वाली निराशा और चिंता को सहना बेहतर क्यों है? स्वतंत्रता दूसरे के विपरीत कार्रवाई के एक पाठ्यक्रम के मूल्य का एक उपाय नहीं है, बल्कि कार्रवाई के कुछ पाठ्यक्रम को चुनने में किसी व्यक्ति के मूल्य का एक उपाय है।

स्वतंत्रता के मूल्य का यह प्रश्न, सार्त्र जैसे बाद के अस्तित्ववादी विचारकों में, उनकी दार्शनिक सोच की केंद्रीय समस्या, जेपी सार्त्र, उदाहरण के लिए, कीर्केगार्ड के रूप में देखता है, कि अस्तित्व को नकारने में कम से कम एक स्पष्ट असंगति है। पूर्ण मूल्यों का और यह बनाए रखना कि एकमात्र मूल्य स्वतंत्रता है। जहाँ सार्त्र समस्या को दूर करने का प्रयास करता है, वहाँ कीर्केगार्ड यह भी नहीं पहचानता कि समस्या है। इसी तरह, दर्शनशास्त्र में कई सुस्थापित सिद्धांत हैं जो इस बात से इनकार करते हैं कि पसंद की स्वतंत्रता का एक भी मामला है। कीर्केगार्ड वस्तुतः 'स्वतंत्र इच्छा समस्या' का कोई उल्लेख नहीं करता है, लेकिन वह केवल उस व्यक्तिगत स्वतंत्रता की वास्तविकता को मानता है जिसे वह महत्व देता है। कीर्केगार्ड के सबसे सहानुभूतिपूर्ण व्याख्याकारों ने सुझाव दिया है कि स्वतंत्रता की उनकी अवधारणा का हमारे स्वतंत्रता के अनुभव के उनके अभूतपूर्व विवरण में एक आधार है, और यह विवरण इस स्वतंत्रता की वास्तविकता और इसके मूल्य दोनों को स्थापित करता है। यह समस्या कि क्या किसी के पास वास्तव में स्वतंत्र विकल्प है, इस सवाल से पूरी तरह अलग है कि जब हम मानते हैं कि हमारे पास स्वतंत्र विकल्प है तो हम कैसा महसूस करते हैं। और कीर्केगार्ड के पास इस समस्या के बारे में कहने के लिए वस्तुतः कुछ भी नहीं है, और न ही वह इसमें कम से कम रुचि रखते हैं। स्वतंत्रता, कीर्केगार्ड के लिए, "वास्तव में मौजूदा व्यक्ति" या "प्रामाणिक मानव" की "प्रेरक-परिभाषा" में मूल्य के रूप में केवल 'सुझाया' जाता है, जो स्वतंत्रता, पसंद और जुनून के अंतिम मूल्य को पहचानता है।11

12
मानव जिम्मेदारी

कीरकेगार्ड स्वतंत्रता और जिम्मेदारी पर बहुत जोर देता है। उनके अनुसार ये व्यक्तिपरकता के सच्चे सार हैं जो बदले में मनुष्य का सार है। वे लिखते हैं, "किसी स्थिति की सच्चाई तभी समझ में आती है जब उसे भीतर से देखा जाता है, जो उसमें जी रहे हैं"। इससे यह निष्कर्ष निकलता है कि सत्य व्यक्तिपरक है और अपने साथ जिम्मेदारी लाता है। वह अपने कार्यों के लिए खुद को जिम्मेदार ठहराता है, वह कहता है, "जैसे ही मुझे कार्य करना होता है, रुचि या चिंता मुझ पर आ जाती है क्योंकि मैं खुद पर जिम्मेदारी लेता हूं, और इस तरह महत्व प्राप्त करता हूं"।

कीर्केगार्ड, पहला आस्तिक अस्तित्ववादी होने के नाते, यह मानता है कि "प्रामाणिक व्यक्ति न केवल अपने और अपने साथियों के लिए जिम्मेदार है; वह सबसे ऊपर भगवान के लिए जिम्मेदार है"। जीवन की नैतिक विधा जीवन के धार्मिक मोड में बदल जाती है, जब मनुष्य अपने आप को दोषी के रूप में चुनता है और ईश्वरीय क्षमा की आशा करता है, "एक "या तो / या" है जो मनुष्य को कोणों से बड़ा बनाता है। *

अस्तित्व के नैतिक और धार्मिक पहलुओं को आमतौर पर कीर्केगार्ड के दर्शन में जोड़ा जाता है ताकि मानव अस्तित्व के स्तर का गठन किया जा सके। यह संयोजन ध्रुवीय प्रकृति के साथ स्वयं की उनकी अवधारणा पर आधारित है। आत्मा परिमित और अनंत, लौकिक और शाश्वत का संश्लेषण है। आत्मा स्वयं को ऐसे संश्लेषण के रूप में जानता है जब वह अपने प्रामाणिक अस्तित्व में स्वयं को चुनता है। ** परिमित और लौकिक के रूप में, यह ईमानदारी और निरंतरता के साथ नैतिक कार्यों के प्रदर्शन के माध्यम से दुनिया में अपने साथी प्राणियों से खुद को जोड़ता है, लेकिन शाश्वत सुख की ओर प्रयास करते हुए, यह प्रतिबद्धता के बंधनों के माध्यम से खुद को भगवान से जोड़ता है। वास्तव में, मनुष्य अपनी नैतिक जिम्मेदारी का सामना मुख्य रूप से विश्वास के माध्यम से प्राप्त परमेश्वर के साथ अपने संबंध के कारण करता है। ईश्वर के साथ आंतरिक संबंधों की उनकी धार्मिक चेतना दुनिया में उनके ठोस जीवन में प्रवेश करती है और उनके कार्यों को नैतिक स्तर पर बनाए

रखती है ताकि वे सार्वभौमिक रूप से स्वीकार्य और लागू हो सकें।

लेकिन कभी-कभी कीर्केगार्ड द्वारा नैतिक और धार्मिक के बीच नैतिक-धार्मिक चरण के भीतर अंतर की एक महत्वपूर्ण रेखा खींची जाती है। उनके अनुसार नैतिक नियम हमेशा सार्वभौमिक होता है, जिसका पालन सभी को करना चाहिए; लेकिन धार्मिक व्यक्ति को इसे कभी-कभी तोड़ना पड़ सकता है, खुद को अपवाद बनाना पड़ सकता है, अगर उसे भगवान द्वारा ऐसा करने के लिए कहा जाता है।

असाधारण व्यक्ति जिसे धर्म या ईश्वर के लिए अपना पूरा जीवन समर्पित करने के लिए कहा जाता है, उसे नैतिक कृत्यों के प्रदर्शन पर इसे वरीयता देनी चाहिए। कीरकेगार्ड इस प्रकार नैतिक और सार्वभौमिक पर धार्मिक और 'व्यक्ति' की श्रेष्ठता की पुष्टि करता है और यह कीर्केगार्ड के दर्शन की विशिष्ट विशेषताएं हैं। नैतिक जीवन को ईश्वर के प्रति अपनी धार्मिक प्रतिबद्धता के आधार पर देखा जाना चाहिए, लेकिन किसी भी कारण से, इसके लिए एक 'विकल्प' के रूप में नहीं माना जाना चाहिए। यदि व्यक्ति को ऐसा करने के लिए कहा जाता है तो व्यक्ति को 'नैतिक' के बजाय धार्मिक को चुनना चाहिए।

इस प्रकार, हम देखते हैं कि कीर्केगार्ड की प्रामाणिक अस्तित्व की अवधारणा मौलिक रूप से धार्मिक है और इसीलिए वह मनुष्य को ईश्वर के प्रति जिम्मेदार मानते हैं।

---

*संदर्भ - अस्तित्ववादी विद्रोह, कर्ट एफ. रेनहाइर्ट, न्यूयॉर्क 1912, पी.56

** कीरकेगार्ड ने प्रेम के मंच और कार्यों के अपने सिद्धांत में प्रामाणिक अस्तित्व का वर्णन किया है, "स्वयं का अस्तित्व प्रामाणिक रूप से तब होता है जब वह अपनी जिम्मेदारी निभाने के लिए स्वतंत्र हो जाता है और एक प्रतिबद्धता के लिए खुद को खोलता है, जिसे धार्मिक रूप से ईश्वर के प्रति प्रतिबद्धता के रूप में परिभाषित किया जाता है जो एक दृढ़ संकल्प का आदेश देता है। किसी के पड़ोसी का प्यार। (अस्तित्व और स्वतंत्रता मानव परिमिति के एक ओण्टोलॉजी के लिए, केल्विन ओ श्रेज, पृष्ठ 49)

13

मानव स्वतंत्रता और जिम्मेदारी के परिणाम

कीर्केगार्ड का संबंध केवल एक विशेष प्रकार के अस्तित्व से है, अर्थात् व्यक्तिगत मानव अस्तित्व। कीर्केगार्ड एक बहुत ही विशेष अर्थ में व्यक्तिगत अस्तित्व की बात करता है, एक ऐसा अर्थ जिसमें एक व्यक्ति केवल एक जैविक, मनोवैज्ञानिक या सामाजिक जानवर नहीं है, बल्कि जिसमें एक आदमी एक 'इंसान' है, एक ऐसा अस्तित्व जो उससे कहीं अधिक रोमांचक है किसी विशेष जीव का 'मात्र अस्तित्व'। 'अस्तित्व' की यह धारणा उन लोगों के लिए आरक्षित है जो जैविक रूप से नहीं बल्कि व्यक्तिगत रूप से अपने विचारों और अपने मूल्यों में रहते हैं। यह शब्द विशेष रूप से उन लोगों के लिए बनाया गया है जो व्यक्तिगत रूप से प्रतिबद्ध हैं, जो निराशा में अपनी स्वतंत्रता महसूस करते हैं, जो अपने कार्यों के लिए अपनी जिम्मेदारी को पहचानते हैं।

अस्तित्व का अर्थ वह महत्व है जो व्यक्ति अपनी व्यक्तिगत स्वतंत्रता और स्वायत्तता की प्राप्ति के माध्यम से, भावुक प्रतिबद्धता के माध्यम से, जिम्मेदारी के माध्यम से और स्वतंत्रता और जिम्मेदारी के साथ भावनाओं के माध्यम से अपने स्वयं के जीवन के लिए प्रदान करता है।

प्रामाणिक व्यक्तिगत अस्तित्व को प्राप्त करने के लिए जीवन के एक तरीके के लिए जानबूझकर और जुनून से खुद को प्रतिबद्ध करना है। अस्तित्व आपात स्थितियों, प्रतिस्पर्धी इच्छाओं, परिस्थितियों के साथ एक निरंतर टकराव है जिसमें चुनाव किए जाने चाहिए। अस्तित्व का अंतिम अर्थ कोई प्राथमिकता नहीं है, बल्कि किसी की अंतिम प्रतिबद्धता है, इस या उस क्रिया के तरीके का चुनाव नहीं है, बल्कि 'अस्तित्व की एक ऐसी विधा है जिसके भीतर सभी और विशेष विकल्प निर्धारित किए जा सकते हैं।

कारण, अर्थात्, कारण देने और हमारे विकल्पों को सही ठहराने की क्षमता, इस अंतिम निर्णय में कोई भूमिका नहीं निभा सकती है, क्योंकि यहां हमें किसी भी सहायक सिद्धांतों की अपील के बिना 'शुद्ध' प्रतिबद्धता की आवश्यकता है, और इसलिए बिना कारण या

कारण के। विकल्पों को अंततः तर्कहीन कहा जा सकता है, जिसका अर्थ है कि हम अंततः उसकी पसंद के लिए कारण नहीं दे सकते, क्योंकि सभी विकल्प किसी की मौलिक पसंद पर आधारित होते हैं; और वह अंतिम विकल्प अपने आप में अनुचित है।

क्योंकि हमारे मौलिक मानदंड अनुचित हैं, हमारे सभी विकल्प, जो उनके औचित्य के लिए इन मानदंडों पर निर्भर करते हैं, अंततः अनुचित भी हैं। फिर भी, यदि हमें अस्तित्व में रहना है तो हमें जीवन का एक तरीका चुनना होगा, क्योंकि एकमात्र विकल्प (आत्महत्या या निष्क्रियता के लिए कुल वापसी के अलावा) अंतिम औचित्य की अनुपस्थिति को स्वीकार करने से इनकार करना है (बाद में सार्त्र द्वारा 'बुरा विश्वास (bad faith)' के रूप में संदर्भित) या, जो सबसे बुरा है, अस्तित्व की पसंद से पूरी तरह से दूर रहने और बस "भीड़" का पालन करने के लिए। चूंकि हमारे अंतिम विकल्प अनुचित हैं, कियरकेगार्ड जैसी दुखी आत्मा आसानी से पा सकती है कि पसंद की मांग एक क्रूसीफाइंग मांग बन जाती है; क्योंकि चुनाव का भार पूरी तरह से अपने ही कंधों पर होता है, कोई अन्य समर्थन, चाहे वह समाज से हो, किसी की धार्मिक शिक्षाओं से हो, या स्वयं कारण से किसी के निर्णय के लिए जिम्मेदार बनाया जा सकता है क्योंकि अंतिम निर्णयों में किसी भी मानदंड का उपयोग नहीं किया जा सकता है। कोई भी व्यक्ति जो चुनाव करता है उसके लिए इन मानदंडों को दोष नहीं दे सकता। किसी के पास न होने की अविश्वसनीय जिम्मेदारी और बिना किसी मूल्य के किर्केगार्ड को जिम्मेदारी के एक आवश्यक घटक के रूप में अपराध का हवाला देते हुए पसंद की स्वतंत्रता में एक आवश्यक घटक के रूप में निराशा का हवाला देते हैं।

कीर्केगार्ड 'कारण (reason)' पर हमला करते हुए कहते हैं कि कारण पुरुषों को यह भ्रम देता है कि मूल्यों की एक प्रणाली के लिए विकल्प और इसलिए जिम्मेदारी उनके हाथ से बाहर है। कीर्केगार्ड के लिए, मनुष्य अनिवार्य रूप से अपने स्वयं के मूल्यों का चयनकर्ता है। सब कुछ चुनने के कार्य में, व्यक्तिपरक (भावुक और प्रतिबद्ध) होने में निहित है। पसंद की यह स्वतंत्रता अपने आप में मूल्यों का सबसे बुनियादी है, जो मनुष्य को एक इंसान या एक मौजूदा व्यक्ति बनाती है और इस स्वतंत्रता की मान्यता और उपयोग पसंद की वस्तु से कहीं अधिक महत्वपूर्ण है।12

इस प्रकार, मानव स्वतंत्रता और जिम्मेदारी का परिणाम "व्यक्तिगत अस्तित्व" की अवधारणा को महसूस करना और उसकी सराहना करना है जिसमें 'पसंद', 'व्यक्तिगत स्वतंत्रता' और 'जिम्मेदारी' की धारणाएं शामिल हैं और इनके साथ, 'प्रतिबद्धता' की अवधारणा, 'निराशा' और 'अपराध'।

14

आदमी और भगवान

धार्मिक चरण जीवन का वह क्षेत्र है, जिसे ईश्वर के संबंध में व्यक्ति की अवधारणा द्वारा परिभाषित किया गया है। इसमें कोई संदेह नहीं है कि कीर्केगार्ड ने व्यक्तिगत रूप से ईश्वर के साथ संबंधों को अपने अस्तित्व के चुने हुए तरीके और उनके लेखन के केंद्रीय उद्देश्य के रूप में माना, जैसा कि उन्होंने अपने 'एक लेखक के रूप में मेरे काम के दृष्टिकोण' में स्वीकार किया है, जीवन के धार्मिक दृष्टिकोण को उसके पाठकों में जगाना है । "धार्मिक", कीर्केगार्ड के लिए एक बहुत ही सीमित अर्थ में लिया जाना है- धार्मिक होने के लिए एक ईसाई होना है, लेकिन कीर्केगार्ड के विशेष अर्थ में एक ईसाई है। कीर्केगार्ड का मत है कि ईसाई चर्च की सदस्यता ही ईसाई होने का विरोधी है। वास्तव में, "जब मैं ईसाई नहीं होता तो ईसाई बनना आसान होता है, की अपेक्षा एक ईसाई बनना जब मैं पहले से ही एक हूं"।

हेगेल और कीर्केगार्ड (अधिक सूक्ष्म रूप से कांट) अस्तित्व की ईसाई अवधारणा को 'उच्चतम' मानते हैं, लेकिन फिर भी ईसाई धर्म की कीर्केगार्ड अवधारणा तर्कवादी अवधारणा के बिल्कुल विपरीत है। कांट के लिए, ईसाई धर्म को व्यावहारिक कारणों से इसकी आवश्यकता से तर्कसंगत रूप से उचित ठहराया गया था, और ईश्वर नैतिकता के समर्थन में एक अभिधारणा है। मसीह ईश्वर में विश्वास के परिणाम के रूप में ईसाई धर्म में प्रवेश करता है, क्योंकि मसीह में विश्वास को तर्कसंगत रूप से तभी तक उचित ठहराया जा सकता है जब तक कि यह विश्वास नैतिकता के लिए आवश्यक हो। हेगेल के लिए भी, ईश्वर में विश्वास तर्कसंगत है, लेकिन हेगेलियन ईश्वर मौलिक रूप से भिन्न प्रकार का है, और इस विश्वास की तर्कसंगतता का बचाव बहुत अलग तरीके से किया जाता है। हेगेल के लिए, भगवान कांट के रूप में उत्कृष्ट नहीं है, लेकिन आसन्न है। हेगेल के लिए ईश्वर वह विषय है जो सभी पुरुषों के लिए समान है, और मसीह उस 'अवतार' का प्रतीक है, अर्थात यह तथ्य कि ईश्वर या आत्मा मनुष्य है; और मनुष्य ईश्वर है।

कीर्केगार्ड न केवल ईश्वर, मसीह की ईसाई अवधारणा की पुनर्व्याख्या और ईसाई धर्म के लिए अवतार दृष्टिकोण को खारिज करता है। ईश्वर अमानवीयता नहीं है- ऐसी

अवधारणा 'पाखंडी नास्तिकता' है- लेकिन कांट के शब्दों में अतिक्रमण, नूमेनन (बौद्धिक अवधारणा), और अनिवार्य रूप से अनजान और समझ से बाहर, भगवान न केवल मनुष्य से अलग है, बल्कि मनुष्य द्वारा हमेशा के लिए अनजान है। ईश्वर ज्ञान का विषय नहीं हो सकता, बल्कि केवल विश्वास का विषय हो सकता है, और यहाँ कीर्केगार्ड कांट के साथ पूर्ण सहमति में है। उन्होंने हेगेल के कुछ विचार भी साझा किए। क्योंकि, वह इस बात पर जोर देता है कि परमेश्वर को एक विषय के रूप में देखा जाना चाहिए; और इसलिए, कांट की धारणा है कि हमें विश्वास होना चाहिए; और यह भी, कि ईश्वर मौजूद है; अनुचित है। जरूरत इस बात की है कि ईश्वर में आस्था हो, क्योंकि एक बार जब कोई व्यक्ति धार्मिक दृष्टिकोण से आ जाता है तो उसके अस्तित्व का सवाल समझदारी से नहीं उठाया जा सकता है।

ईसाई धर्म का केंद्रीय सिद्धांत मनुष्य के रूप में ईश्वर का ऐतिहासिक अस्तित्व है। हेगेल मसीह की व्याख्या में इस तरह के प्रयासों के लिए विशिष्ट है, जो कि ईश्वर के अस्तित्व के सिद्धांत के प्रतीक के रूप में है। कीर्केगार्ड, हालांकि, शिकायत करते हैं कि इस तरह की थोपी गई संभाव्यता बचाए जाने वाले सिद्धांत का विनाश है। मनुष्य के रूप में ईश्वर की धारणा उस प्रकार का विरोधाभास नहीं है जिसे हेगेलियन बोली की मध्यस्थता के माध्यम से हल किया जा सकता है।

ईसाई धर्म सिद्धांत का एक समूह नहीं है, बल्कि जीवन का एक तरीका है, मूल्यों का एक समूह है। देहधारण (incarnations), त्रिएकत्व (trinity), इत्यादि के बेतुके सिद्धांत अपने आप में महत्वपूर्ण नहीं हैं। इनके प्रति धार्मिक लोगों का दृष्टिकोण महत्वपूर्ण है। कीर्केगार्ड के लिए उपयुक्त रवैया भय, भय और यहां तक कि आतंक है, एक सर्वशक्तिमान अभी तक अज्ञात भगवान के सामने, निराशा और किसी की व्यक्तिगत कमजोरियों पर पीड़ा, और इन कमजोरियों के कारण भगवान के सामने पाप के सामने अपराध को प्रबल करना। फिर भी, ईसाई धर्म भी इस ईश्वर का प्रेम है, उसकी भलाई और न्याय में विश्वास है, साथ ही उसका भय और निराशा भी है।13

कीर्केगार्ड बाहरी से भीतर की ओर मुड़ जाता है, जहां वह विवेक के माध्यम से भगवान से मिलता है। इस तथ्य से कि वह अपनी ओर मुड़ता है और फिर वह ईश्वर की ओर मुड़ता है, और यह एक अच्छी तरह से स्थापित औपचारिक परंपरा है कि यदि सीमित आत्मा ईश्वर को देखेगी तो उसे दोषी होने से शुरू होना चाहिए। " स्वयं की ओर मुड़ने पर, वह अपराध बोध का पता लगाता है"।14

कीर्केगार्ड मनुष्य और ईश्वर को पूरी तरह से बेतुकेपन की खाई से पूरी तरह अलग करके देखता है; फिर भी मनुष्य में कम से कम परमात्मा की एक चिंगारी तो होनी ही चाहिए जिससे वह रसातल में कूदने का जोखिम उठाना चाहे। तर्कहीन विरोधाभास पर उनका जोर भी पूरी तरह से तर्क को बाहर कर देता है और निराशा की उसकी निरंतर मांग, इसके सभी सकारात्मक पहलुओं के बावजूद, खुशखबरी के रूप में खुशखबरी के रूप में सुसमाचार पर

बहुत कम ध्यान देता है।15

कीरकेगार्ड लिखते हैं कि "इस तथ्य के बावजूद कि मैं खुद को समझने से बहुत दूर हूं, मैंने अज्ञात भगवान का सम्मान किया है"। खुद की धार्मिक समझ ने मुझे छोड़ दिया है, मुझे ऐसा लगता है जैसे बच्चे खेल रहे हैं, इसलिए अस्तित्व मुझे निर्दयता से संभालता है।16

कीर्केगार्ड का विश्वास सबसे पूर्ण निष्ठा (वफादारी) है, हम किसी भी अस्तित्व को साबित नहीं कर सकते हैं, और ईश्वर का, कम से कम; ईश्वर एक विचार नहीं है जिसे सिद्ध किया जाना है, बल्कि एक ऐसा प्राणी है जिसके संबंध में हम रहते हैं। "हमें ईश्वर के विचार को साबित करने का प्रयास नहीं करना चाहिए, क्योंकि अगर यह एक ईशनिंदा (अपवित्र बोलना) है, तो आप उसके अस्तित्व को साबित करने के लिए तैयार हैं। उसकी नाक के नीचे"। इतिहास द्वारा मसीह की दिव्यता को सिद्ध करने का प्रयास करना भी निन्दा है, जो वास्तव में, हमें उसके बारे में कुछ भी नहीं सिखा सकता है, क्योंकि, पूरी तरह से, हम मसीह के बारे में कुछ भी नहीं जान सकते हैं। वह विश्वास का विरोधाभासी उद्देश्य है; वह केवल विश्वास के लिए मौजूद है; ईसाई धर्म को संभावित बनाने के लिए....... वह ईसाई धर्म का विनाश है। "17

संक्षेप में, यह कहा जा सकता है कि कीर्केगार्ड ने मनुष्य को परिमित और अनंत, लौकिक और शाश्वत, स्वतंत्रता और आवश्यकता के संश्लेषण के रूप में चित्रित किया है। मनुष्य अपनी मानवता को दूसरों के साथ साझा करता है और अपने आदर्शों और मानकों का निर्माण करता है।

आदमी चुनाव करता है; चुनाव करने में वह अपने व्यक्तित्व की आंतरिकता का उपयोग करता है। वह अनंत विशेषताओं को विकसित करता है और एक पूर्ण मनुष्य के रूप में विकसित होता है।

कीर्केगार्ड का मत है कि प्रत्येक विद्यमान व्यक्ति में स्वतंत्रता का जुनून होता है। चुनाव करते समय वह ज्ञानोदय की एक अवस्था से दूसरी अवस्था में जाता है। मनुष्य एक नैतिक-धार्मिक जीवन जीने का चुनाव करता है।

कीर्केगार्ड के अनुसार सच्चा प्रामाणिक मनुष्य वह है जो स्वतंत्रता, पसंद और जुनून के अंतिम मूल्य को पहचानता है।

कीर्केगार्ड ने उत्तरदायित्व की आवश्यकता पर बल दिया है; उसके लिए, मनुष्य अपने कार्यों के लिए जिम्मेदार है। मनुष्य स्वयं के प्रति उत्तरदायी होने के साथ-साथ अपने साथियों के प्रति भी उत्तरदायी होता है। चूँकि वे आस्तिक दार्शनिक हैं, इसलिए वे प्रतिबद्धता के बंधनों के माध्यम से मनुष्य को ईश्वर के प्रति उत्तरदायी मानते हैं। उनका मत है कि मनुष्य का ईश्वर के साथ आंतरिक संबंध है और इसीलिए वह नैतिक-धार्मिक जीवन जीने का अभ्यास करता है। प्रामाणिक अस्तित्व के बारे में उनका धार्मिक विचार मनुष्य को बहुत हद तक ईश्वर के प्रति जिम्मेदार बनाता है।

कार्ल जैस्पर के दर्शन में मानव स्वतंत्रता
और उत्तरदायित्व

15

कार्ल जसपर्स/KARL JASPERS

KARL JASPERS (1883-1969): Brief Sketch

KARL JASPERS (1883-1969)

Jaspers in 1946

Born

Karl Theodor Jaspers, 23 February 1883,

Oldenburg, German Empire

Died

26 February 1969 (aged 86),Basel, Switzerland

Education

University of Heidelberg,(MD, 1908)

Era

20th-century philosophy

Region

Western philosophy

School

Neo-Kantianism (early)[1],Existentialism (late),Existential phenomenology[2] (late)

Main interests

Psychiatry, theology, philosophy of history

Notable ideas

Axial Age; coining the term *Existenzphilosophie*; *Dasein* and *Existenz* as the two states of being,

subject–object split (*Subjekt-Objekt-Spaltung* [de]); theory of communicative transcendence, limit situation[1]

Influences Meister Eckhart, Nicolaus Cusanus, Spinoza, Immanuel Kant, Georg Wilhelm Friedrich

Hegel, Max Weber, Søren Kierkegaard, Friedrich Nietzsche, Martin Heidegger[3]

Influenced Hannah Arendt, Heinrich Blücher, Paul Ricoeur,[1]Hans-Georg Gadamer,[1]

William A. Earle

Courtesy -Wikipedia

कार्ल जसपर्स

कार्ल जसपर्स का जन्म 1883 में एक बैंक मैनेजर के बेटे के रूप में एल्डन बर्ग में हुआ था। एक युवा के रूप में, उन्होंने 1914 में प्रथम विश्व युद्ध से पहले हीडलबर्ग में मनोरोग क्लिनिक में वैज्ञानिक सहायक के रूप में बर्लिन में चिकित्सा के अध्ययन के लिए अगले पांच वर्षों के दौरान खुद को समर्पित करने से पहले, हीडलबर्ग और म्यूनिख में कानून का अध्ययन किया। उन्हें 1921 में हीडलबर्ग में दर्शनशास्त्र की कुर्सी पर नियुक्त किया गया था, कर्मचारियों पर शिक्षण पर होने के नाते, पांच साल अध्यापन के बाद, उन्हें 1937 में राष्ट्रीय समाजवादी सरकार द्वारा राजनीतिक कारणों से बर्खास्त कर दिया गया था, और 1948 में उन्हें बासेल में दर्शनशास्त्र के प्रोफेसर के रूप में नियुक्त किया गया था।

16

कार्ल जैस्पर्स पर अन्य दार्शनिकों का प्रभाव (1883-1969)

कार्ल जैस्पर्स पर अन्य दार्शनिकों का प्रभाव (1883-1969)

कार्ल जैस्पर्स एक पेशेवर दार्शनिक हैं जो दार्शनिक पेरेननिस 'जिसके चारों ओर सभी दार्शनिक सर्कल' में विरासत और भाग लेते हैं, और साथ ही "वह कीर्केगार्ड और नीत्शे से गहराई से प्रभावित हैं। जसपर्स उन्हें महान अपवाद मानते हैं। हालांकि जसपर्स एक शिष्य नहीं हैं, उन्होंने उनके अंतर्ज्ञान से लाभ उठाया है और उन्हें दर्शन के व्यवसाय में, एक सच्चे दार्शनिक की भावना में, अपने प्रतिबिंबों के प्रकाश में जीने और जीने के अपने प्रयास को दर्शाते हुए लागू किया है।

जैस्पर्स को लगता है कि दर्शनशास्त्र किर्कगार्ड और नीत्शे के बाद समान नहीं हो सकता क्योंकि उन्होंने हमें हमारी मानवीय स्थिति के लिए जगाया है। कीर्केगार्ड एक व्यक्ति के रूप में हमारे बारे में हमारी धारणाओं के लिए एक चुनौती है। कीर्केगार्ड और नीत्शे ने यह प्रश्न उठाया है कि मनुष्य होने का क्या अर्थ है; और एक ईसाई होने या ईसाई न होने का क्या अर्थ है?

कार्ल जसपर्स ने कीर्केगार्ड के प्रतिबिंबों का अधिक बौद्धिक शब्दों में अनुवाद किया।

हम जसपर्स के दर्शन को कीर्केगार्ड के दर्शन के धर्मनिरपेक्षीकरण और सामान्यीकरण के रूप में मान सकते हैं। कार्ल जसपर्स, कीर्केगार्ड की तरह, एक आस्तिक है और काफी हद तक एक धार्मिक है लेकिन वह ईसाई नहीं है। यही कारण है कि जसपर्स के दर्शन में हमें अब यीशु के बारे में नहीं बताया गया है; बल्कि हमारे अस्तित्व की पृष्ठभूमि के लिए, मानवता में अनेक संभावनाएं हैं। लेकिन जैसे-जैसे हम एक का विकास करते हैं, हम दूसरे का त्याग करते हैं, और हम कभी भी उस निरपेक्षता को प्राप्त नहीं करते हैं, जिस पर हेगेल को गर्व था कि वह इस विचार को उसके आवश्यक निष्कर्ष तक पहुँचाने में सक्षम था। जसपर्स के दर्शन

में निरपेक्ष, "कुछ छिपा हुआ" है, जो खुद को भगोड़े टुकड़ों में, बिजली के रुक-रुक कर होने वाले स्ट्रोक की तरह बिखरी हुई चमक में प्रकट करता है ।

दर्शन फिर से सार्वभौमिक ज्ञान होने का ढोंग नहीं कर सकता; हमने अपना भोलापन खो दिया है; क्योंकि हम अस्तित्व के क्षेत्र में विसंगतियों को पहचानते हैं, जिन्हें पुरानी प्रणालियों ने एक के रूप में लिया और सार्वभौमिक ज्ञान के उद्देश्य के रूप में माना, जो विचार की संरचना के प्रति जवाबदेह थे। आधुनिक प्रारंभिक बिंदु, और हमारी स्थिति की ताकत अस्तित्व के तीन रूपों के बीच इस असंततता की मान्यता में है; वहाँ होना, स्वयं होना, स्वयं में होना, सत्ता के इन रूपों को विभिन्न तरीकों से खोजा जाता है। अपने जीवन जीने वाले दार्शनिक तीनों में भाग लेते हैं, दर्शन को अलग करना चाहिए और प्रत्येक के लिए उपयुक्त अन्वेषण के तरीकों को विकसित करना चाहिए।1

हम उस अस्तित्व को जानते हैं जो कुछ वास्तविक है; हम इससे अपनी वास्तविकता प्राप्त करते हैं; फिर भी हम इसकी व्याख्या नहीं कर सकते हैं, और अस्तित्व के रूप में हम स्वयं को पूरी तरह से व्यक्त भी नहीं कर सकते हैं। लेकिन हार के बारे में इस जागरूकता में, जो हमें उन स्थितियों में सबसे अधिक स्पष्ट रूप से आती है जिनमें हम अत्यधिक तनाव में होते हैं, हम पूरी तरह से खुद को महसूस करते हैं कि यह मानव नाटक हो या वैज्ञानिक खोज में, हमें लगता है कि हमारे अलावा कुछ और है, कुछ जो हमसे बढ़कर है; और हम इस श्रेष्ठता के साथ अपने संबंध के द्वारा अपने अस्तित्व पर जोर देते हैं। इस संबंध में हम कीर्केगार्ड और जैस्पर्स में अस्तित्व और अतिक्रमण के बीच समान संबंध पाते हैं।

जैस्पर्स उन मूल्यों को गहराई से समझते हैं जो भाषा, विज्ञान और निष्पक्षता, और अतिक्रमण के हमारे अनुभव में प्रतिवाद निवासी से बचते हैं । वह मानव संचार और मानव ऐतिहासिकता की गहन भावना के साथ कीर्केगार्डियन और नीत्शे के अंतर्ज्ञान को पूरक करने का भी प्रयास करता है। संचार, और अन्य व्यक्तियों के साथ आपसी प्रेम, उसकी प्रणाली के मूल में है।2

अस्तित्वपरक स्वतंत्रता के सन्दर्भ में जैस्पर के दर्शन में कांतियन पृष्ठभूमि को देखा जा सकता है। जैस्पर्स का कथन है कि उन्होंने उस विश्वास का पता लगाया जिसके द्वारा वह "बाइबल और कांट द्वारा निर्देशित" रहते हैं, कांट के प्रति उनके दृष्टिकोण का एक उल्लेखनीय संकेतक है। शायद ही कोई दार्शनिक दूसरे से इतना अधिक प्रभावित हुआ हो। जैस्पर्स ने कांट की तनातनी, दुष्चक्र और विरोधाभासों को सूचीबद्ध किया है, और यहां तक कि हमें यह भी बताता है कि "कांट में सभी प्रकार के बयान पाए जा सकते हैं"।3

इस प्रकार, हम देखते हैं कि कार्ल जसपर्स, जो कि कीर्केगार्ड और नीत्शे के अंतर्ज्ञान से गहराई से प्रभावित प्रतीत होते हैं, ने हमेशा उनका अनुसरण किए बिना अपनी पहचान स्थापित करने का प्रयास किया है। कांट ने भी उन पर अपना प्रभाव छोड़ा। और हम जसपर्स के दार्शनिक कार्यों में कांट के प्रभाव को स्पष्ट रूप से देख सकते हैं।

17

सोचने का तरीका

कार्ल जसपर्स, अपने दार्शनिक कार्यों में, अध्ययन की वस्तुनिष्ठ पद्धति का काफी हद तक अनुसरण करते हैं। उनका मत है कि वस्तुओं की वैज्ञानिक व्याख्या और वस्तुनिष्ठ ज्ञान से समस्याओं का बेहतर समाधान होता है।

कार्ल जसपर्स इस धारणा के साथ शुरू करते हैं कि एक बाहरी बाहरी दुनिया है जिसमें विचारक के पैर हैं, स्थिर वस्तुओं की दुनिया है जो ज्ञान के पालन को मजबूर और नियंत्रित करती है। विज्ञान की यह दुनिया वह है जिसमें सब कुछ ज्ञात एक वस्तु है (इस अर्थ में कि इसे स्थिर और एक संचारी प्रतिनिधित्व में पंजीकृत किया गया है), और उद्देश्य है (इस अर्थ में कि इसके बारे में जो कुछ भी जाना जाता है वह सार्वभौमिक रूप से समझने योग्य और स्वीकार्य है) .

वहाँ क्या है (अस्तित्व में) का यह वस्तुनिष्ठ ज्ञान कई लोगों द्वारा मानव विचारों की संपूर्ण महत्वाकांक्षा के रूप में माना जाता है; क्योंकि यह माना जाता है कि ऐसा कुछ भी नहीं है जो नहीं दिया गया है, मानव मन में निरूपण में दर्ज की गई स्थिर वस्तुएं हैं जो तार्किक क्रम में सार्वभौमिक रूप से सुगम और संचारी हैं।

यह उद्देश्य निश्चितता जो खुद को बनाए रखती है; सहमति के बिना; और जिसके सामने हर प्रकार की व्यक्तिपरकता का कोई स्थान नहीं है; और भंग कर दिया जाता है। निश्चितता की खोज स्वतंत्रता के भय द्वारा समर्थित है; व्यक्तिगत जिम्मेदारी और निर्णय की चिंताओं और जोखिम से बच जाते हैं यदि सभी को एक आवश्यक और सार्वभौमिक निष्पक्षता के लिए पुन: उपयोग किया जा सकता है; स्वतंत्रता और पसंद का अर्थ है ज्ञान की पूर्णता अनिश्चितता। डेसकार्टेस, आधुनिक दर्शन की दहलीज पर, अपने कोगिटो को प्रतिपादित करते हुए, खुद को एक व्यक्तिगत विचारक के रूप में घोषित किया, जो अपने आवश्यक एकांत से दुनिया को देख रहा था, एक अस्तित्ववादी, लेकिन अपनी मान्यता प्राप्त स्थिति से अविभाज्य जोखिम लेने से इनकार कर दिया।

उनकी घोषणा केवल पद्धति का सहारा थी, निराशा की संभावना और स्वतंत्रता की वास्तविकता की व्यक्तिगत मान्यता नहीं थी।

वस्तुनिष्ठता के इस आदर्श को प्राप्त करने के सिद्धांत में विज्ञान अक्षम है। यदि इसे साकार कर लिया जाता, तो दुनिया मानव चेतना के लिए पूरी तरह से समझ में आ जाती। लेकिन चेतना के प्राणिक रूप पड़े हुए हैं।

अधिक या कम अस्पष्ट और भगोड़ा संवेदनाएं, धारणाएं, भावनाएं, अंतर्ज्ञान, निजी चेतना की सूचनाएं, जो आंशिक रूप से सार्वजनिक ज्ञान की कच्ची सामग्री हैं और आंशिक रूप से वैज्ञानिक पद्धति के लिए अट्रैक्टिव हैं और वास्तविकता की अप्रत्याशित अभिव्यक्ति के लिए उत्तरदायी हैं, और अद्वितीय स्वतंत्र व्यक्तित्व का व्यक्तिगत आत्मनिर्णय।

इसके अलावा, आगमनात्मक ज्ञान कभी भी संभावित से अधिक नहीं हो सकता है और कुछ क्षेत्रों में अनिश्चित रहना चाहिए। इसका न तो आदि हो सकता है और न ही अंत। वैज्ञानिक अवधारणाओं से दुनिया की एक सुसंगत छवि बनाना असंभव है। यह कभी भी सफलतापूर्वक बनाए नहीं रखा गया है कि दुनिया नीचे की संख्या, या पदार्थ, या आत्मा, या ऊर्जा, या किसी भी अन्य व्यापक विचार से उधार ली गई घटनाओं के सुसंगत शरीर का अध्ययन करने वाले किसी भी विज्ञान से उधार ली गई है। प्रकृति और मनुष्य के विज्ञान के बीच एक अपरिवर्तनीय अंतर है। मनुष्य का विज्ञान, जिसका इतिहास एक प्रकार है, अर्थहीन है, असंबंधित तथ्यों की धूल है, जब तक कि वे विज्ञान से अधिक न हों, क्योंकि उन्हें विचारों की समझ, लोकाचार की सराहना और पुनर्निर्माण की आवश्यकता होती है।

पूर्ण निष्पक्षता की आशा स्वप्नलोक की आशा से जुड़ी हुई है, मनुष्य की व्यावहारिक समस्याओं पर अंतिम विजय। दोनों मायावी हैं; दोनों यांत्रिकी और निर्माण के लिए सभी चीजों को कम करने की आशा व्यक्त करते हैं। न तो संसार और न ही ज्ञान एक एकता है। इस तरह के भ्रम में वास्तविक जीवन के खतरों से कोई बचाव नहीं है।

तब विज्ञान वस्तुनिष्ठ ज्ञान की स्पष्टता और सार्वभौमिकता प्राप्त करता है, लेकिन उस एकता और समग्रता को प्राप्त नहीं कर सकता है जिसके लिए कारण चाहता है। विज्ञान अनुभवजन्य हैं और उन्हें जितना हो सके उतना अच्छा काम करना चाहिए। यह दार्शनिकों के लिए नहीं है कि वे उन्हें नियम दें और न ही व्यावहारिक सीमाएँ। वे जिन सीमाओं को परिभाषित करते हैं वे परम सिद्धांत हैं जो वे अपने क्षेत्रों में प्राप्त कर सकते हैं वह हमेशा खुला और अनिश्चित होता है। विज्ञान जो स्वयं को समझता है और उसकी अंतिम सीमाओं को पहचानता है, वह स्वयं दर्शन है क्योंकि यह उसी भावना से जानने की इच्छा, स्पष्ट रूप से सोचने के निरंतर प्रयास, वास्तविकता की खोज आदि से अनुप्राणित है।

इसलिए विज्ञान दर्शन का आवश्यक आधार और प्रथम चरण है, लेकिन उस एकता और समग्रता को प्राप्त करने में सक्षम नहीं है जिसे तर्क त्याग नहीं कर सकता। विज्ञान का संबंध निश्चित सत्ता से है और विज्ञान से शुरू होने वाला दार्शनिक इसकी सीमाओं

के खिलाफ आता है, यह मानता है कि वह न तो निरपेक्ष होने के बारे में सोच सकता है और न ही इसे सोचने की इच्छा को त्याग सकता है। वह चिंतन करने को विवश है। कार्ल जैपर्स के अनुसार, दार्शनिक के अस्तित्व के साथ दर्शन, जो वह है, उसके साथ नहीं, जो वह जानता है; वह ज्ञान नहीं बल्कि स्वयं को प्राप्त करता है और संचार करता है। जिस एकता और समग्रता को दर्शन मान्यता देता है, वह उस दुनिया से संबंधित है, जो उसके उत्थान (स्वयं में होने) में है, जिस तक विचारक की पहुंच केवल अनुभवजन्य दुनिया (अस्तित्व-वहां) के अपने स्वयं के पारगमन (स्वयं-स्वयं) के माध्यम से होती है। विचारक होने के तीनों लोकों में भाग लेता है अर्थात (1) स्वयं में होना (Being-in-itself), (2) स्वयं होना (Being-oneself), (3) होना (Being) - वहाँ और उसके माध्यम से अकेले उस एकता और समग्रता तक पहुँच सकते हैं, जिसकी उसके कारण आकांक्षा रखते हैं, कभी भी सब कुछ को सार्वभौमिक रूप से समझने योग्य क्रम में कम करने की कोशिश करके नहीं। विज्ञान से अधिक दार्शनिक कुछ भी नहीं है जब यह तत्वमीमांसा (metaphysics) को त्याग देता है और अपने स्वयं के अनुभवजन्य खोज (empirical pursuits) पर ध्यान देने में वफादार होता है, क्योंकि इसकी विनम्रता और दृढ़ता में; यह तब उस प्रामाणिक वास्तविकता के निकट होता है जिसकी वह आकांक्षा करता है। लेकिन यह कहना विज्ञान से वैज्ञानिक कार्यकर्ता के उच्चारण को स्थानांतरित करना है, जो स्वयं प्रामाणिक दार्शनिक है जहां वह अपने स्वयं के व्यवसाय के बारे में समझ और उद्देश्य के साथ जा रहा है।4

इस प्रकार, हम देखते हैं कि दर्शन विज्ञान से शुरू होता है और इसके बिना नहीं चल सकता, क्योंकि वस्तुनिष्ठ दुनिया से स्वतंत्र कोई अन्य दुनिया नहीं है जिसे विज्ञान खोजता है, केवल वही जो दुनिया की खोज के लिए जुनून से खुद को समर्पित कर देता है, वह दर्शन तक पहुंच प्राप्त कर सकता है।

18

मनुष्य की प्रकृति

मनुष्य की प्रकृति पर विचार करने वाले कार्ल जसपर्स, जैसे कीर्केगार्ड, को मनुष्य की सीमित (finite) और अनिश्चित (indefinite) विशेषताओं को ध्यान में रखते हुए संक्षेप में कहा जा सकता है। यह देखा जा सकता है कि परिमित आत्मा (finite self) किस प्रकार अनंत (infinite) को प्राप्त करती है और उससे भिन्न है।

मनुष्य केवल एक प्राकृतिक और ऐतिहासिक उत्पाद नहीं होने के बारे में निश्चित है। मनुष्य इससे कहीं अधिक है कि वह स्वयं को जान सकता है। कार्ल जसपर्स मनुष्य को तीन स्तरों पर विश्लेषण योग्य मानते हैं। सबसे पहले, वह केवल एक अनुभवजन्य अस्तित्व है। (मनुष्य) कुछ ऐसा जो अंतरिक्ष और समय में रहता है, अन्य बातों के अलावा। दूसरा, वह चेतना है, वह अमूर्त समझ जिसके द्वारा वह शाश्वत सत्य के बीच आवश्यक संबंधों को समझता है। तीसरा, वह एक आत्मा (जिस्ट/Geist) वह पहलू है जो कुछ आदर्श समग्रताओं के भीतर अपने सभी अनुभव, झूठ और संस्कृति को गले लगाने का प्रयास करता है।

प्रत्येक व्यक्ति अपने अंतर्मन में है, जैसे वह स्वयं के लिए है, वैसे ही यह अद्वितीय ऐतिहासिक स्व, अस्तित्व है। अस्तित्व मानव स्वभाव के लिए केवल एक संभावना है। दुनिया में चीजों की ऐसी कोई संभावना नहीं है। यह, निश्चित रूप से, इनकार करने के लिए नहीं है कि चीजें मौजूद हैं, बल्कि यह संकेत देने के लिए है कि वे एक तरह से प्रामाणिक अस्तित्व से अलग हैं। 5

मनुष्य न केवल मौजूद है बल्कि जानता है कि वह मौजूद है। पूरी जागरूकता के साथ वह अपनी दुनिया का अध्ययन करता है और अपने उद्देश्यों के अनुरूप इसे बदलता है। उसने सीखा है कि 'प्राकृतिक कार्य-कारण' में हस्तक्षेप कैसे किया जाता है। वह अस्तित्व के रूप में केवल संज्ञेय नहीं है, लेकिन वह स्वतंत्र रूप से तय करता है कि क्या अस्तित्व में होगा। मनुष्य मन है, और मनुष्य के रूप में मनुष्य की स्थिति एक मानसिक स्थिति है।

मनुष्य हमेशा अपने बारे में जितना जानता है उससे कहीं अधिक कुछ होता है। वह वह नहीं है जो वह हमेशा के लिए एक बार है, बल्कि एक प्रक्रिया है। वह केवल एक अस्तित्वगत

जीवन नहीं है, बल्कि उस जीवन के भीतर, उस स्वतंत्रता के माध्यम से संभावनाओं से संपन्न है जो उसके पास खुद को बनाने के लिए है।

मनुष्य कोई तैयार उत्पाद नहीं है जो पीढ़ी-दर-पीढ़ी खुद को दोहराता है, न ही वह प्रकट जीवन है जो स्पष्ट रूप से उसके सामने प्रकट होता है। वह अपनी स्वयं की गतिविधि पर निर्भर है, जिससे उसके जीवन की प्रक्रिया एक अज्ञात लक्ष्य की ओर चलती है। नतीजतन, मनुष्य की अंतरतम प्रकृति में एक गहरा दरार है।

अब मनुष्य की सीमित और अनंत प्रकृति पर आते हुए, यह स्पष्ट है कि मनुष्य की परिमितता सबसे पहले सभी जीवित चीजों की परिमितता है। वह अपने पर्यावरण, पोषण और संवेदी सामग्री पर निर्भर है; वह मूक और अंधी प्राकृतिक प्रक्रिया से बेवजह उजागर होता है; उसे मरना चाहिए।

मनुष्य की सूक्ष्मता, दूसरी बात, दूसरे मनुष्य पर उसकी निर्भरता, और पुरुषों द्वारा सामूहिक रूप से निर्मित ऐतिहासिक दुनिया पर निर्भर है। वह इस दुनिया में किसी भी चीज पर भरोसा नहीं कर सकता।

मनुष्य की सूक्ष्मता, तीसरे, उसके संज्ञान की प्रकृति में, उसे दिए गए अनुभव पर उसकी निर्भरता में है, विशेष रूप से प्रत्यक्ष धारणा पर।

जो सीमित नहीं है, वह अनंत है, उसकी तुलना करके मनुष्य अपनी परिमितता के प्रति सचेत हो जाता है।

उसके निर्णय में अनंत उसके लिए वास्तविकता बन जाता है, जिसकी पूर्ति उसे उस मूल के अलावा अन्य मूल के लिए निर्देशित करती है जिसे विज्ञान उसके लिए समझदार बनाता है, उसका सीमित अस्तित्व।

अनंत को स्पर्श किया जाता है, हालांकि पकड़ा नहीं जाता है, पहले अनंत के विचार में, फिर एक दिव्य ज्ञान की अवधारणा में जो अनिवार्य रूप से मनुष्य के सीमित ज्ञान से अलग है, अंत में अमरता के विचारों में। वह सीमा जो अथाह होते हुए भी मनुष्य की चेतना में प्रवेश कर जाती है, मनुष्य को उसके बारे में जागरूक होकर अपनी परिमितता को पार करने का कारण बनती है।6

संक्षेप में, मनुष्य की प्रकृति, हम इस प्रकार कह सकते हैं कि मनुष्य उससे कहीं अधिक है जो वह स्वयं को जान सकता है। जसपर्स के अनुसार, सभी जीवित चीजें प्रकृति में सीमित हैं। पुरुष एक निश्चित अवधि के लिए जीते हैं और उसके बाद उन्हें मरना चाहिए। इस दुनिया में रहने के दौरान, पुरुष दूसरों पर निर्भर रहते हैं बल्कि उनके साथ सह-अस्तित्व में रहते हैं और उनके व्यक्तित्व का विकास करते हैं। अंत में, पुरुष अपने अस्तित्व की तुलना किसी ऐसी चीज से करते हैं जो सीमित नहीं है। जब वे इसके बारे में जागरूक हो जाते हैं; वे इस अनंत प्रकृति को प्राप्त करने की इच्छा रखते हैं और वे इस दुनिया में रहते हुए इस लक्ष्य को प्राप्त करने में सफल होते हैं। मनुष्य इस प्रकार जो अनंत प्रकृति प्राप्त करता है वह अनैतिक (immoral) और पारलौकिक (transcendental) है।

कार्ल जैस्पर्स के विचार कीर्केगार्ड से भिन्न हैं, केवल इस संबंध में कि जसपर्स ने मनुष्य की सीमित और अनंत प्रकृति के संश्लेषण की बात नहीं की है। कीर्केगार्ड की राय में मनुष्य इस संश्लेषण के बिना अधूरा है, लेकिन जसपर्स मनुष्य को उसके सीमित अस्तित्व से आगे बढ़ने के लिए प्रेरित करता है। मनुष्य दोनों अवस्थाओं में अलग-अलग और केवल पूर्ण है, दिव्य ज्ञान और अमरता की भावना की खोज उसे अनंत से अनंत अस्तित्व की ओर ले जाती है।

इस प्रकार, हम देखते हैं कि कार्ल जसपर्स इस संबंध में कीर्केगार्ड का काफी हद तक अनुसरण करते हैं, लेकिन अपनी पहचान बनाए रखते हैं।

19

मानव स्वतंत्रता

दार्शनिकों के साथ-साथ वैज्ञानिक यह मानने के लिए प्रवृत्त हैं कि जब हम स्वतंत्रता जैसे विषय पर पहुंचते हैं, तो हमें पहले स्वतंत्रता की परिभाषा पर पहुंचना चाहिए। आइए जैस्पर्स द्वारा समझी गई स्वतंत्रता को समझने के लिए स्वतंत्रता की कुछ पारंपरिक अवधारणाओं की जाँच करें। जब हम उनके अस्तित्वगत महत्व को सूत्रबद्ध करने का प्रयास करते हैं तो स्वतंत्रता और आवश्यकता के बहु अर्थ परस्पर विरोधी अभिव्यक्तियों की ओर ले जाते हैं।

स्वतंत्रता शारीरिक जंजीरों द्वारा जबरदस्ती, मनोवैज्ञानिक धमकियों या ब्लैकमेल या शारीरिक यातना के विपरीत कार्रवाई की वस्तुनिष्ठ स्वतंत्रता है। स्वतंत्रता व्यक्तिपरक है, किसी विशेष स्थिति की बाधाओं के विपरीत कार्रवाई की स्वतंत्रता। निर्धारकों द्वारा सामने रखी गई इच्छा के स्वतंत्र निर्धारण के कारण स्वतंत्रता है।

लेकिन यहाँ, हमारा मतलब मौलिक रूप से कुछ अलग है। हम जिस स्वतंत्रता का मतलब रखते हैं, उसे दुनिया में एक वास्तविकता के रूप में साबित नहीं किया जा सकता है, भले ही यह मनुष्य का हिस्सा है जो अपनी दुनिया और खुद को बदलता है। यह अपने आप में नहीं, बल्कि इसके प्रभावों में बोधगम्य है। जैसा कि कांट ने कहा है, दार्शनिक स्वतंत्रता को प्रशंसनीय बनाया जा सकता है, लेकिन यह अनुभूति की वस्तु नहीं है। अंतर यह है कि स्वतंत्रता शब्द का हमारा उपयोग उतना ही विशाल है जितना कि वस्तुनिष्ठता और गैर-निष्पक्षता के बीच। एक तरफ, हम सांसारिक वास्तविकताओं को समझने के लिए स्वतंत्रता का उपयोग करते हैं और दूसरी तरफ, हम इन वास्तविकताओं को स्वयं के अस्तित्व में स्थानांतरित करने के लिए उपयोग करते हैं।

स्वतंत्रता को इसके विरोध की आवश्यकता है, यदि हम सुनते हैं कि 'केवल ईश्वर स्वतंत्र है, मनुष्य नहीं', तो हमें उत्तर देना चाहिए कि ईश्वर की स्वतंत्रता का कोई मतलब नहीं है जब तक कि वह मनुष्य द्वारा कल्पना नहीं की जाती है। सच तो यह है कि मनुष्य अकेला ही स्वतंत्र हो सकता है क्योंकि वह अपने बंधनों से बाहर निकलने का काम करता है।

स्वतंत्रता एक अस्तित्वगत अनुभव है, देखने योग्य नहीं। हमारे पास एक ऐसा अनुभव है जो हमारी स्वतंत्रता के उद्देश्य एक से बिल्कुल अलग है।[7] स्वतंत्रता का प्रश्न स्वयं में उत्पन्न होता है जो इसके अस्तित्व को चाहता है। स्वतंत्रता की चेतना अनुमान की नहीं बल्कि अनुभव की बात है, और स्वतंत्रता के लिए तर्क साबित नहीं होते बल्कि पुष्टि और आश्वासन देते हैं। स्वतंत्रता ज्ञात नहीं है और किसी भी तरह से इसे एक वस्तु के रूप में नहीं माना जा सकता है क्योंकि इसकी व्याख्या का अल्फा और ओमेगा रहता है। *

यह एक सहमत तथ्य है कि स्वतंत्रता एक विकल्प के अलावा और कुछ नहीं है। चुनाव करने के लिए किसी को स्वतंत्र होना चाहिए या कम से कम चुनाव करने के लिए स्वतंत्र महसूस करना चाहिए। और चुनाव करने के लिए मनुष्य के पास ज्ञान होना चाहिए। ज्ञान के अभाव में कोई विकल्प नहीं हो सकता और सीमित ज्ञान का अर्थ है सीमित विकल्प।

नैतिक दृष्टि से नैतिक स्तर पर मैं स्वतंत्र हूँ। नैतिक रूप से स्वतंत्र होने का अर्थ है हर कीमत पर स्वायत्तता को बनाए रखना, और अपनी अनूठी स्थिति में मुझे जो सही लगता है वह करना। इसका मतलब है कि केवल उन मानदंडों को स्वीकार करना जो मुझे स्वयं-स्पष्ट प्रतीत होते हैं क्योंकि वे मेरे अंतरतम आत्म से जारी होते हैं।

पसंद उद्देश्यों के संघर्ष का परिणाम नहीं है, न कि एक तर्कसंगत कलन/rational calculus (सुखद या अन्यथा) का उत्पाद है, और कानून के प्रति स्वचालित आज्ञाकारिता नहीं है। यह मेरे अपने अंतरतम आत्म-दृढ़ता की अभिव्यक्ति है।8

स्वतंत्रता अस्तित्व का सार है। इस दुनिया में मनुष्य को एक विकल्प दिया जाता है जिसे वह विशेष रूप से, दूसरों के साथ रहने का उपयोग करता है। मनुष्य इस दुनिया में मौजूद है, हमेशा स्वतंत्रता के प्रति सचेत है जो एक विचार या बुद्धि के अलावा और कुछ नहीं है जो सही निर्णय लेने में मदद करता है। मनुष्य, हमेशा अपनी सीमित प्रकृति में सुधार करने और अपनी स्वतंत्रता का उपयोग करके अनंत अस्तित्व को पकड़ने की कोशिश करता है। **

मैं अपने अनुभवजन्य आत्म-गोद लेने से सचेत अलगाव द्वारा स्वतंत्रता में मौजूद हूं, जो कि विशिष्ट रूप से मेरा है 'जो मैं हो सकता हूं उसके प्रकट शरीर (manifested body) के रूप में'। मैंने खुद को अपने साथ पहचाना और शरीर के महत्वपूर्ण आवेगों को स्वीकार किया। प्रकृति के क्रूर तथ्य, कर्तव्य का दायित्व, मेरी स्थिति की सीमाएं और सभी चुने हुए लक्ष्य; ये मेरे निर्णयों में प्रवेश करते हैं और अंत में मैं आत्म-साक्षात्कार के लिए प्रयास करता हूं। और इस प्रकार, बहुत आत्म-साक्षात्कार आत्म-पारस्परिकता लाता है।

संक्षेप में यह कहा जा सकता है कि यद्यपि मुझमें आतंरिक प्रकृति नहीं है परन्तु मेरी स्थिति निश्चित है और मेरा प्रामाणिक चुनाव आवश्यक है। मैं अपने आप में आता हूं जैसे कि मैं अपने लिए एक उपहार था, और मैं मानता हूं कि मुझे दुनिया में अपनी स्वतंत्रता का एहसास करना है और इसे उत्कृष्टता में खोना है जो इसकी जमीन और इसकी सीमा, इसका स्रोत और इसका लक्ष्य है।

---

* कार्ल जैस्पर्स का हवाला देते हुए, "उनके दर्शन का एक परिचय" वॉलराफ्ट चार्ल्स एफ कहते हैं कि "मैं अपनी स्वतंत्रता के बारे में निश्चित हूं, सोच के माध्यम से नहीं बल्कि मौजूदा के माध्यम से, अवलोकन और पूछताछ के माध्यम से नहीं ......। लेकिन हासिल करके। "लेकिन फिर भी ऐसे संकेत हैं जिनके द्वारा अस्तित्व स्वतंत्रता की उपस्थिति को पहचानने की उम्मीद कर सकता है। (कार्ल जैस्पर्स: एन इंट्रोडक्शन टू हिज फिलॉसफी-वॉल्राफ्ट चार्ल्स एफ पृष्ठ.112)

** "छह अस्तित्ववादी विचारकों" में कार्ल जसपर्स का हवाला देते हुए, एचजे ब्लैकहैम लिखते हैं कि "केवल स्वतंत्रता के माध्यम से ही मैं श्रेष्ठता के बारे में निश्चित हो जाता हूं। स्वतंत्रता के द्वारा, निश्चित रूप से, मैं दुनिया से स्वतंत्रता के एक बिंदु को प्राप्त करता हूं, लेकिन ठीक अतिक्रमण के लिए मेरे कट्टरपंथी लगाव की चेतना के माध्यम से। पृष्ठ.48)

20
मानव जिम्मेदारी

मानव जिम्मेदारी

कार्ल जसपर्स ने स्वयं के प्रति और दूसरों के प्रति उत्तरदायित्व के विषय पर अत्यधिक बल दिया है। अपने "फिलॉसॉफी" में वे लिखते हैं कि "संचार में मैं न केवल अपने लिए बल्कि दूसरे स्वयं के लिए भी जिम्मेदारी महसूस करता हूं"।9

"आधुनिक युग में मनुष्य" में एक अन्य स्थान पर, वह स्वीकार करता है कि मनुष्य वह बन गया है जो वह है, उस परंपरा के लिए धन्यवाद जो उसे अपनी शुरुआत की अस्पष्टता में वापस देखने में सक्षम बनाता है और उसे अपने सहयोगी और अपने भविष्य के लिए जिम्मेदार बनाता है। 10

जसपर्स का कहना है कि मनुष्य को संसार में स्वतंत्रता का जीवन जीना चाहिए। उसे अपने नैतिक निर्णयों और कार्यों की जिम्मेदारी लेते हुए जीवन के संघर्ष में भाग लेना चाहिए। उसे उस दुख में भाग लेना चाहिए जो उसका जीवन उसके लिए रखता है, जबकि वह सचेत रूप से दुनिया में अपनी स्वतंत्रता के बारे में जागरूक रहता है। *

जैस्पर द्वारा व्यक्ति की जिम्मेदारी की व्याख्या ** को निम्नलिखित मार्ग से सबसे अच्छी तरह से समझा जा सकता है, "मनुष्य आज स्वतंत्रता की तलाश करता है, इसे दोनों रूपों में महत्व देता है" (1) आंतरिक स्व की मुक्ति के रूप में और (2) कानून के शासन के रूप में संगठित समाज में।

---

*कार्ल जसपर्स कबूल करते हैं; "अस्तित्व की रोशनी" कि मैं अपने लिए जिम्मेदार हूं और केवल स्वतंत्र होने में, क्या मुझे पता चलता है कि मैं कौन हूं... (कार्ल जसपर्स, अस्तित्व की रोशनी, पृष्ठ 197)

** "दार्शनिक विश्वास और रहस्योद्घाटन" में कार्ल जसपर्स लिखते हैं कि "जहाँ एक स्वतंत्रता है वहाँ एक जिम्मेदारी है" (दार्शनिक विश्वास और रहस्योद्घाटन, कार्ल जसपर्स, ट्रांसलेटेड- ई.बी. एश्टन, पृष्ठ 236)

लेकिन समय की तीन महान प्रवृत्तियों के सामने स्वतंत्रता को जीतना और बनाए रखना है। हमें इन्हें अपना दास बनाने में सक्षम होना चाहिए या वे अपने आप को स्वामी दिखा देंगे। पहली प्रवृत्ति समाजवाद है। हमारा जन समाज, विशेष रूप से दो विश्व युद्धों से प्रभावित होने के कारण, बड़े पैमाने के संगठनों और आर्थिक नियोजन के लिए रोता है। इसलिए हम इसे समग्र बनाने के लिए इसे बहुत दूर धकेलने के लिए ललचा रहे हैं। लेकिन यह स्वतंत्रता के साथ असंगत है। नियोजन को निश्चित सीमा के भीतर रखा जाना चाहिए और निचले क्रम के माल की पुष्टि की जानी चाहिए। उदाहरण के लिए, जसपर्स मुक्त बाजार को बनाए रखना चाहेंगे। हमें अनुप्रयुक्त विज्ञान की पूजा ऐसे नहीं करनी चाहिए जैसे कि वह हमारी सभी समस्याओं का समाधान कर सकती है। मनुष्य के लिए अंतिम उपाय में इतना अधिक रहता है जो केवल उसे दिया जा सकता है और इसे कभी भी संगठित और प्रशासित नहीं किया जा सकता है।

दूसरी प्रवृत्ति विश्व एकता की ओर है। ऐसी एकता अपरिहार्य है। युद्ध, भविष्य में हो सकते हैं, लेकिन वे विश्व एकता को भंग करने वाले गृहयुद्धों की प्रकृति में होंगे। सवाल यह है कि क्या एकता विश्व साम्राज्य या विश्व व्यवस्था का रूप ले लेगी। इसे हासिल करने के लिए हमें आपसी समझ से जीना सीखना चाहिए। इसके लिए, कम से कम सत्ता का केंद्र बनने की सीमा तक संप्रभुता का समर्पण होना चाहिए जो सदस्य राज्यों को कुछ कार्यों के अभ्यास की अनुमति देगा, जबकि बाकी को अपने लिए आरक्षित कर देगा।

हालाँकि, एक तीसरी ज़रूरत है, जो सबसे बड़ी है। यह एक ऐसे विश्वास के लिए है जो पहले से ही बोले जा रहे शून्यवाद और अविश्वास का मुकाबला करेगा। हम अपने समय की कुछ विशेषताओं को प्राचीन रोम के तमाशे में उसके क्षय में पहचानते हैं। समकालीन चित्रों में जो कमी है वह इतनी पौरुषपूर्ण और इतनी आशाजनक है जितनी कि प्रारंभिक ईसाई धर्म थी। जाहिर है, जो विश्वास हमें उत्साहित और एकजुट करने वाला है, वह कोई निर्मित उत्पाद नहीं हो सकता। हमें अपने समय और उसकी जरूरतों के लिए उपयुक्त रूप में केवल बाइबल के धर्म के पुनर्जन्म की आवश्यकता है। यह ईश्वर में विश्वास होगा, यह विश्वास दिलाना कि वे परिस्थितियों का सामना नहीं कर रहे हैं, न कि अपने स्वयं के आवेगों की दया पर, बल्कि यह कि एक शक्ति है जो वहां समर्थन करती है। यह मनुष्य में विश्वास होगा, ताकि बुचेनवाल्ड के दुःस्वप्न की भयावहता से प्रेतवाधित एक युग भी सहन करने में सक्षम हो और दूसरे को स्वयं के समान मूल्य के रूप में मान्यता दे, यह भविष्य की संभावनाओं में विश्वास होगा ताकि हमारी कार्रवाई इस जिद्दी, फिर भी आमंत्रित दुनिया में।

तो सब; अंत में केवल व्यक्ति की जिम्मेदारी पर बारी। वह जो देखता है कि आज ऐसा ही है, वह इतिहास की व्याख्या करेगा जैसा कि जसपर्स उस व्याख्या की जड़ के लिए करते हैं, वह उस समय की मान्यता है जिस पर व्यक्ति अपनी जिम्मेदारी के लिए जागता है, जिस धुरी पर सारा इतिहास घूमता है। जब तक हम निष्क्रिय रहते हैं तब तक भलाई की कोई शक्ति नहीं होती जो हमें हमारे उद्धार की ओर ले जाती है। लेकिन अगर हमारी समस्याओं

को केवल कर्म से ही सुलझाया जा सकता है, तो हमें यह नहीं भूलना चाहिए कि कर्म केवल उसी मात्रा में फलदायी हो सकता है, जिसमें वह विचार द्वारा निर्देशित होता है। और विचार और कार्य दोनों के लिए विश्वास में एक और मार्गदर्शक है कि मनुष्य को परमेश्वर के स्वरूप में बनाया गया था और वह अपने सभी निर्णयों में से एक है, और यह बिना किसी उद्देश्य के नहीं है कि वह पृथ्वी पर है। संक्षेप में, कार्ल जसपर्स जिम्मेदारी पर विचार करते हैं; हम देखते हैं कि कार्ल जसपर्स मनुष्य को अपने लिए और दूसरों के लिए भी जिम्मेदार मानते हैं। मनुष्य अपने कार्यों के लिए जिम्मेदार है। चूंकि वह दूसरे के साथ सह-अस्तित्व में है व्यक्तियों, उनके कार्यों और उनकी जिम्मेदारी दूसरों के लिए चिंता का विषय है। मनुष्य को अपने कार्यों को इस तरह से करना है कि दूसरे कार्य करें और विफल न हों। अन्य व्यक्तियों को भी अपने कार्यों को करने के लिए स्वतंत्र होना चाहिए और इसके लिए जिम्मेदार होना चाहिए; न केवल अपने लिए बल्कि मेरे लिए भी।

पुरुष अपनी स्वतंत्रता के प्रति सचेत होते हैं जब वे उन्हें संबोधित अनिवार्यताओं को पहचानते हैं। यह उन पर निर्भर करता है कि वे उन्हें बाहर निकालते हैं या उनसे बचते हैं। मनुष्य गंभीरता से इनकार नहीं कर सकता है कि वे एक निर्णय लेते हैं, जिसके द्वारा वे अपने बारे में निर्णय लेते हैं और यह कि वे जिम्मेदार हैं। दूसरी ओर कीरकेगार्ड ने मनुष्य को स्वयं के लिए और दूसरों के लिए भी जिम्मेदार ठहराने के अलावा, मनुष्य को ईश्वर के प्रति भी जिम्मेदार होने की आवश्यकता पर बल दिया है। कीरकेगार्ड का मत है कि मनुष्य ईश्वर के साथ अपने आंतरिक संबंध के माध्यम से, विश्वास के माध्यम से प्राप्त, जिम्मेदारी की एक उच्च भावना प्राप्त कर सकता है। चूँकि मानव अस्तित्व पर कीर्केगार्ड के विचार बहुत अधिक नैतिक और धार्मिक हैं, यह उन्हें एक नैतिक-धार्मिक जीवन जीने के लिए प्रेरित करता है। और इसीलिए कीर्केगार्ड ने खुद को भगवान के प्रति जिम्मेदार ठहराया।

कार्ल जसपर्स, हालांकि एक ईश्वरवादी अस्तित्ववादी स्वयं, कीर्केगार्ड के साथ मनुष्य को ईश्वर के प्रति जिम्मेदार बनाने के लिए सहमत नहीं हैं, हालांकि जसपर्स ने मानव स्वतंत्रता की एक नैतिक-धार्मिक अवधारणा को बनाए रखा है। बहुत हद तक कार्ल जसपर्स ने मनुष्य को अपने और दूसरों के प्रति उत्तरदायी बनाने में कीर्केगार्ड का अनुसरण किया है।

21

लोगों के अंतर्संबंध

लोगों के अंतर्संबंधों पर कार्ल जसपर्स के विचारों पर विशेष ध्यान देने की आवश्यकता है। मनुष्य इसी संसार में अपनी स्वतंत्रता प्राप्त करता है। उसे स्वयं को एकांत से मुक्त करने के बारे में सोचना पड़ता है और ऐसा करने से मनुष्य दूसरों के साथ संबंध स्थापित करता है। इस प्रकार, पुरुष एक-दूसरे से अंतर्संबंधित हो जाते हैं और अपनी स्वतंत्रता और जिम्मेदारी को महसूस करते हुए एक साथ रहते हैं।

चूंकि मनुष्य एक सामाजिक प्राणी है, इसलिए वह अकेले रहने का जोखिम नहीं उठा सकता। उसे हमेशा दूसरों की जरूरत होती है। एक आदमी, जो किसी न किसी कारण से; अकेले जीने की कोशिश एक आधे आदमी के अलावा और कुछ नहीं है। उसे अपनी पूर्णता प्राप्त करने के लिए सह-अस्तित्व को स्वीकार करना होगा।

बड़प्पन, सहानुभूति और निष्ठा मनुष्य के वास्तविक लक्षण हैं। और इन विशेषताओं को दूसरों के साथ साझा किया जाना है, क्योंकि सच्चा बड़प्पन, सहानुभूति और वफादारी एक अलग व्यक्ति में नहीं मिल सकती है। यह स्वतंत्र मनुष्यों के अंतर्संबंधों में विद्यमान है। ऐसे मनुष्य एक दूसरे को खोजने, एक दूसरे की मदद करने और संचार के लिए हमेशा तैयार रहने के अपने कर्तव्य से अवगत हैं। यद्यपि उन्होंने कोई औपचारिक समझौता नहीं किया है, वे एक वफादारी के साथ एक साथ हैं जो किसी भी औपचारिक समझौते से अधिक मजबूत है। यह एकजुटता एक दुश्मन तक भी फैल जाती है जब स्व-हूड (selfhood) स्वार्थ के साथ वास्तविक विरोध में आ जाता है।

पुरुष समाज में रहते हैं और वहां रहते हुए वे जनता के रूप में मौजूद होते हैं और जनता के रूप में एक-दूसरे का सामना करते हैं और जन-शक्ति से अपने अधिकारों को काटते हैं, आत्म-अस्तित्व निश्चित रूप से अपनी व्यक्तिगत विश्वास योग्यता में अधिक आश्वस्त होता है। और इस भरोसे की योग्यता को एक और बहुत अन्य मौजूदा व्यक्ति द्वारा प्रतिबिंबित किया जाना चाहिए।

समाज में एक साथ जनसमुदाय के रूप में रहते हुए, वे अपने संचार की अंतरंगता से ही एक दूसरे के साथ निकटता में प्रवेश करते हैं।

स्वयं को हमेशा दूसरों के साथ संचार की आवश्यकता होती है और वह चाहता है। मेरी विशिष्टता प्राप्त हुई है और दूसरों की विशिष्टता की आवश्यकता है, और अन्यथा अकल्पनीय है। चुनाव में खुद को प्रकट किए बिना एक-स्व होना वास्तविक नहीं है। मेरी स्वतंत्रता में निहित है और बाकी सभी की स्वतंत्रता की आवश्यकता है। सूत्र है; "मैं चाहता हूं कि एक दूसरे वह बनें जो मैं बनने का प्रयास करता हूं, कि वह खुद ईमानदारी और सच्चाई में हो"। दूसरे के लिए यह अपील बिना रिजर्व के आत्म-रहस्योद्घाटन के साथ है।11

सामान्य अंतर्पाठ्यक्रम की औपचारिकताएं, परंपराएं और भंडार स्वयं होने के स्तर पर संचार के लिए अनुपयुक्त हैं। एक स्वयं बन जाता है और दूसरे को अपने पास लाता है इस प्रकार स्वयं को उसके लिए खोलता है। इस संचार के लिए जो समान है उसे साझा करना नहीं है बल्कि प्रत्येक के मतभेदों पर जोर देना है। प्राणी खुद को एकजुट के रूप में पहचानते हैं लेकिन अपने अंतर को बनाए रखने और बनाए रखने और खुद को और एक दूसरे को चुनौती देने और चुनौती देने के लिए उनकी वास्तविकता की एक शर्त के रूप में है। प्रत्येक का सत्य स्वयं का सत्य है और उसके लिए कोई विकल्प नहीं है। यह अद्वितीय है, एक महत्वपूर्ण आत्मसात है जो उसका अकेला है; कोई अन्य सत्य नहीं है, लेकिन दूसरों का सत्य है।

संचार उन व्यक्तियों के बीच होता है जो एक सामान्य विश्व व्यवस्था में भाग लेते हैं और सामान्य कार्यों में सहयोग करते हैं जो व्यक्तियों के बीच संबंधों को मानवीय बनाते हैं लेकिन संचार इस संभोग में नहीं रहता है, यह इससे उत्पन्न होता है। मेरे लिए एक व्यक्ति के रूप में मेरे लिए पूरी तरह से खुद को पूरी तरह से गठित किया गया है, यानी संचार होने की दुनिया में है, स्वयं अन्यथा, वह; मेरे और अन्य सभी की तरह एक और एक वस्तु और एक साधन है, दुनिया में एक आकृति है।12

संक्षेप में, मैं कह सकता हूं कि मनुष्य समाज में सह-अस्तित्व में है, अपने बड़प्पन, सहानुभूति और वफादारी को साझा करता है, वे इसे अपने बेहतर जीवन के लिए साझा करते हैं। इसे प्राप्त करने के लिए उन्हें एक दूसरे के साथ संचार में प्रवेश करना होगा। और अंत में, वे अपने संबंधों को मानवीय बनाते हैं। इस प्रकार, उनके संबंध मजबूत और मजबूत हो जाते हैं। और, लोगों के अंतर्संबंधों के संदर्भ में, यह साहसपूर्वक कहा जा सकता है कि संचार अस्तित्व संबंधी कार्यों में सबसे आवश्यक है और सभी संभावित उपलब्धियों में सबसे कीमती और सबसे नाजुक है।

गेब्रियल मार्सेल के दर्शन में मानव स्वतंत्रता और जिम्मेदारी

22

गेब्रियल मार्सेल/GABRIEL MARCEL

GABRIEL MARCEL (1889-1969): Brief Sketch and Introduction

GABRIEL MARCEL (1889-1969)

Gabriel Marcel

Born

Gabriel Honoré Marcel, 7 December 1889, Paris, France

Died

8 October 1973 (aged 83), Paris, France

Alma mater

University of Paris

Notable work

The Mystery of Being (1951)

Era

20th-century philosophy

Region

Western philosophy

School

Christian existentialism, Existential phenomenology[1], Personalism

Main interests

Ontology, subjectivity, ethics

Notable ideas

"The Other" (*autrui*), concrete philosophy (*philosophieconcrète*), being vs. having as opposing ways of defining the human person

Influences

- Nikolai Berdyaev, Henri Bergson, Martin Buber, Martin Heidegger, Edmund Husserl[2], Søren Kierkegaard[3]
- François Mauriac, Josiah Royce[4], Friedrich Schelling

Influenced

- Pierre Boutang, Emmanuel Levinas, Walker Percy, Jean Wahl, Paul Ricœur, John Paul II

Courtesy -Wikipedia

गेब्रियल मार्सेल

गेब्रियल मार्सेल का जन्म 1889 में एक संस्कारी परिवार में हुआ था, उनके पिता स्टॉकहोम में फ्रांस के मंत्री थे और बाद में, एक या दूसरे महान राष्ट्रीय संग्रह के निदेशक थे। जब वह चार साल के थे, तब उनकी माँ की मृत्यु हो गई, और उनका पालन-पोषण एक चाची ने किया। उनकी माँ की छवि (एक उज्ज्वल व्यक्तित्व) और उनकी चाची (एक कट्टर अज्ञेयवादी) के प्रभुत्व ने एक तनाव पैदा किया, जिसके बारे में उन्होंने कहा है, 'दृश्य और अनदेखी के बीच छिपी ध्रुवता ने मेरे जीवन में एक बड़ी भूमिका निभाई है और किसी भी अन्य प्रभाव की तुलना में सोचा जो मेरे लेखन में स्पष्ट हो सकता है'। प्रथम विश्व युद्ध के दौरान, वह सक्रिय सेवा के लिए फिट नहीं था और लापता लोगों का पता लगाने में रेड क्रॉस के लिए लगा हुआ था, एक ऐसा अनुभव जिसने उन्हें तीसरे व्यक्ति और दूसरे के बीच मतभेदों की दुनिया में घर लाया। युवावस्था से ही वह जर्मन, अंग्रेजी और अमेरिकी विचारकों

के आदर्शवाद से शुरुआत करते हुए नाटकीय लेखन (उन्होंने 15 से अधिक टुकड़े/pieces प्रकाशित किए हैं) और दार्शनिक अध्ययन में लगे रहे। कामचलाऊ व्यवस्था की संगीत रचना, उनकी इतनी रुचि है कि उन्होंने 1912 से रुक-रुक कर पढ़ाया है। 1929 में 39 वर्ष की आयु में उन्होंने रोमन चर्च में बपतिस्मा (baptised) लिया था। 1969 में उनकी मृत्यु हो गई।

परिचय

गेब्रियल मार्सेल एक रोमन कैथोलिक है। वह एक दर्शन होने से इनकार करते हैं जो विशेष रूप से उनके पास है, और जिसे कटे और सूखे रूप में रखा जा सकता है। मार्सेल का दर्शन दूसरे विचारों का दर्शन है, प्रतिबिंब पर एक प्रतिबिंब, प्रतिबिंब को उच्च स्तर की अमूर्तता तक नहीं बढ़ाता बल्कि संक्षिप्तता, जीवन और सोच की एकता को बहाल करने के लिए प्रतिबिंब का उपयोग करता है।

उनके दर्शन का सरोकार सत्य और महत्वपूर्ण अनुभवों को पुनर्स्थापित करना और उनका पता लगाना है जो मनुष्य और दुनिया से उनके अस्तित्व की पूर्णता और उनके मुठभेड़ की प्रतिक्रिया में उत्पन्न होते हैं।1

यह मार्सेल को समकालीन अस्तित्ववादियों के चार बड़े चार में गिनने के लिए प्रथागत है, जिसमें उन्हें जेपी सार्त्र, मार्टिन हाइडेगर और कार्ल जैस्पर्स के साथ शामिल किया गया है। सामान्य तौर पर, यह एक अच्छा निर्णय है, क्योंकि वह इन अन्य अस्तित्ववादी दार्शनिकों के साथ कई समस्याओं और विधियों को साझा करता है। वे सभी इस बात से सहमत हैं कि आज के महत्वपूर्ण प्रश्न मानव व्यक्ति और प्रकृति, समाज और किसी भी उत्कृष्ट मूल्यों के साथ अपने संबंधों के लिए स्वतंत्र रूप से प्रस्तावित अर्थों से संबंधित हैं। वे मनुष्य को स्वतंत्रता के केंद्र के रूप में देखते हैं जो व्याख्या के निश्चित कार्यों या अर्थ के असाइनमेंट में खुद को महसूस करता है, और इन कृत्यों को उनके प्राकृतिक और सामाजिक मैट्रिक्स के भीतर जांचने के लिए, अस्तित्ववादियों को जांच के कुछ नए तरीकों को विकसित करना होगा।

अधिकांश मुद्दों पर, जो अस्तित्ववाद का सामना करते हैं, मार्सेल अन्य अस्तित्ववादियों के साथ व्यापक समझौते में हैं। फिर भी यह भी एक तथ्य है कि, अवसरों पर उन्होंने "अस्तित्ववादी" नाम का खंडन किया है और खुद को "ईसाई-ईश्वरीय" कहा है। यह कदम मुख्य रूप से सार्त्र के दृष्टिकोण से उनके दृष्टिकोण को अलग करने के लिए है, लेकिन यह उन्हें अन्य अस्तित्ववादियों से अलग करने में भी मदद करता है।

मार्सेल ने आत्म-समझ के लिए अपनी खोज को एक धार्मिक और ईसाई प्रकार के सुकरातवाद के रूप में वर्णित किया। उनका सुझाव है कि अब समय आ गया है जब हमें धर्म और दर्शन के अलगाववाद पर पुनर्विचार करना होगा। विधि और उद्देश्य में अपने अंतर को स्वीकार करते हुए, वे फिर भी होने में भाग लेने की हमारी जागरूकता से सामान्य पोषण प्राप्त करते हैं और हमारे साथी और भगवान के संबंध में स्वतंत्रता के हमारे उपयोग के लिए

एक सामान्य चिंता दिखाते हैं। मार्सेल प्रतिबिंब के दार्शनिक कार्य और पूजा के धार्मिक कार्य के बीच किसी भी पहचान की वकालत नहीं करता है। लेकिन वह अपने संबंधों के मुद्दों को पूरी तरह से तलाशने की जरूरत महसूस करता है।

अस्तित्ववादियों में अकेले, मार्सेल भी ईसाई धर्म को स्वीकार करते हैं और इसे अपने दार्शनिक कार्य के लिए एक निवारक के बजाय एक प्रेरणा के रूप में मानते हैं। यह उसे बुराई, सामाजिक जिम्मेदारी और स्वतंत्रता की महान मानवीय समस्याओं के प्रति कम के बजाय अधिक संवेदनशील बनाता है।2

समस्या और रहस्य पर गेब्रियल मार्सेल के विचारों के संबंध में, निम्नलिखित पैराग्राफ इसके लायक साबित होगा।

दर्शन सार्वजनिक क्षेत्र में समस्याओं के उन पहलुओं को समझने में मनुष्य की सहायता करता है, जो मनुष्य को मानव स्वतंत्रता और जिम्मेदारी का अर्थ जानने के लिए प्रेरित करता है। वर्तमान संदर्भ में मानव अस्तित्व का बहुत अच्छी तरह से समस्यात्मक अध्ययन किया जा सकता है, जो इस दुनिया में समस्या और रहस्य का सामना करता है।

मार्सेल के ग्राफिक वाक्यांश में, एक रहस्य एक समस्या से ज्यादा कुछ नहीं है जो पूछताछकर्ता के अस्तित्व पर हमला करता है और उसकी अनिश्चित स्थिति को उजागर करता है। 3 *

23
मनुष्य की प्रकृति

गेब्रियल मार्सेल के विचार मनुष्य की प्रकृति के बजाय मानव अस्तित्व की प्रकृति अन्य अस्तित्ववादियों से अलग नहीं हैं। मार्सेल ने मानव प्रकृति की अपनी अवधारणा को कीर्केगार्ड की मनुष्य की प्रकृति की ईश्वरवादी अवधारणा के साथ घनिष्ठ रूप से विकसित किया। कीर्केगार्ड और मार्सेल, मानव अस्तित्व को न केवल अस्थायी और सीमित मानते हैं, बल्कि ईश्वर के संबंध में अमर और शाश्वत बनने में सक्षम हैं। वे इस बात पर भी जोर देते हैं कि ईश्वर के संबंध में एक शाश्वत और अमर स्थिति प्राप्त करना, अस्तित्व का अंतिम आध्यात्मिक उद्देश्य है।

यहाँ, मार्सेल की हाइडेगर और सार्त्र के साथ तुलना करते हुए, यह कहा जा सकता है कि हाइडेगर और सार्त्र भी, मार्सेल की तरह, मनुष्य के सीमित अस्तित्व में विश्वास करते हैं और उसके बाद आध्यात्मिक अस्तित्व की पारलौकिक अवस्था को प्राप्त करते हैं जो न केवल आनंदमय है, बल्कि अंततः उद्देश्यपूर्ण भी है।

इस प्रकार यह कहा जा सकता है कि मार्सेल, कीर्केगार्ड और हाइडेगर के साथ, यह मानते हैं कि शुरुआत में मनुष्य अपने अस्थायी और सीमित स्वभाव के साथ इस दुनिया में रहता है; लेकिन वह अपनी वर्तमान प्रकृति से संतुष्ट नहीं है, इसलिए समय के साथ, वह अपना ध्यान हटाता है और भगवान के साथ घनिष्ठ संबंध में आता है जो मनुष्य को अपने स्वभाव को बदलने में मदद करता है और इस प्रकार अमर और शाश्वत यानी अनंत प्रकृति को प्राप्त करता है जो कि परम है मानव प्रामाणिक अस्तित्व का उद्देश्य।

---

*मार्सेल ने "फिलॉसफी ऑफ एक्सिस्टेंस" में, रहस्य और समस्या को आपस में जोड़ते हुए लिखा है कि "एक रहस्य एक समस्या है जो अपने स्वयं के डेटा पर आक्रमण करती है और इस तरह एक साधारण समस्या के रूप में खुद को पार कर जाती है" (अस्तित्व का दर्शन, गेब्रियल मार्सेल, पी.8)

24

मानव स्वतंत्रता

मानव स्वतंत्रता पर गेब्रियल मार्सेल के विचारों पर यहां चर्चा की जाएगी। जहां तक स्वतंत्रता की धारणा का सवाल है, स्पष्ट रूप से, स्वतंत्रता का अर्थ राजनीतिक या सामाजिक संदर्भ में, उदाहरण के लिए, या एक नैतिक या आध्यात्मिक संदर्भ में चर्चा किए जाने के आधार पर कुछ अलग है। मुझे लगता है कि हम देख सकते हैं कि ठोस परिस्थितियों का एक पूरा सेट है जिसे हम आम तौर पर स्वतंत्रता कहते हैं, इस नाम से हमारा क्या मतलब है इसका हमेशा स्पष्ट विचार नहीं होता है। किसी भी मामले में यह स्पष्ट है कि हमें अपने आप को इस आदिम विचार से बचाना होगा कि एक स्वतंत्र व्यक्ति पूरी तरह से स्वतंत्र व्यक्ति होता है। यह विशुद्ध रूप से एक अमूर्त दृष्टिकोण होगा जिसका वास्तविक अनुभव में कोई आधार नहीं है।

यदि हम एक स्वतंत्र देश के नागरिक को देखते हैं जिसे हम देखते हैं तो हम देखते हैं कि वह सभी प्रकार के दायित्वों, करों, सेना आदि के अधीन है। ये दायित्व उस चीज़ का हिस्सा हैं जो इसे एक नागरिक लगता है, और आम तौर पर यह माना जाएगा कि यदि कोई व्यक्ति उनसे बचने की कोशिश करता है, तो वह केवल झूठी या कम से कम बचकानी स्वतंत्रता की धारणा के नाम पर ऐसा कर सकता है। यह जोड़ा जाना चाहिए कि कोई देश तभी स्वतंत्र रह सकता है जब उसके नागरिक अपने दायित्वों का निर्वाह करें। इस प्रकार, यह स्वीकार किया जाना चाहिए कि कांट पूरी तरह से अराजक सिद्धांत के विरोध में "दायित्व" और "स्वतंत्रता" के बीच एक आंतरिक संबंध स्थापित करने के लिए पूरी तरह से सही थे, जो बाध्यता के साथ दायित्व की पहचान करता है।

यह निश्चित है कि प्रत्येक स्तर पर, चाहे वह व्यक्तियों के बीच संबंधों का हो या राष्ट्रों के बीच संबंधों का, स्वतंत्रता या स्वतंत्रता की धारणा सभ्य अस्तित्व की वास्तविक स्थिति के साथ असंगत प्रतीत होती है। यह पौराणिक है लेकिन हमें खुद से पूछना होगा कि यह सत्य और स्वाभिमान के बीच के संबंध से कैसे जुड़ा है, * और इसके लिए मुझे एक "स्वतंत्र व्यक्ति" की धारणा के साथ और अधिक सीधे व्यवहार करना होगा।

मानव गरिमा की मौजूदा पृष्ठभूमि में मार्सेल कहते हैं कि, "शुरुआत में हमें इस महत्वपूर्ण तथ्य पर ध्यान देना चाहिए कि हम में से कोई भी वास्तव में यह नहीं कह सकता है कि" मैं स्वतंत्र हूं। इस कथन का कोई अर्थ नहीं है कि मनुष्य स्वतंत्र है, और निश्चित रूप से रूसो के साथ यह दावा करने में और भी कम है कि वह स्वतंत्र पैदा हुआ है। स्वतंत्रता को एक विशेषता के रूप में मानने में कोई अधिक घातक त्रुटि नहीं है। यह कहा जा सकता है कि यह बिल्कुल विपरीत है। यह कहना कहीं अधिक उचित है कि हम में से प्रत्येक को स्वयं को एक स्वतंत्र व्यक्ति बनाना है; कि संभव की सीमा के भीतर उसे उन संरचनात्मक परिस्थितियों का लाभ उठाना होगा, जो स्वतंत्रता को संभव बनाती हैं। दूसरे शब्दों में, स्वतंत्रता एक विजय है जो हमेशा आंशिक हमेशा अनिश्चित, हमेशा चुनौतीपूर्ण होती है और हमें खुद को फिर से याद दिलाना चाहिए कि यह कैद की स्थिति के बीच में है कि स्वतंत्रता का जन्म हो सकता है, पहले स्वतंत्र होने की आकांक्षा के आकार में।

यह कहना कि सबसे स्वतंत्र व्यक्ति वह है जिसके पास सबसे अधिक आशा है, शायद सबसे ऊपर यह इंगित करने के लिए है कि वह वह व्यक्ति है जो अपने अस्तित्व को सबसे अधिक महत्व देने या उस पर सबसे अधिक दांव लगाने में सक्षम है।

आजाद आदमी में सबसे ज्यादा भाईचारा होता है । भाईचारा अपने पड़ोसी से जुड़ा होता है लेकिन इस तरह से कि यह बंधन न केवल उसे बांधता है, बल्कि उसे खुद से भी मुक्त करता है। अब जो दिखाने की कोशिश की गई है वह यह है कि यह स्वतंत्रता प्राथमिक महत्व की है, क्योंकि हम में से प्रत्येक न केवल अपने भौतिक हितों, अपने जुनून, या केवल अपने पूर्वाग्रहों के संबंध में, बल्कि इससे भी अधिक अनिवार्य रूप से खुद का कैदी बन जाता है। पूर्व-स्वभाव में जो उसे स्वयं पर केंद्रित होने और हर चीज को केवल अपने दृष्टिकोण से देखने के लिए प्रेरित करता है। भाईचारे का आदमी, इसके विपरीत, किसी भी तरह से अपने भाई को समृद्ध करने वाली हर चीज से समृद्ध होता है, उस ऐक्य (communion) में जो उसके भाई और खुद के बीच मौजूद होता है।

अब स्वायत्तता (autonomy) और स्वायत्तता और स्वतंत्रता (freedom) के बीच के अंतर पर मार्सेल द्वारा सामने रखे गए विचारों पर भी कुछ प्रकाश डालने का प्रयास किया जाएगा।

स्वायत्तता और कुछ नहीं बल्कि एक प्रकार का चुनाव है जो मनुष्य को इस या उस को चुनने में सक्षम बनाता है और चुनाव करने में मनुष्य अपनी व्यक्तिगत स्वायत्तता पर ध्यान देता है और यह उसके साथ रहता है कि वह दूसरों के साथ अपने संबंध को तोड़ता है या इसके विपरीत इसे स्वीकार करता है और गहरा करता है। और जिसके अनुसार वह चुनता है, वह या तो अहंकार और अभिमान के अलगाव में खुद को बंद कर लेता है, या खुद को ईश्वर और मनुष्य के साथ संवाद के लिए खोल देता है जिससे वह विश्वास और प्रेम में मिल सकता है।

स्वायत्तता में, मनुष्य अपने स्वयं के मूल्य के लिए जागता है, अपने अधिकारों का दावा करता है, अपनी स्वतंत्रता की घोषणा करता है, और अपने भाग्य को अपने हाथों में लेता

है। यहां, मार्सेल, स्वायत्तता और स्वतंत्रता के बीच के अंतर की जांच करते हुए लिखते हैं कि "यह ध्यान रखना आवश्यक है कि स्वायत्तता पूर्व-अनुमानित और अस्वीकार किए गए विषमता की सभी उपेक्षा से ऊपर है; मैं अपना जीवन स्वयं जीना चाहता हूं जो स्वायत्तता का कट्टरपंथी सूत्र है। यहीं पर हम उसी और दूसरे के बीच का वह तनाव देख सकते हैं, जो होने (having) की दुनिया की नब्ज (pulse) है। हमें और पहचानना चाहिए। मुझे लगता है, कि स्वायत्तता किसी भी क्षेत्र पर है जो प्रशासन को स्वीकार करता है, चाहे वह कल्पना की गई हो। यह वास्तव में, गतिविधि के एक निश्चित क्षेत्र के विचार का तात्पर्य है, और इसे और अधिक बारीकी से परिभाषित किया जा सकता है जब इस क्षेत्र को अंतरिक्ष और समय में बारीकी से परिचालित किया जा सकता है। हितों की प्रकृति में कुछ भी, जो कुछ भी हित हैं, एक निश्चित सीमाओं के साथ एक क्षेत्र या जिले के रूप में सापेक्ष आसानी से माना जा सकता है, और इसके अलावा, मैं काफी हद तक, अपने स्वयं के जीवन को दूसरे द्वारा प्रशासित होने में सक्षम मान सकता हूं या अपने आप से।5

संक्षेप में यह कहा जा सकता है कि मार्सेल ने स्वतंत्रता की अपनी अवधारणा को कीर्केगार्ड की स्वतंत्रता की आस्तिक अवधारणा के साथ घनिष्ठ सहमति में विकसित किया। लेकिन उन्होंने जीवन के प्रति कीर्केगार्ड के नकारात्मक रवैये, अनन्य व्यक्तिपरकता पर उनके जोर और ईश्वर के प्रति मनुष्य की प्रतिबद्धता को अन्य व्यक्ति के प्रति अपनी प्रतिबद्धता की तुलना में अपने प्रामाणिक अस्तित्व के लिए अधिक आवश्यक नहीं बताया।

मार्सेल ईसाई होने के नाते कीर्केगार्ड के साथ और जैस्पर्स के साथ भी, मानव स्वतंत्रता के विषय पर, कीर्केगार्ड और जैस्पर्स और मार्सेल, मानव स्वतंत्रता की एक नैतिक-धार्मिक अवधारणा को बनाए रखते हैं। अन्य अस्तित्ववादियों के साथ मार्सेल मानव स्वतंत्रता को अप्रामाणिक मानव अस्तित्व से मुक्ति के रूप में मानता है।

इस प्रकार, हम देखते हैं कि मार्सेल के विचार अन्य आस्तिक अस्तित्ववादियों से इतने भिन्न नहीं हैं। मार्सेल काफी हद तक मानव स्वतंत्रता पर समान विचार रखता है। लेकिन इस विषय पर उनके विचार हाइडेगर और सार्त्र जैसे नास्तिक अस्तित्ववादियों से भिन्न हैं, जिनकी मानव स्वतंत्रता की अवधारणा मुख्य रूप से क्रमशः बौद्धिक और ऑटोलॉजिकल है। हाइडेगर और सार्त्र की मानव स्वतंत्रता की अवधारणा की चर्चा छठे और सातवें अध्याय में की जाएगी।

---

* गैब्रियल मार्सेल "मानव गरिमा की मौजूदा पृष्ठभूमि" में मनुष्य की स्वतंत्रता के संबंध में सत्य के महत्व पर जोर देते हुए लिखते हैं कि "जिस व्यक्ति ने सत्य को धोखा दिया है और उसके द्वारा सत्य को समझना चाहिए वह अब एक स्वतंत्र व्यक्ति नहीं हो सकता है। सच्चाई यह है कि परिस्थितियों की एक पूरी भीड़ पर जोर दिए बिना स्वतंत्रता की कल्पना करना असंभव है, इतना पूरा कि इसके विपरीत, जिसे हम में से प्रत्येक अनुभव करने और हावी होने के लिए बाध्य है, हालांकि, आशा को पोषित किए बिना पूरी तरह से ऐसा करने में

सक्षम होने के नाते, चाहे स्वयं के संबंध में या परिस्थितियों के संबंध में। (मानव गरिमा की अस्तित्ववादी पृष्ठभूमि, गेब्रियल मार्सेल, पृष्ठ.152)

25

मानव जिम्मेदारी

मानव जिम्मेदारी

अन्य अस्तित्ववादियों की तरह, गेब्रियल मार्सेल भी मनुष्य को उसके कार्यों के लिए जिम्मेदार मानते हैं। गैब्रियल मार्सेल "द एक्सिस्टेंशियल रिवॉल्ट" में लिखते हैं कि केवल स्वैच्छिक जुड़ाव में ही मैं उन घटनाओं की श्रृंखला को अर्थ प्रदान कर सकता हूं जो मेरे अतीत का निर्माण करती हैं। मैं अपने सभी पिछले कृत्यों के लिए खुद से कहने की पूरी जिम्मेदारी लेता हूं। मैंने ही इस तरह से अभिनय किया है। मैं वही हूं जो मैंने किया है।

मार्सेल, मनुष्य को न केवल अपने लिए बल्कि दूसरों के लिए भी जिम्मेदार ठहराता है। अतीत में किए गए और वर्तमान में किए जा रहे सभी कार्यों के लिए मनुष्य जिम्मेदार है; मार्सेल "HOMO VIATOR" में आगे लिखते हैं कि "मैं एक व्यक्ति होने का दावा करता हूँ जहाँ तक मैं जो करता हूँ और जो कहता हूँ उसकी जिम्मेदारी लेता हूँ। लेकिन मैं किसके प्रति जिम्मेदार हूं, किसके प्रति मैं अपनी जिम्मेदारी स्वीकार करता हूं? हमें जवाब देना चाहिए कि मैं अपने और बाकी सभी के लिए संयुक्त रूप से जिम्मेदार हूं, और यह संयोजन व्यक्ति की सगाई की सटीक विशेषता है, कि यह व्यक्ति का उचित चिह्न है।

दैनिक जीवन में मनुष्य को अपने उत्तरदायित्व के प्रति जागरूक होना चाहिए। अपने सभी कार्यों के लिए, उसे अपने साथ जिम्मेदारी लेनी होगी। उसे अपने सभी कार्यों को सच्ची भावना से करना चाहिए। यदि वह ऐसा करता है, तो उसके कार्यों को जिम्मेदार कृत्य माना जाएगा।

'द डिक्लाइन ऑफ विजडम' में मार्सेल लिखते हैं कि 'कोई भी तकनीशियन सटीकता के गुण के बिना नहीं कर सकता, उसकी दुनिया में अशुद्धि को हमेशा दंडित किया जाता है और सजा कभी-कभी भयानक होती है। इसलिए जिम्मेदारी की जागरूकता वह लगातार अपने साथ ले गया।

साथ ही यह जागरूकता विशेष रूप से सूक्ष्म प्रकार की होनी चाहिए। उसे उसकी चेतना के अग्रभाग पर आक्रमण नहीं करना चाहिए बल्कि उसके बाहरी छोर पर रहना चाहिए।

ऑपरेशन करने वाला एक सर्जन एक पल के लिए भी अपनी जिम्मेदारी नहीं भूल सकता, लेकिन उसे उस पर इतना बोझ नहीं डालना चाहिए कि वह जुनूनी हो जाए। यह उस पर ध्यान केंद्रित करने के लिए नहीं तौला जाता है या यहां तक कि उसके दिमाग को केंद्रित नहीं करता है बल्कि उसके कार्य पर होता है; जिम्मेदारी बल्कि वह भावना है जिसमें उसके कार्यों को उस प्रकाश से किया जाता है जिसमें वह इसे देखता है।

कीर्केगार्ड और जैस्पर्स के साथ मानवीय जिम्मेदारी पर मार्सेल के विचार की तुलना करते हुए, यह कहा जा सकता है कि मार्सेल भी कीर्केगार्ड और कार्ल जसपर्स के नक्शेकदम पर चलता है। इस संबंध में मार्सेल काफी हद तक उन दोनों से सहमत हैं। कीर्केगार्ड और जैस्पर्स के साथ, मार्सेल ने मनुष्य को अपने लिए और अपने साथियों या दूसरों के लिए जिम्मेदार ठहराया।

मार्सेल, हालांकि ईसाई और अधिक हद तक आस्तिक अस्तित्ववादी, स्पष्ट रूप से कीर्केगार्ड की तरह अपने विचार नहीं रखता है, जो प्रामाणिक व्यक्ति को स्वयं और दूसरों के प्रति जिम्मेदार होने के अलावा, भगवान के लिए जिम्मेदार बनाता है। ऐसा लगता है कि मार्सेल इस क्षेत्र में इस विषय पर चुप हैं।

संक्षेप में, यह कहा जा सकता है कि, अन्य आस्तिक अस्तित्ववादियों की तरह, मार्सेल मनुष्य को अपने और दूसरों के लिए जिम्मेदार मानते हैं। वह न केवल इस बात पर जोर देता है कि मनुष्य को अपनी जिम्मेदारी के बारे में पता होना चाहिए, बल्कि यह भी कि उसे अपने कार्यों को एक जिम्मेदार कार्य बनाने के लिए सच्ची भावना से करना चाहिए। मैं सोरेन कीर्केगार्ड से केवल इस संबंध में भिन्न हूं कि वह मनुष्य को उसके कार्यों के लिए ईश्वर के प्रति जिम्मेदार ठहराता है। मनुष्य इस तरह दूर नहीं कर सकता। जब तक कीर्केगार्ड यह मानता है कि मनुष्य अपने कार्यों के लिए और दूसरों के लिए स्वयं जिम्मेदार है। मैं उससे सहमत हूं।

अंत में, मैं कह सकता हूं कि मनुष्य अपने द्वारा किए गए कार्यों के लिए और दूसरों के लिए भी स्वयं जिम्मेदार है। मनुष्य को जिम्मेदारी से काम करने या कार्यों को करने की जागरूकता होनी चाहिए। उसे सभी कार्यों को सच्ची भावना से करना चाहिए और उच्च स्तर की जिम्मेदारी की भावना के साथ विशिष्ट होना चाहिए।

26
आदमी, और भगवान

आदमी, और भगवान

गेब्रियल मार्सेल, हालांकि आज्ञाकारी चर्चमैन, कभी भी रूढ़िवादी धर्मशास्त्री नहीं हैं। उनका धर्मशास्त्र हमेशा अनुभव पर अत्यधिक व्यक्तिगत प्रतिबिंब होता है। कीर्केगार्ड की तरह, आस्तिक अस्तित्ववादी, गेब्रियल मार्सेल भी मानते हैं कि मानव अस्तित्व का सत्य केवल उसकी प्रतिबद्धता और ईश्वर के प्रति मनुष्य के आंतरिक संबंधों के माध्यम से प्रकट होता है।

मार्सेल मानव अस्तित्व को न केवल अस्थायी और सीमित मानता है, बल्कि ईश्वर के संबंध में अमर और शाश्वत बनने में सक्षम है। वह इस बात पर भी जोर देता है कि ईश्वर के साथ मनुष्य के संबंध की 'अंतर्निहितता' केवल उसके विश्वास से ही कायम रह सकती है। मार्सेल आगे कहते हैं कि मनुष्य ईश्वर के संबंध में एक शाश्वत और अमर स्थिति प्राप्त कर सकता है और यह प्रामाणिक अस्तित्व का अंतिम आध्यात्मिक उद्देश्य है।

मार्सेल धार्मिक या ईसाई प्रेरणा के प्रति वफादार रहने में कीर्केगार्ड के उदाहरण का अनुसरण करता है, अर्थात् मनुष्य वास्तव में स्वयं नहीं है, वास्तव में ईश्वर के संबंध में स्वतंत्र नहीं है। *

मार्सेल का मानना है कि मनुष्य की प्रतिबद्धता केवल ईश्वर के प्रति ही नहीं बल्कि अन्य पुरुषों के प्रति भी है और यह कि दोनों प्रतिबद्धताएं परस्पर जुड़ी हुई हैं। दूसरों के साथ मनुष्य के नैतिक संबंध उसे अस्तित्व की पूर्णता प्रदान करते हैं जिसका उसके पास अन्यथा अभाव होता है और यह उस माध्यम के रूप में भी कार्य करता है जिसके माध्यम से वह ईश्वर के साथ संबंध स्थापित कर सकता है। दूसरी ओर, ईश्वर में मनुष्य का विश्वास, अपने साथियों के प्रति प्रेम, निष्ठा और सेवा की भावना को बनाए रखता है और समर्थन करता है और प्रतिबद्धता के इस मार्ग से विचलन उसे देशद्रोह में डाल देगा। धार्मिक शब्दावली में, ईश्वर के प्रति मनुष्य की प्रतिबद्धता, उस पर विश्वास या विश्वास का विषय है जो उस पर उसके विश्वास की अभिव्यक्ति है।

विश्वास, जैसा कि गेब्रियल मार्सेल ने कल्पना की है, बुद्धि की बात बिल्कुल नहीं है। यह अनिवार्य रूप से नैतिक स्वभाव और इच्छा के दृष्टिकोण पर निर्भर करता है। इसमें किसी पर विश्वास करने की तुलना में किसी चीज़ पर विश्वास करने में कम शामिल है। इसमें हठधर्मिता के पालन के बजाय किसी व्यक्ति के प्रति निष्ठा शामिल है। **

विश्वास केवल यह विश्वास करना नहीं है कि ईश्वर मौजूद है बल्कि ईश्वर में विश्वास है; जैसा कि ऊपर बताया गया है, यह बिल्कुल भी ईश्वर की बौद्धिक और प्रस्तावात्मक पुष्टि का मामला नहीं है, बल्कि स्वयं ईश्वर के प्रति प्रतिबद्धता के बंधन में स्वतंत्रता का आंदोलन है। विश्वास में, मनुष्य अच्छे पर भरोसा करता है और मानता है कि वह उसे जवाब देगा और प्रतिकूल परिस्थितियों में उसके साथ विश्वासघात नहीं करेगा।

मार्सेल आगे दावा करता है कि "अगर मैं विश्वास, आशा और दान में जीने का फैसला करता हूं, तो भगवान पर गहन निर्भरता में धैर्य और विनम्रता पैदा करता हूं। मैं एक ऐसे दांव के लिए खेल रहा हूं जिसे मैं अस्तित्व में मानता हूं और बाकी सब चीजों के नुकसान के लायक हूं; मेरे पास जो कुछ है उसके खिलाफ मैं पुष्टि कर रहा हूं और मेरा जीवन मेरे द्वारा किया गया उद्यम है"।6

इस प्रकार, मनुष्य और ईश्वर पर मार्सेल के विचारों के संबंध में, यह कहा जा सकता है कि मानव उत्थान केवल क्षैतिज नहीं है क्योंकि वर्तमान से भविष्य में समय के क्रम में पारित हो रहा है, बल्कि 'ऊर्ध्वाधर' है जो परिमित से परे और अस्थायी से पारलौकिक और शाश्वत, और उसके संबंध में अपना 'अस्तित्व' स्थापित करता है।

मार्सेल कीर्केगार्ड के साथ इस बात पर जोर देते हुए सहमत हैं कि मनुष्य को ईश्वर के प्रति प्रतिबद्धता के एक व्यक्तिगत संबंध में प्रवेश करना होगा यदि उसे एक प्रामाणिक मानव अस्तित्व जीना है, लेकिन मनुष्य विश्वास, प्रेम के संबंधों में प्रवेश करके अपने साथी प्राणियों के लिए खुद को प्रतिबद्ध किए बिना खुद को भगवान के लिए प्रतिबद्ध नहीं कर सकता है। और भगवान के प्रति अपनी प्रतिबद्धता के हिस्से के रूप में उनके साथ सहानुभूति, इस प्रकार गेब्रियल मार्सेल के दर्शन में विशेष जोर देता है।

---

*गेब्रियल मार्सेल- 'मेटाफिजिकल जर्नल' में ईश्वर के साथ संबंधों को और स्पष्ट करते हुए लिखा है कि "भगवान को मेरे साथ अपने संबंध के घेरे में घेरने का कोई सवाल ही नहीं होना चाहिए"। (गेब्रियल मार्सेल, मेटाफिजिकल जर्नल, पृष्ठ. 281)

**मार्सेल, 'मानव गरिमा की मौजूदा पृष्ठभूमि' में कहते हैं कि "विश्वास किसी अस्तित्व की पुष्टि नहीं है बल्कि यह ईश्वर के अस्तित्व की समस्या है। (गेब्रियल मार्सेल, मानव गरिमा की अस्तित्वगत पृष्ठभूमि, पृष्ठ.27)

27
लोगों के अंतर्संबंध

लोगों के अंतर्संबंध

गेब्रियल मार्सेल मानव अस्तित्व के संपूर्ण सत्य को व्यक्त करने के रूप में मनुष्य के साथ-साथ होने पर विशेष जोर देकर अन्य अस्तित्ववादियों से खुद को अलग करता है। मार्सेल दो प्रकार के व्यक्तियों के बीच अंतर करता है।

1. 'असभ्य/unhandy' और 'अनुपलब्ध/unavailable'।
2. 'आसान/handy' और 'उपलब्ध/available'।

'असुविधाजनक' और 'अनुपलब्ध' वे हैं जो आत्म-केंद्रित हैं और जिनका अस्तित्व अपनी व्यक्तिगत इच्छाओं और सुखों की खोज में 'खो गया' है। अपने स्वार्थ के कारण, वे दूसरों के लिए प्रेम, करुणा और बलिदान करने में असमर्थ हैं और इसलिए दूसरों के लिए 'असुविधाजनक' और 'अनुपलब्ध' हैं।

इनमें से विशिष्ट 'आसान' और 'उपलब्ध' हैं जो अपने क्षुद्र अहंकार की सीमाओं को पार करते हैं और सक्रिय रूप से दूसरों के साथ प्रेम, सहानुभूति और सेवा के संबंधों में प्रवेश करते हैं, जिससे खुद को दूसरों के लिए 'आसान' और 'उपलब्ध' बनाते हैं।7

मनुष्य एक 'पृथक प्राणी/isolated being' नहीं है, लेकिन उसका अस्तित्व हमेशा दूसरों के साथ उसके 'जीवित संचार/living communication' में खोजा जाता है। मनुष्य की संरचना दूसरों के साथ रहने के रूप में है; और वह अपनी स्वतंत्रता को केवल अपनी संरचना के हिस्से के रूप में खोजता है।

मार्सेल, "बीइंग एंड हैविंग" में, यह मानता है कि 'न केवल हमें यह दावा करने का अधिकार है कि अन्य मौजूद हैं * लेकिन मुझे यह तर्क देना चाहिए कि अस्तित्व को केवल दूसरों के लिए जिम्मेदार ठहराया जा सकता है। मैं यहां तक कह सकता हूं कि वह दूसरे का सार है कि वह मौजूद है, मैं उसे मौजूदा के रूप में सोचे बिना दूसरे के रूप में नहीं सोच सकता। दूसरा, जहां तक वह दूसरा है, केवल मेरे लिए वहां तक मौजूद है जहां तक मैं उसके लिए खुला हूं, यहां तक कि वह एक तू है; लेकिन मैं उसके लिए केवल तब तक खुला हूं जब तक मैं अपने

साथ एक चक्र बनाना बंद कर देता हूं, इस सर्कल के अंदर दूसरा ईथर/ether का विचार बन जाता है, और दूसरे का विचार अब दूसरा नहीं है; बिट/bit दूसरा मुझसे संबंधित है।

मार्सेल यह नहीं मानता है कि मानवीय संबंध मूल रूप से असंगत हैं। स्वतंत्रता किसी व्यक्ति के स्वयं के दावे में शामिल नहीं है ताकि वह खुद को दूसरों से अलग कर सके और खुद को उनके खिलाफ खड़ा कर सके; लेकिन स्वतंत्रता में मनुष्य समुदाय के रचनात्मक जीवन में भाग लेकर स्वयं को अहं-केंद्रितता से मुक्त करता है। मनुष्य स्वयं को दूसरों के हितों के साथ पहचानता है और उनके साथ सामंजस्यपूर्ण मानवीय संबंध स्थापित करता है। इस प्रकार मनुष्य की स्वतंत्रता उसे समाज से जोड़ती है और उसे विमुख नहीं करती है।

समाज में रहने वाला मनुष्य एक प्रकार के समुदाय का निर्माण करता है और वे एक दूसरे के बीच सद्भाव की भावना के साथ सह-अस्तित्व में रहते हैं। **

संचार का यह बंधन कमजोरी की एक सामान्य मान्यता द्वारा बनाए रखा जाता है, लेकिन यह कमजोरी एक सामान्य नियति के आलोक में बदल जाती है। यह इस व्यक्तिगत स्तर पर है कि सच्ची बिरादरी संभव है क्योंकि बिरादरी की तर्कसंगत अमूर्त परिभाषा से अलग केवल एक मानवरूपता नहीं है, यह केवल दैवीय बिरादरी के माध्यम से है कि एक मौजूदा, प्रामाणिक और प्रभावी समुदाय को महसूस किया जा सकता है।

इस प्रकार, यह कहा जा सकता है कि पुरुष साथी के अस्तित्व को स्वीकार करते हैं। एक साथ रहते हुए वे एक साथ प्रेम सहानुभूति और आपसी सम्मान साझा करते हैं। वे एक समुदाय बनाते हैं और सद्भाव में रहते हैं। अच्छे लोग स्वार्थ, व्यक्तिगत इच्छाओं और सुखों से ऊपर उठते हैं। वे हमेशा समुदाय के सामान्य लाभ और सुख की तलाश करते हैं और एक सामान्य भाग्य की भी तलाश करते हैं।

मनुष्य का दूसरों के साथ होना मानव अस्तित्व के वास्तविक अर्थों में सत्य को व्यक्त करता है। वास्तव में वे दोस्ती, करुणा और भाईचारे की सच्ची भावना से जीते हैं।

---

* "होमो वीएटर" में गेब्रियल लिखते हैं कि उसी दृष्टिकोण से, जैसा कि मैंने मानव उत्तरदायित्व शीर्षक के तहत इंगित किया है, अर्थात "मैं खुद को एक व्यक्ति के रूप में स्थापित करता हूं जहां तक मैं अपने कृत्यों के लिए जिम्मेदारी लेता हूं और ऐसा व्यवहार करता हूं एक वास्तविक प्राणी"। मैं यह भी कह सकता हूं कि जब तक मैं अपने कृत्यों की जिम्मेदारी लेता हूं और एक वास्तविक प्राणी के रूप में व्यवहार करता हूं, तब तक मैं खुद को एक व्यक्ति के रूप में स्थापित करता हूं। मैं यह भी कह सकता हूं कि मैं खुद को एक व्यक्ति के रूप में स्थापित करता हूं, जहां तक मैं वास्तव में दूसरों के अस्तित्व में विश्वास करता हूं और इस विश्वास को अपने आचरण को प्रभावित करने देता हूं। (पृष्ठ.22)

**गेब्रियल मार्सेल इस बात की पुष्टि करते हैं कि एक सच्चा समुदाय तभी संभव है जब व्यक्ति परस्पर एक-दूसरे को अलग-अलग पहचानें, और अपने अंतर में एक साथ मौजूद हों। "जो चीज मुझे किसी प्राणी के करीब लाती है, जो मुझे उससे प्रभावी रूप से बांधती है,

निश्चित रूप से यह जानना नहीं है कि वह एक जोड़ या विभाजन को सत्यापित और पुष्टि कर सकता है जो मैं अपने दम पर कर सकता था। इसके बजाय, यह सराहना करना है कि वह (मेरी तरह) कुछ ट्रेनों/trains से गुजरा है, कि वह कुछ उलटफेरों के अधीन है कि उसे प्यार किया गया है और उसका बचपन भी है, कि अन्य प्राणियों ने उस पर अपनी आशाएं रखी हैं; यह महसूस करना भी है कि उसे कष्ट सहने, मुरझाने, मरने के लिए बुलाया गया है। (इबिड/ibid, पृष्ठ.14)

28

निराशा और मृत्यु

निराशा और मृत्यु पर गेब्रियल मार्सेल के विचारों को यहाँ संक्षेप में बताया जा सकता है। निराशा और मृत्यु की घटना कीर्केगार्ड, सार्त्र, हाइडेगर और गेब्रियल मार्सेल के दर्शन में विशेष जोर देती है। वे मृत्यु की अनिवार्यता और मानव अस्तित्व की परिवर्तनशीलता की पुष्टि करते हैं। वे चिंता के साथ यह भी नोट करते हैं कि मनुष्य आमतौर पर अपने अनुभवजन्य अस्तित्व के इस बुनियादी सत्य की उपेक्षा करता है और दुनिया में अपने अस्तित्व की प्रतीत होने वाली स्थायीता से खुद को धोखा देने की अनुमति देता है। यह आत्म-भ्रम उसके अप्रामाणिक अस्तित्व का आधार है। मनुष्य के वर्तमान जीवन की अपरिहार्य संभावना के रूप में मृत्यु की 'स्वीकृति' उसे उसके अप्रमाणिक अस्तित्व से जगाती है और उसे प्रामाणिक अस्तित्व की ओर निर्देशित करती है। इस प्रकार कीर्केगार्ड, हाइडेगर, सार्त्र और मार्सेल के दर्शन में मृत्यु की घटना को 'नैतिक' महत्व का श्रेय दिया जाता है।

मार्सेल, वास्तव में, अस्तित्ववादी पीड़ा के बिना नहीं है, विशेष रूप से जो मृत्यु के विचार से उकसाया गया है।

मार्सेल निराशा को मेटा-भौतिकी का केंद्रीय आधार मानते हैं। मनुष्य निराशा में सक्षम है, मृत्यु को गले लगाने में सक्षम है, अपनी मृत्यु को गले लगाने में सक्षम है।

मार्सेल, कीर्केगार्ड की सराहना करते हुए कहते हैं कि, "किरकेगार्ड और उनके स्कूल की अनिवार्य योग्यता, मेरे विचार से, इस डेटाम/datum को पूरी तरह से देखने में है। और तत्वमीमांसा को निराशा के साथ आमने सामने, वहीं अपना स्थान ग्रहण करना चाहिए। कैथोलिक अस्तित्ववादी के लिए, निराशा एक क्षणिक प्रलोभन से अधिक कुछ नहीं है; आशा जीवन की बनावट और आधार है, और इसकी अनिवार्य शर्त है। *

कीर्केगार्ड के अनुसार, मनुष्य अपने अस्तित्व के नैतिक-धार्मिक चरण में निराशा का सामना करता है और उसे स्वीकार करता है। निराशा उसे परमेश्वर से उसके अलगाव और अलगाव को प्रकट करती है; इसलिए निराशा से बाहर निकलकर वह ईश्वर में विश्वास करने

के लिए एक अस्तित्वगत छलांग लगाता है, कम से कम उसे मृत्यु तक बीमारी का शिकार होना चाहिए। इस प्रकार ईश्वर में विश्वास एक 'जीवन आवश्यकता/life necessity' है। अस्तित्व के नैतिक-धार्मिक चरण में, मनुष्य ईमानदारी और जुनून के साथ आंतरिक निर्णयों और जिम्मेदार कार्यों के लिए खुद को प्रतिबद्ध करता है और भगवान के प्रति प्रतिबद्धता के बंधन में प्रवेश करता है। लेकिन मनुष्य हमेशा ईश्वर के रिश्ते में खुद को बनाए रखने में सक्षम नहीं होता है और इसलिए उसकी धार्मिक पीड़ा उत्पन्न होती है जो भगवान से अलग होने के अपरिहार्य क्षणों के कारण होती है। हालाँकि, दुख केवल ईश्वर के लिए उसकी लालसा को तीव्र करता है और उसे उसके साथ घनिष्ठ संबंध में ले जाता है।

इस प्रकार निराशा मनुष्य के जीवन में सौंदर्य से अस्तित्व के नैतिक-धार्मिक चरण तक एक महत्वपूर्ण मोड़ है और निराशा को स्वीकार और सामना करके व्यक्ति व्यक्तिगत निर्णयों और ठोस जिम्मेदार कार्यों के जीवन में प्रवेश करने का विकल्प चुनता है।

मार्टिन हाइडेगर के मानव अस्तित्व की व्याख्या में मृत्यु एक केंद्रीय स्थान रखती है। वह इसे एक अस्तित्व-की-मृत्यु के रूप में वर्णित कर सकता है। हाइडेगर के लिए, मृत्यु मनुष्य की अंतिम और 'स्वयं की सबसे' संभावना है। यह मनुष्य के जीवन का 'अंत' (लक्ष्य और साथ ही समाप्ति) है जिससे मनुष्य "संपूर्ण" बन जाता है। हाइडेगर के लिए, किर्केगार्ड के लिए, मृत्यु पूरे जीवन में व्याप्त है, और यह मृत्यु है जो हमें अपने 'सच्चे' स्वयं को देखने के लिए मजबूर करती है। मृत्यु जीवन को सीमित करती है; मृत्यु के ज्ञान के साथ, जीवन अधिक जरूरी हो जाता है और समय अधिक सार्थक हो जाता है।

जीन पॉल सार्त्र भी मृत्यु के महत्व को स्पष्ट रूप से स्वीकार करते हैं लेकिन जीवन के लक्ष्य के रूप में इसके मूल्य को नकारते हैं। यह सुनिश्चित करने के लिए, "मृत्यु मुझे मेरी प्रत्येक परियोजना के दिल में उनके अपरिहार्य विपरीत पक्ष के रूप में सताती है"। सार्त्र के लिए, मृत्यु केवल मानव जीवन की सीमा है, और यह मेरे जीवन का हिस्सा नहीं है या मेरे भविष्य का हिस्सा नहीं है या मेरी संभावनाओं का हिस्सा नहीं है। सार्त्र आगे कहते हैं, "मृत्यु मेरे प्रोजेक्ट में कोई बाधा नहीं है, क्योंकि मृत्यु हमेशा मेरी विषय-वस्तु से परे होती है। मेरी विषयवस्तु में इसके लिए कोई स्थान नहीं है।

संक्षेप में, यह कहा जा सकता है कि कीर्केगार्ड, मार्टिन हाइडेगर, सार्त्र और गेब्रियल मार्सेल जैसे अस्तित्ववादी मानते हैं कि मनुष्य का वर्तमान जीवन ही उसका एकमात्र जीवन है और मृत्यु उसका अंत है; इसलिए उसकी संभावनाएं उसके वर्तमान जीवन तक सीमित हैं। उसे अपने वर्तमान जीवन में अस्तित्व के प्रामाणिक और अप्रमाणिक तरीकों के बीच सभी के लिए एक को चुनना होगा। अपने वर्तमान जीवन की अंतिम समाप्ति के रूप में मृत्यु की जागरूकता प्रामाणिक और अप्रमाणिक अस्तित्व के बीच उसकी पसंद की मूल शर्त है और इसे सबसे जरूरी बनाती है। यहां तक कि कीर्केगार्ड और गेब्रियल मार्सेल, जो मनुष्य के होने की शाश्वत और श्रेष्ठ स्थिति की संभावना का वादा करते हैं, अगले जीवन के अस्तित्व की संभावना को नहीं पहचानते हैं।

----

* "HOMO VIATER" में गेब्रियल मार्सेल कहते हैं कि "यह आशा में है न कि निराशा में, कि हम प्रामाणिक अस्तित्व की ओर बढ़ते हैं; मैं यह मानने से दूर नहीं हूं कि आत्मा के लिए आशा है कि जीवित प्राणी के लिए श्वास क्या है। जहां उम्मीद की कमी है; आत्मा इच्छा करती है और स्वयं को समाप्त कर देती है" (गेब्रियल मार्सेल, होमो वीएटर, पृष्ठ. 10)

भाग द्वितीय

मानव स्वतंत्रता और नास्तिक अस्तित्ववाद में जिम्मेदारी

फ्रेडरिक विल्हेम नीत्शे के दर्शन में मानव स्वतंत्रता और उत्तरदायित्व

29

फ्रेडरिक निएत्ज़्स्चे/ FRIEDRICH WILHELM NIETZSCHE

FRIEDRICH WILHELM NIETZSCHE (1844-1900): Brief Sketch and Introduction

FRIEDRICH NIETZSCHE (1844-1900) in Basel, Switzerland, c. 1875

Born

Friedrich Wilhelm Nietzsche,15 October 1844, Röcken, Saxony, Prussia

Died

25 August 1900 (aged 55), Weimar, Saxe-Weimar-Eisenach, German Empire

Alma mater

University of Bonn, Leipzig University

Era

19th-century philosophy

Region

Western philosophy,

School

Continental philosophy, Nietzscheanism

Other schools

Anti-foundationalism, Atheism, Dionysianism[1], Dionysian pessimism[2], Existentialism, Immoralism[3], Metaphysical voluntarism, Nihilism / anti-nihilism[4][5], Perspectivism, Philosophical realism[6][7], Political realism[8]

Institutions

University of Basel

Main interests

Aesthetics, classical philology, ethics, metaphysics, ontology, philosophy of history

poetry, psychology, tragedy, truth theory, value theory

Notable ideas

Amor fati, Apollonian and Dionysian, Eternal return, Fact–value distinction, Genealogy

God is dead, Herd instinct, Last man, Master–slave morality, Nietzschean affirmation

Nihilism, Perspectivism, *Ressentiment*, Transvaluation of values, *Tschandala,Übermensch*,

Will to power

Influences,

Zoroaster, Homer[9], Hesiod[10], Archilochus[11], Theognis of Megara[12], Milesian School[13], Pindar[14], Heraclitus, Parmenides[13], Aeschylus, Sophocles, Euripides[15], Socrates, Plato, Xenophon, Epicurus[16], Thucydides[17], Diogenes Laërtius[18], Machiavelli[19], Montaigne[20], Shakespeare[21], French MoralistsSpinoza, Kant, Herder[22], Goethe, Hölderlin, Hegel[23], Stendhal, Schopenhauer, Ortlepp, EmersonFeuerbach, Sainte-Beuve[24], Mill, Strauss, Darwin, Herzen[25], Wagner, Burckhardt, Spencer[26]Baudelaire, Dostoyevsky, Maupassant, Renan, Lange[27],

Bahnsen[28][29], Teichmüller[27], Spir,Mainländer[30][31], von Hellwald[32], Rée, Bourget[33]

Influenced

Adler[34], Adorno, Auden, Bataille, Blanchot, Brandes, Buber, Campbell, Camus, Castoriadis, Cioran, Deleuze, Derrida, Foucault, Hamsun, Heidegger, Iqbal, Jung, Kaufmann, Klossowski,Sarah Kofman, MacIntyre, Mann, Malraux, Mencken, Nehamas, Proust[35], Rand, Ricœur, Rogers, Sartre, Shestov, Spengler, Steiner, Stevens, Strauss, Strindberg, Tillich, Tönnies, Unamuno, Unger, Weber, Weizmann, Willard, Yeats

Courtesy -Wikipedia

फ्रेडरिक निएत्ज़्स्चे

फ्रेडरिक विल्हेम नीत्शे का जन्म 1844 में जर्मनी में लीपज़िग के पास हुआ था। वह एक प्रोटेस्टेंट पादरी का बेटा था, जिसकी मृत्यु बच्चे के पांच साल की उम्र से पहले हो गई थी। स्कूल में वे ग्रीक अध्ययन और कवि होल्डरलिन से प्रभावित थे, जो स्वयं एक भावुक ग्रीसियन थे। चर्च के लिए, उन्होंने दर्शनशास्त्र के लिए धर्मशास्त्र को छोड़ दिया और बॉन विश्वविद्यालय के रिटशेल का अनुसरण LEIPZIG के लिए किया, जहां गोएथे को एक सौ साल पहले एक छात्र के रूप में अंकित किया गया था। उसने गोएथे को अपना स्वामी बना लिया; Schopenhauer के जादू के तहत गिर गया, जर्मन दार्शनिक यूनानियों, सभी पूर्व-सुकराती लोगों के ऊपर, और ऐसे आधुनिक जैसे नोवालिस, ब्रेंटानो और हेन को महसूस करता है। सैन्य सेवा की उनकी अवधि के दौरान छाती में चोट परेशानी साबित हुई और उन्हें अमान्य कर दिया गया। उन्होंने लीपज़िग में अपनी पढ़ाई पूरी की और बेसल में दर्शनशास्त्र में एक कुर्सी प्राप्त की, जहाँ वे जैकब बर्कहार्ट के सहयोगी थे। लीपज़िग छोड़ने से पहले, वह वहाँ वैगनर से मिले थे। और बेसल में वह उनके घर की आसान पहुंच के भीतर था और वैगनर और कोसिमा के साथ एक मुग्ध आत्मीयता का गठन किया। संगीत हमेशा उनके लिए एक आवश्यकता रहा है। अगले दस वर्षों में, यानी 1869-1879 में उनका स्वास्थ्य खराब हो गया और वे वेजर के रोमांटिक जर्मनवाद और रहस्यमय ईसाई धर्म से अलग हो गए। उसे अपना पद छोड़ना पड़ा। निम्नलिखित 10 वर्षों के दौरान, अर्थात 1879-1889, बिना देश, पेशे या घर के, प्रवास और एक स्थान से दूसरे स्थान पर जाने से परेशान (एक वर्ष के भीतर), उन्होंने ऐसी किताबें लिखीं जिनसे वे जाने जाते हैं। वर्ष 1889 में मानसिक विकार की निगरानी की गई, और वह 1900 में अपनी बहन की देखभाल में वीमर में मृत्यु तक विक्षिप्त रहे।

परिचय

नास्तिक अस्तित्ववाद को आमतौर पर नीत्शे से शुरुआत माना जाता है। आंदोलन में उनका योगदान विषय है कि "भगवान मर चुका है" और प्रत्येक व्यक्ति को अपने स्वयं के मूल्य की तलाश करनी चाहिए, भविष्य के लिए एक सेतु प्रदान करना चाहिए। यही कारण

है कि नीत्शे के विचार विकास के सकारात्मक पहलू पर चर्चा करने के लिए शायद सबसे अच्छा प्रारंभिक बिंदु उनका लगातार बयान है कि 'ईश्वर मर चुका है; हमने भगवान को मार डाला है; भगवान मर गया'। यह स्पष्ट रूप से एक सीधे-सीधे नास्तिक का कथन नहीं है। नास्तिक बस इतना ही कहेगा कि ईश्वर नहीं है, उस पर विश्वास करना एक अचेतन अंधविश्वास है और इसका कोई आधार नहीं है। लेकिन 'ईश्वर मर चुका है' वाक्यांश ईश्वर या धर्म में विश्वास की हानि को दर्शाता है। नीत्शे मानता है कि ईसाई धर्म ने यूरोपीय लोगों के बहुमत पर अपनी पकड़ खो दी है, विशेष रूप से अधिकांश बुद्धिजीवियों पर, और यह उन्नीसवीं शताब्दी में सबसे महत्वपूर्ण घटना है। क्योंकि, चूंकि यूरोपीय सभ्यता ईश्वर की ईसाई अवधारणा पर आधारित थी, इसलिए विश्वास के गायब होने से हमारी सभ्यता के मूल में एक शून्य अवश्य रह जाना चाहिए; भगवान के बजाय कुछ भी नहीं है। नीत्शे यह भी मानता है कि यह स्थिति खतरे से भरी है, यह शून्यता की भावना स्थिर नहीं है, यह लगातार और विनाशकारी रूप से बढ़ती है, अधिक से अधिक विश्वासों को कमजोर करती है। अधिक से अधिक अवधारणाएं, मूल्य, विश्वास, पंथ हमारे जीवन की नींव से टकरा गए हैं और उन्हें त्यागना होगा। अंत में हमें अपने अस्तित्व के मूल के रूप में शून्यता का सामना करना पड़ता है। खालीपन की ऐसी भावना अभी भी बढ़ रही है और वास्तविक मूल्य की हर चीज को निगलने का खतरा है जो अभी भी हमारे लिए बचा हुआ है।1

30

ईसाई विचारों पर आपत्ति

एक पादरी के बेटे के रूप में नीत्शे का पालन-पोषण गहरा धार्मिक था और ईसाई धर्म के साथ उसकी क्रमिक निराशा और मोहभंग ईसाई हठधर्मिता और व्यवहार दोनों में पाखंड के गहरे निहित स्तर के परिणामस्वरूप आया।

ईसाई धर्म के खिलाफ, नीत्शे बड़े पैमाने पर उचित आरोप को दोहराता है जो 13 वीं शताब्दी के बाद से सुदूर पूर्व में उठाया गया है; कि ईसाई जो उपदेश देते हैं उसका अभ्यास नहीं करते, चाहे उनकी पवित्र पुस्तकें कुछ भी कहें। जैसा कि नीत्शे कहते हैं, "एक बौद्ध गैर-बौद्ध से अलग तरह से कार्य करता है; एक ईसाई हर किसी की तरह कार्य करता है और ईसाई धर्म के अनुष्ठानों का अभ्यास करता है।2

19वीं सदी के ईसाई धर्म के प्रति नीत्शे की प्रतिक्रिया जितनी गहरी है उतनी ही चरम पर है। ईसाइयत मनुष्य की सबसे बुनियादी इच्छा का शोषण करती है, सबसे पहले, उस सबसे खतरनाक भ्रम-समानता की अपील के द्वारा; और दूसरी बात, ईसाई को यह सिखाकर कि वह ईश्वर के चुने हुए लोगों में से एक है, व्यक्तिगत इच्छा-शक्ति के विरूपण के माध्यम से। इस प्रकार, नीत्शे के लिए समकालीन यूरोपीय आदमी की सबसे खतरनाक और सबसे भयानक बीमारी ईसाई धर्म थी। नीत्शे ने यीशु के व्यक्तित्व में प्रशंसा करने के लिए चीजें पाईं, विशेष रूप से उनकी अराजकतावाद, उनकी दयालुता और पाखंड के प्रति उनकी घृणा; लेकिन उन्होंने सांसारिक जीवन के प्रति यीशु के अनिवार्य रूप से निष्क्रिय और नकारात्मक रवैये को खारिज कर दिया। नीत्शे ने इसे इच्छा-शक्ति का व्युत्क्रम माना, जैसे कि यह स्वयं के विरुद्ध हो गया।

नीत्शे के लिए यीशु का परम पाप था कि वह खुद को दया से दूर होने की अनुमति दे रहा था, इस प्रकार "महान जीवन" का पूर्वज बन गया, जिसने नम्र लोगों को पृथ्वी पर प्रभुत्व और मृत्यु से परे जीवन में विशेषाधिकार प्राप्त स्थिति का वादा किया।

यीशु के प्रति नीत्शे का रवैया विशेष रूप से चर्च के खिलाफ ईसाई धर्म के खिलाफ उसके क्रूर हमलों की विशेषता है। चर्च ठीक वही है जिसके खिलाफ यीशु ने प्रचार किया और जिसके

खिलाफ उसने सोचा कि चेलों को प्रचार करना चाहिए।

दिल को हल्का करने के लिए ईसाई धर्म अस्तित्व में आया। ईसाइयत ने मनुष्य को पूरी तरह से कुचल दिया और चकनाचूर कर दिया और उसे मिट्टी में गाड़ दिया; कुल भ्रष्टता की भावना में, यह अचानक दिव्य दया की किरण चमक गया, ताकि, इस अनुग्रह के कार्य से आश्चर्यचकित और स्तब्ध होकर, मनुष्य उत्साह के रोने के लिए गंभीर हो गया और एक पल के लिए विश्वास किया कि उसने अपने भीतर सारा स्वर्ग धारण कर लिया है। यदि प्रतिशोधी ईश्वर की ईसाई हठधर्मिता, सार्वभौमिक पापपूर्णता, ईश्वरीय कृपा से चुनाव और चिरस्थायी विनाश का खतरा सत्य था, तो यह कमजोर दिमाग और चरित्र की कमी का संकेत होगा कि वह पुजारी, प्रेरित या साधु न बनें और, में डर और कांपना, केवल अपने उद्धार के लिए काम करना। लौकिक सुख के लिए अपने शाश्वत लाभ की दृष्टि खो देना मूर्खता होगी।

नीत्शे ने "बियॉन्ड गुड एंड ईविल" में, नैतिकता पर चर्चा करते हुए, नैतिकता को दो भागों में, मास्टर नैतिकता और दास नैतिकता में वर्गीकृत किया है। नीत्शे के लिए, ईसाई धर्म एक गुलाम नैतिकता है जो सहानुभूति, दया और विनम्रता जैसे गुणों का विस्तार करती है। ईसाई नैतिकता निषेध की नैतिकता है, त्याग की नैतिकता है। त्याग वृत्ति के जीवन का खंडन है, जीवन का दमन है, या मानवीय भावनाओं की मृत्यु है। ईसाई नैतिकता ने आकाओं को दूर कर दिया है, और मानव जाति और 'मानव जाति के छुटकारे' का उद्धार किया है, जिसका अर्थ है, मानव जाति को अश्लील बनाना। इस नैतिकता ने मानव जाति को कमजोर कर दिया है, और इसलिए इसे ध्वस्त किया जाना चाहिए। इसे इच्छा-से-शक्ति, इच्छा-से-अधिक-शक्ति, इच्छा-से-युद्ध, इच्छा-शक्ति को उखाड़ फेंकने के लिए स्वामी बनने की इच्छा से प्रतिस्थापित किया जाना चाहिए।

दुर्बलता, नम्रता, धैर्य और क्षमा के स्थान पर शक्ति, शौर्य, आत्म-पुष्टि आत्म-उन्नति, निर्दयता, संकल्प, मान और अभिमान को प्रतिस्थापित करना चाहिए।

आगे "बेयोंग गुड एंड ईविल" में, नीत्शे कहते हैं, "ईसाई धर्म जो नम्रता और दया की पूजा करता है, और दास नैतिकता को बढ़ाता है, मानव जाति का सबसे बड़ा दुश्मन है और नई प्रजातियों के जन्म के लिए सबसे अधिक शत्रुतापूर्ण है। नीत्शे ईश्वर को नहीं मानता। ईसाई धर्म एक बलिदान है; सभी स्वतंत्रता के बलिदान, सभी गर्व, आत्मा के सभी आत्मविश्वास, यह एक ही समय में, अधीनता, आत्म-उपहास और आत्म-विकृति है। "3

नैतिकता पर नीत्शे के विचारों और दास और मालिक नैतिकता के बीच के अंतर की कड़ी आलोचना की गई है। नीत्शे के अनुसार ईसाई नैतिकता निषेध और त्याग की नैतिकता है जो सहानुभूति, दया, धैर्य जैसे गुणों की उत्साहपूर्वक प्रशंसा करती है। हाइडेगर और सार्त्र भी मनुष्य के लिए नैतिक और नैतिक जीवन की आवश्यकता पर जोर देते हैं। दोनों के लिए, स्वतंत्रता मूल रूप से मानव अस्तित्व का मौलिक सत्य है और मनुष्य के प्रामाणिक अस्तित्व में इस 'सत्य' का अभ्यास उसके नैतिक और नैतिक जीवन पर प्रकट होता है। हाइडेगर और सार्त्र दोनों के लिए, अपने अस्तित्व के लिए 'सत्य' होना भी नैतिक और नैतिक

होना है।

कार्ल जसपर्स भी नैतिक-धार्मिक जीवन जीने की आवश्यकता पर जोर देते हैं; लेकिन हाइडेगर और सार्त्र के साथ जसपर्स नैतिकता को दास या स्वामी की नैतिकता में वर्गीकृत नहीं करते हैं। वे इस विषय पर चुप्पी साधते नजर आ रहे हैं। नैतिकता पर नीत्शे के विचार आलोचना और क्षमा के अधीन हैं। उनका विचार है कि इस पर काबू पाने के लिए मास्टर नैतिकता प्राप्त करने के लिए इच्छा-शक्ति का उपयोग करना चाहिए।

सबसे पहले, नीत्शे नैतिकता को गुलाम और मालिक नैतिकता में विभाजित करने में गलती करता है। इस प्रकार, वह मानव जाति या मानव जाति को दो समूहों में विभाजित करता है, अर्थात् स्वामी और दास। इस विवेकशील मानव जाति में, वह गलत तरीके से मानता है कि दास के गुण सहानुभूति, दया, धैर्य और क्षमा हैं और स्वामी के लिए बहादुर, आत्म-दृढ़ता, सम्मान और गर्व वाले संकल्प आदि हैं।

दासों को समाप्त करना और केवल स्वामी रखना संभव नहीं है। दोनों एक दूसरे के पूरक हैं। दास या स्वामी का अपने लिए कोई महत्व नहीं है। प्रत्येक दूसरे की अनुपस्थिति में नष्ट हो जाएगा। जीवन भर सभी के लिए निश्चित संख्या में अच्छे गुणों के साथ आवंटित नहीं किया जा सकता है। समय आने पर दास स्वामी बन सकता है या स्वामी दास बन सकता है। इसी तरह, गुण लोगों के एक समूह की अंतिम संपत्ति नहीं हैं, अर्थात दासों या स्वामी के, समाज में रहने वाले व्यक्ति उन अच्छे गुणों को विकसित करने और विकसित करने के लिए स्वतंत्र हैं जो सामाजिक दृष्टिकोण से वास्तव में अच्छे हैं। दास और स्वामी दोनों का सह-अस्तित्व होना चाहिए। दास नैतिकता और गुरु नैतिकता को साथ-साथ चलना होगा।

ईसाई धर्म को दास नैतिकता की स्थिति देना नीत्शे द्वारा की गई गलती है। ईसाई धर्म में सहानुभूति, दया, धैर्य और क्षमा जैसे गुणों का अत्यधिक महत्व है। नीत्शे ने ईसाई धर्म को नष्ट करने का विचार किया है। अगर उसने सहानुभूति, दयालु, धैर्य और क्षमा के अलावा, बहादुर, आत्म-पुष्टि, आत्म-अभिमानी, दृढ़, सम्मान और गौरव रखने के अलावा मानवता या मानव जाति के मामले में ईसाई धर्म बनाने के बारे में सोचा होता तो नीत्शे ने अपनी टोपी के लिए एक पंख जोड़ा/added a feather to his cap होगा लेकिन अपने पूरे जीवन में उन्होंने ईसाई धर्म को दूर करने पर ध्यान केंद्रित किया?

ईसाइयों को मानव जाति या पूरी मानव जाति का दुश्मन और नई प्रजातियों अर्थात स्वामी के जन्म के लिए शत्रुतापूर्ण मानना एक बड़ी गलती है। आदमी पैदाइशी मालिक नहीं होते, इसी दुनिया में रहकर मालिक बन जाते हैं।

संक्षेप में यह कहा जा सकता है कि ईसाई धर्म के प्रति नीत्शे की आपत्ति वास्तविक नहीं है। हम नीत्शे के साथ इस हद तक सहमत हो सकते हैं कि उसने किसी न किसी कारण से ईसाई धर्म में विश्वास खो दिया है, और ईश्वर का अस्तित्व नहीं है। यह किसी के विश्वास की बात है। ईश्वर के होने या न होने से कोई फर्क नहीं पड़ता।

इस बात की अवहेलना नहीं की जा सकती कि नीत्शे एक नास्तिक है; निश्चित रूप से, अस्तित्ववाद के आंदोलन के लिए रूढ़िवादी धार्मिक विचारों से अलग महसूस करने का यह पहला मौका था। अंत में, नीत्शे ने धर्म विशेष रूप से ईसाई धर्म पर हमला करने के मामले में सीधे बोलने की हिम्मत की, और पहले सौंदर्यवादी अस्तित्ववादी के रूप में अपनी पहचान स्थापित की।

31

मानव अनुभव

मानव अनुभव

नीत्शे वास्तव में एक असाधारण चरित्र था। उनके पास भविष्यसूचक सपने और सर्वनाश के अनुभव थे जिनके चारों ओर उनके विचार एकत्रित हुए। वह जानता था कि एक केंद्रीय अनुभवी वास्तविकता है; एक महान लालसा; राज्य, शक्ति और महिमा की लालसा, जो कभी शांत नहीं हो सकती । उन्होंने पूरी तरह से समझ लिया कि अस्तित्ववादियों का 'पारगमन' से क्या मतलब है, उन्होंने लिखा, "मनुष्य को पार करने के लिए बनाया गया है"। स्वयं से ऊपर रहकर ही मनुष्य अपनी पूर्णता को प्राप्त कर सकता है।

उन्होंने अपनी पूरी ताकत के साथ जोर देकर कहा कि "मनुष्य एक मूल्यांकन करने वाला जानवर है और केवल नैतिक मूल्यों का चयन करके ही अस्तित्व में रह सकता है जिससे चिपके रहना है और जिसके द्वारा जीना है। यह मनुष्य के अनुभव में शुरू से ही सन्निहित सत्य है और अपने सभी कार्यों में उनके द्वारा उज्ज्वल रूप से व्यक्त किया गया है।4

नीत्शे, "बियॉन्ड गुड एंड एविल" में, सबसे उल्लेखनीय अनुभवों के बीच भी लिखते हैं, हम अभी भी वही करते हैं; हम अपने अनुभव के बड़े हिस्से को गढ़ते हैं और शायद ही किसी घटना पर, सिवाय इसके 'आविष्कारक' के विचार करने के लिए बनाया जा सकता है।

वह आगे लिखते हैं, "सपने में हम जो अनुभव करते हैं, बशर्ते हम उसे अक्सर अनुभव करते हैं, अंत में आत्मा के सामान्य सामान से उतना ही संबंधित होता है जितना कि वास्तव में" अनुभव किया; गुण से, हम अमीर या गरीब हैं, हमें कमोबेश एक आवश्यकता है और अंत में, व्यापक दिन के उजाले में और यहां तक कि हमारे सपनों के सबसे उज्ज्वल क्षणों में भी। वह यहां तक कहते हैं कि भयानक अनुभव यह सवाल उठाते हैं कि क्या जो उन्हें अनुभव करता है वह भी भयानक नहीं है।

यह कांट की अंतर्दृष्टि थी कि स्वयं वह नहीं हो सकता जिसके लिए हमारे छापों और विचारों का संदर्भ हो। छापों और विचारों, या अनुभवों को स्वयं के लिए संदर्भित नहीं किया जाता है, स्वयं वह है जो अपने तत्वों की संश्लेषण गतिविधि के रूप में अनुभवों को संभव

बनाता है; अन्यथा, अनुभव कभी मेरा अनुभव नहीं हो सकता। आत्मा न तो घटना है और न ही अपने आप में, बल्कि चेतना की पारलौकिक एकता है जो सभी सोच के साथ सक्षम होनी चाहिए। स्वयं कोई वस्तु या पदार्थ नहीं है; यह वही है जो अनुभव की एकता को संभव बनाता है, जो मेरे अनुभव को "अनुभव" बनाता है।

स्वयं विषय का अनुभव करने का मूल है जो किस अनुभव की बहुलता के माध्यम से बना रहता है।

नीत्शे किसी भी प्रकार की चेतना को एकता के रूप में एक भोली या एक पारलौकिक एकता के रूप में अस्वीकार नहीं करता है। वह इस बात से इनकार करते हैं कि चेतना का पूर्ण आधार (विषय) है या अनुभव का कारण है। नीत्शे के पास कोई सार्वभौमिक व्यक्तिपरकता नहीं है, संवेदनशीलता का कोई सार्वभौमिक रूप से मान्य रूप और श्रेणियां नहीं हैं जो संरचना का अनुभव करती हैं।

नीत्शे एक प्रकार के इंसान की ओर इशारा करता है जो औसत आदमी से अलग अनुभव करता है। अनुभव करने का यह तरीका सक्रिय है, मनमाने ढंग से गढ़ने के अर्थ में नहीं बल्कि वास्तविकता के उच्च आयाम को अनुभव करने और आकार देने में सक्षम होने के अर्थ में।

नीत्शे, "इच्छा-से-शक्ति" में लिखते हैं कि "वे प्रबल कलाकार जो हर संघर्ष से सामंजस्य स्थापित करते हैं, वे वे हैं जो चीजों को अपनी शक्ति और आत्म-मोचन प्रदान करते हैं; वे कला के हर काम के प्रतीकवाद में अपने अंतरतम अनुभव को व्यक्त करते हैं वे अपने अस्तित्व के लिए कृतज्ञता में अपनी रचनात्मकता का उत्पादन करते हैं।

नीत्शे के लिए समय के ढांचे को नकारने वाले अनुभवों में से एक कालातीत का अनुभव था। उसके लिए अनुभव में कोई कमी नहीं है। प्राणिक, चैत्य और आध्यात्मिक स्तरों के बीच निरंतरता है और नीत्शे ने प्रकृति के साथ एकता में आनंदमय संतोष पाया। नीत्शे अंतरात्मा की धारणा को बहुत कम महत्व देता है।

अंत में, नीत्शे ने दुखद अनुभवों की अपनी सभी समझ के लिए, एक नाटक में एक अभिनेता की तरह हर समय महसूस करते हुए, इसमें शामिल होने से इनकार कर दिया।

32
मानव स्वतंत्रता

नीत्शे स्पष्ट रूप से मानव स्वतंत्रता से इनकार करता है और मनुष्य के "ठोस सांसारिक अस्तित्व" के लिए एक वास्तविक दार्शनिक-अरुचि प्रदर्शित करता है। नीत्शे जीवन और दुनिया के दार्शनिक हैं। वे कहते हैं, "कोई सत्ता के लिए स्वतंत्रता के लिए प्रयास करता है, दूसरी तरफ नहीं"। नीत्शे "इच्छा-से-शक्ति/will-to-power" और स्वतंत्रता के लिए वृत्ति को एक और एक ही ड्राइव मानता है, और वह जो 'शक्ति' के बारे में कहता है, वह वही है जो इतने सारे दार्शनिकों ने स्वतंत्रता के बारे में कहा है। इसलिए, नीत्शे के सत्ता के दर्शन को स्वतंत्रता के दर्शन के रूप में समझा जा सकता है।

कीर्केगार्ड ने वस्तुतः "स्वतंत्र इच्छा समस्या/free-will problem" का कोई उल्लेख नहीं किया है, लेकिन वह केवल उस व्यक्तिगत स्वतंत्रता की वास्तविकता को मानता है जिसे वह महत्व देता है। स्वतंत्रता की उनकी अवधारणा का हमारे स्वतंत्रता के अनुभव और इस स्वतंत्रता की वास्तविकता और इसके मूल्य के उनके अभूतपूर्व विवरण में एक आधार है।

स्वतंत्र इच्छा के प्रश्न के संबंध में-जैस्पर्स ने बताया कि जो लोग "इच्छा की स्वतंत्रता" के लिए तर्क देते हैं, वे आमतौर पर इस डर से प्रेरित होते हैं कि जिस दिन सभी पुरुष निर्धारक बन जाएंगे, उस दिन जिम्मेदार कार्रवाई समाप्त हो जाएगी। और जो लोग इसका विरोध करते हैं वे सच्चाई से प्रेरित हो सकते हैं; अर्थात्; वे स्वीकार करते हैं कि उन्हें दुनिया में कहीं भी स्वतंत्रता नहीं मिल सकती है। जैस्पर की कार्रवाई या पसंद की स्वतंत्रता भी मनोवैज्ञानिक रूप से परिभाषित स्वतंत्रता है; वसीयत की स्वतंत्रता स्वयं प्रश्न में नहीं है, और यह सवाल नहीं है कि क्या किसी के उद्देश्यों या चरित्र या संविधान को निर्धारित किया जाता है, क्या कोई उन मानकों को चुनने के लिए स्वतंत्र है जिनके द्वारा चुनाव किए जाते हैं, और आगे, नहीं उठाए जाते हैं।

नीत्शे स्वतंत्रता की वर्तमान अवधारणा से कठोर रूप से असहमत हैं, अक्सर नागरिक, नैतिक जिम्मेदारी के साथ-साथ स्वायत्तता (कांट और हेगेल) को नहीं दर्शाते हैं और

आरामदायक बुर्जुआ नैतिकता/comfortable bourgeois moralities के साथ स्वतंत्रता को जोड़ते हैं; वह स्वतंत्रता से सबसे अधिक घृणा करता है जो निष्क्रिय, अ-प्रयास कुछ ऐसा है जो केवल {कांट की स्वतंत्रता के सिद्धांत के रूप में} दिया जाता है, या कुछ ऐसा जो अनुरूपता और अच्छी नागरिकता में पाया जाता है {हेगेल की सकारात्मक स्वतंत्रता}। विल-टू-पावर इनमें से कोई भी अर्थ साझा नहीं करता है; इसकी ताकत एक संघर्ष और लड़ाई के अपने अर्थों में बसती है।

एक आध्यात्मिक अवधारणा के रूप में स्वतंत्रता के लिए, नीत्शे इसे बेकार के रूप में खारिज करने के अलावा इसके बारे में बहुत कम कहता है; जहां तक मनाई गई स्वतंत्र इच्छा समस्या का सवाल है, नीत्शे ने स्वतंत्र इच्छा और नियतिवाद दोनों को अधिक भ्रम के रूप में खारिज कर दिया। उनका कहना है कि वास्तव में इच्छा जैसी कोई चीज नहीं होती और अगर इच्छा नहीं होती तो कोई स्वतंत्र इच्छा नहीं होती।

जबकि नीत्शे इसे मानव के लिए "इच्छा की स्वतंत्रता" को स्वीकार करने या अस्वीकार करने के लिए असमर्थ मानते हैं, हालांकि, वह यह अनुमति देने के लिए पूरी तरह से तैयार है कि इस धारणा का कुछ वास्तविक अनुभवात्मक महत्व है। "इच्छा की स्वतंत्रता" के सवाल ने विभिन्न युगों के दार्शनिकों के बीच एक गर्म विवाद खड़ा कर दिया है।

सामान्य प्रयोग में, अभिव्यक्ति, "इच्छा की स्वतंत्रता" का अर्थ है बिना किसी बाध्यता के, हम जो करना चाहते हैं उसे करने की स्वतंत्रता। लेकिन यहां सवाल यह है कि क्या हम अपनी इच्छा के लिए स्वतंत्र हैं, और हम इसे कैसे प्राप्त करते हैं, क्या हम वैकल्पिक संभावनाओं के बीच चयन करने के लिए स्वतंत्र हैं, कार्रवाई की संभावित रेखाएं या क्या हम उनमें से किसी एक को चुनने के लिए मजबूर हैं। हमारे अलावा अन्य। दूसरे शब्दों में, क्या हमारी इच्छा एक क्रिया की रेखा अनिवार्य रूप से अकेले स्वयं पर निर्भर करती है और इसलिए आत्म-निर्धारित की स्वायत्त है? या क्या यह स्वयं के लिए बाहरी किसी अन्य चीज पर निर्भर करता है और इस प्रकार विषम या अन्य निर्धारित होता है?

कुछ इच्छा की स्वतंत्रता के सिद्धांत के समर्थक हैं, उन्हें उदारवादी कहा जाता है और जो इनकार करते हैं उन्हें निर्धारक कहा जाता है।

स्वतंत्र इच्छा के सिद्धांत के अनुसार, इच्छा में हम हमेशा स्वतंत्र रूप से तैयार होने या अपने कार्यों के पाठ्यक्रम को अपने भीतर से और अपने स्वयं के अच्छे के लिए निर्धारित करने के लिए सचेत रहते हैं, बिना किसी पूर्ववर्ती, या बाहरी, स्वयं और स्वयं की चेतना द्वारा निर्धारित किए बिना। स्वतंत्रता विचार-विमर्श और संकल्प की प्रक्रिया में विशेष रूप से विशिष्ट है।

कांत का तर्क है कि इच्छा की स्वतंत्रता नैतिकता का एक सिद्धांत है। नैतिक, निर्णय में "आवश्यकता" या नैतिक दायित्व की भावना होती है; यह नैतिक दायित्व इच्छा की स्वतंत्रता का अर्थ है, "हालांकि सबसे जरूरी है, इसलिए आप कर सकते हैं" कर्तव्य, जिम्मेदारी, न्याय, जवाबदेही, योग्यता और अवगुण, गुण और दोष काफी अर्थहीन होंगे

यदि इच्छा की स्वतंत्रता नहीं थी। दुनिया का एक सच्चा और पर्याप्त आध्यात्मिक सिद्धांत (उद्देश्य आदर्शवाद) स्वतंत्र इच्छा के सिद्धांत की पुष्टि करता है। इसके अनुसार जगत्, सीमित आत्मा और ईश्वर वास्तविक हैं। संसार ईश्वरीय शक्ति का प्रकटीकरण है। सीमित आत्माएं ईश्वर का सीमित प्रजनन हैं और इस तरह वे ईश्वर की स्वतंत्रता या आत्मनिर्णायक शक्ति में हिस्सा लेती हैं। मानव आत्मा ईश्वर की स्वतंत्रता में हिस्सा लेती है, लेकिन मनुष्य की स्वतंत्रता पूर्ण नहीं बल्कि सापेक्ष है; यह कुछ हद तक, जीव और प्रकृति की भौतिक शक्तियों द्वारा, अन्य मनुष्य के साथ उसके संबंध और ईश्वर की स्वतंत्रता द्वारा सीमित है।7

स्वतंत्रता की हिंदू अवधारणा पारलौकिक आत्मा की वास्तविक अवधारणा की धारणा पर आधारित है। ऐसा आत्मा की दुनिया में होने की अनुभवजन्य स्थिति/being-in-the-world को इसके बंधन की स्थिति के रूप में माना जाता है, जिसे विभिन्न प्रणालियों में अलग-अलग तरीके से वर्णित किया गया है; अद्वैत वेदांत/Advaita Vedanta आत्मा की पारलौकिक शाश्वत स्वतंत्रता के दृष्टिकोण से इसे एक 'भ्रम' मानता है, जो 'सत्य' में ब्रह्म से अलग नहीं है। सांख्य और न्याय-वैशेषिक प्रणाली बंधन की अनुभवजन्य स्थिति को स्वतंत्रता की पारलौकिक अवस्था से अलग करती है, इस अलगाव को उनके संबंधित प्रकार के द्वैतवाद के आधार पर समझाती है। विशिष्ट-अद्वैत और द्वैत वेदांत बंधन की स्थिति की अस्थायी वास्तविकता में विश्वास करते हैं और कहते हैं कि यह आत्मा की अंतर्निहित स्वतंत्रता को प्रभावित नहीं करता है।

लेकिन यद्यपि स्वतंत्रता को शाश्वत माना जाता है और यह एक ऐसी चीज है जिसे न तो उत्पन्न किया जा सकता है और न ही नष्ट किया जा सकता है, ये सभी प्रणालियां मानव अस्तित्व के प्रामाणिक और अप्रमाणिक तरीकों के बीच अंतर करती हैं। अप्रामाणिक अस्तित्व में आत्मा की स्वतंत्रता के प्रति जागरूकता उसके वास्तविक स्वरूप की गलत धारणा के कारण छिपी हुई है, और जीवन का वह तरीका जिसका उद्देश्य आत्मा को उसकी 'वास्तविक प्रकृति' के सही ज्ञान के माध्यम से उसकी स्वतंत्रता के बारे में जागरूकता के लिए पुनर्स्थापित करना है, प्रामाणिक है अस्तित्व।

दर्शन की हिंदू प्रणाली का मानना है कि आत्मा की स्वतंत्रता को साकार करने की प्रक्रिया में जीवन की एक श्रृंखला शामिल हो सकती है; प्रत्येक जीवन पिछले जन्म में व्यक्ति की गतिविधि (कर्म) द्वारा निर्धारित किया जा रहा है। अस्तित्व के इस लौकिक क्रम को पार करके ही आत्मा की स्वतंत्रता को महसूस किया जा सकता है। स्वतंत्रता की हिंदू अवधारणा इस प्रकार आध्यात्मिक और गैर-अस्थायी है, जो हाइडेगर और सार्त्र द्वारा प्रतिपादित स्वतंत्रता की अस्थायी अवधारणा से अलग है और शाश्वत और अमर आत्मा की वास्तविक अवधारणा पर टिकी हुई है।

हिंदू दार्शनिक प्रणाली ईसाई अस्तित्ववादी, कीर्केगार्ड और मार्सेल के साथ आत्माओं की उत्कृष्ट और शाश्वत स्वतंत्रता को स्वीकार करने में सहमत हैं, लेकिन ईसाई अस्तित्ववादी

के विपरीत हिंदू दार्शनिक प्रणाली का कहना है कि आत्मा ईश्वर द्वारा नहीं बनाई गई है, बल्कि उनके साथ सह-शाश्वत है। कर्म के सिद्धांत और आत्मा के स्थानांतरण पर जोर देना भी हिंदू दार्शनिक प्रणाली की एक विशिष्ट विशेषता है।

दूसरी ओर नीत्शे का कहना है कि "आध्यात्मिक प्राणी के रूप में मनुष्य आत्मनिर्णयवाद या स्वतंत्र है। वह अपनी गतिविधि खुद तय करता है। वह बाहरी ताकतों द्वारा निर्धारित नहीं होता है; लेकिन बिल्कुल फ्री नहीं है। उसकी स्वतंत्रता की सीमाएँ हैं। यह उसके जन्मजात दान, शारीरिक और मानसिक श्रृंगार द्वारा सीमित है, जो उसे आनुवंशिकता और उसके भौतिक और सामाजिक वातावरण द्वारा प्रेषित किया जाता है। लेकिन वह अपनी सीमाओं को भी अपने आत्म-विकास और आत्म-साक्षात्कार के साधन और सामग्री में बदल सकता है।

नीत्शे की "बियॉन्ड गुड एंड ईविल" में अध्याय शीर्षक "फ्री स्पिरिट्स" का मुख्य विषय मनुष्यों के विशाल बहुमत के बीच जो 'स्वतंत्र होने' में असमर्थ हैं और जो ऐसा करने में सक्षम हैं (हालांकि वे केवल कठिनाई के साथ ऐसा कर सकते हैं) में अंतर है । नीत्शे का तर्क है, स्वतंत्रता बहुत कम लोगों के लिए है; "यह मजबूत, और यहां तक कि मजबूत और लापरवाह का विशेषाधिकार है, अगर वे इसे करने का प्रयास करते हैं .... आंतरिक बाधा के बिना। इस तरह की "आंतरिक बाधा" की उपलब्धि में शामिल आत्म-निपुणता स्वतंत्रता का एक अनिवार्य पहलू है जैसा कि उन्होंने इसकी कल्पना की थी; और यह इस तरह की महारत को ध्यान में रखते हुए है कि वह स्वतंत्रता को संघर्ष और विजय से जोड़ता है, और 'स्वतंत्रता और आदेश' की पूरक धारणा के संदर्भ में 'स्वतंत्र आत्मा' की विशेषता है। वह स्वतंत्रता को दुर्लभ और सच्ची और "स्वतंत्र आत्मा" मानते हैं, स्वतंत्रता को असाधारण मनुष्यों की विशिष्ट उपलब्धि के रूप में मानते हैं। लेकिन यह देखना महत्वपूर्ण है कि उसके लिए ऐसे इंसान हैं। लेकिन यह देखना महत्वपूर्ण है कि उसके लिए ऐसे इंसान प्रकट हो सकते हैं और करते भी हैं। वे सामान्यीकरण के कम से कम आंशिक अपवाद का गठन करते हैं। उनका सुझाव है कि स्वतंत्रता को आत्म-दिशा में सुविधा के रूप में समझा जाना चाहिए और ऐसी सुविधा, जिसे वह पूर्व-मानना दोनों, 'भाग्यशाली संगठन' और आत्म-निपुणता के विभिन्न रूपों के रूप में मानता है, एक संभावना है जिसे महसूस किया जा सकता है।

नीत्शे की "इच्छा-से-शक्ति" को मानवीय स्वतंत्रता के साथ जोड़ने की कड़ी आलोचना की जानी चाहिए। यद्यपि नीत्शे को "इच्छा-से-शक्ति" का प्रेरित माना जाता है, फिर भी शक्ति या अति-शक्ति की प्राप्ति से मानव स्वतंत्रता का एहसास संभव नहीं है। यह एक स्वाभाविक चीज है जिसे खुद ही आना पड़ता है। इस प्रकार, जब तक नीत्शे का कहना है कि मनुष्य स्वतंत्र है, तब तक व्यक्ति उसके साथ सहमत हो सकता है। यह एक सहमत तथ्य है कि मानव स्वतंत्रता की सीमाएँ हैं। यह मनुष्य के मानसिक, शारीरिक और उस सामाजिक वातावरण के कारण भी सीमित है जिसमें वह रहता है। चूंकि मनुष्य एक सामाजिक प्राणी है, इसलिए उसे इसी समाज में रहकर अपनी स्वतंत्रता का एहसास करना होगा। उसे समाज के

सामाजिक मानदंडों और आदर्शों का सख्ती से पालन करना होगा और वहां रहकर वह सभी बाधाओं को दूर कर सकता है और फिर आत्म-साक्षात्कार के माध्यम से अपने व्यक्तिगत विकास के लिए टोल कर सकता है।

संक्षेप में, यह कहा जा सकता है कि नीत्शे के दर्शन में हालांकि हमें मानव स्वतंत्रता पर सीधे आगे की चर्चा नहीं मिलती है, लेकिन उनकी दार्शनिक चर्चा से यह काफी स्पष्ट है कि एक आध्यात्मिक व्यक्ति के रूप में है स्वनिर्धारित और मुक्त। उन्होंने मानव जीवन के अध्ययन में एक मात्र भ्रम होने के लिए स्वतंत्र इच्छा और नियतिवाद दोनों को खारिज कर दिया। नीत्शे का मत है कि मनुष्य पूर्णतः स्वतंत्र नहीं है। उसकी स्वतंत्रता शारीरिक मानसिक और सामाजिक वातावरण द्वारा सीमित है लेकिन जीवन भर मनुष्य इन सीमाओं को दूर करने का प्रयास करता है और आत्म-विकास के लिए आत्म-साक्षात्कार के माध्यम से आत्म-निपुणता के लिए कार्य करता है। नीत्शे के लिए, ईश्वर मनुष्य के आत्म-विकास में और विशिष्ट होने के लिए, उसकी स्वतंत्रता की प्राप्ति में बाधा उत्पन्न करता है।

----

*नीत्शे नास्तिक है। वह ईश्वर के अस्तित्व में विश्वास नहीं करता है। उनका मत है कि ईश्वर स्वतंत्रता प्राप्त करने में मनुष्य को बाधा प्रदर्शित करता है। उनके अनुसार, "जब तक ईश्वर मर नहीं जाता, मानव स्वतंत्रता अधूरी है"। (दर्शन के रूप में अस्तित्ववाद, फर्नाडो मोलिना, प्रेंटिस-हॉल इंक 1962, पृष्ठ.28)

33

मानव जिम्मेदारी

नीत्शे, जो एक नास्तिक है, ईश्वर को मानवीय समस्याओं का मूल कारण मानता है। नीत्शे के लिए, ईश्वर की मृत्यु अकेले मनुष्य को उन मूल्यों के लिए जिम्मेदार बनाती है जिनके साथ वह पृथ्वी को प्रदान करता है। वह कहते हैं, 'हम ईश्वर को नकारते हैं; हम भगवान में जिम्मेदारी से इनकार करते हैं'। उनका मत है कि मनुष्य में स्वयं की जिम्मेदारी लेने की इच्छाशक्ति है।

यह नैतिकता की एक मौलिक धारणा है कि पुरुष अपने कार्यों के लिए नैतिक रूप से जिम्मेदार हैं। यदि यह सत्य नहीं होता, तो नैतिक निर्णयों का कोई औचित्य नहीं होता, हम पौधों या निर्जीव वस्तुओं की गति को नैतिक या अनैतिक नहीं मानते, क्योंकि वे भौतिक कारणों से कठोरता से निर्धारित होते हैं। हम बच्चों और पागल व्यक्तियों के कार्यों को भी नैतिक या अनैतिक नहीं मानते, क्योंकि उनके कार्य स्वतंत्र नहीं हैं। हम वयस्क मनुष्यों को उनके कार्यों के लिए नैतिक रूप से जिम्मेदार मानते हैं। इस प्रकार, नैतिक जिम्मेदारी इच्छा की स्वतंत्रता को मानती है।

उत्तरदायित्व व्युत्पत्ति का अर्थ है जवाबदेही या दायित्व जिसे किसी व्यक्ति द्वारा किए गए कार्य के लिए जवाब देने के लिए कहा जाता है। इसका तात्पर्य है कि यदि वह अपने कार्यों का यथोचित बचाव नहीं कर सकता है, तो उसे उचित रूप से दंडित किया जा सकता है। एक व्यक्ति स्वतंत्र रूप से कोई कार्य करता है, और इसलिए, इसके लिए जिम्मेदार है। जिम्मेदारी स्वतंत्रता को मानती है। नियतत्ववाद जिम्मेदारी को कम करता है।

यदि किसी पहल की शक्ति के बिना पुरुष पूरी तरह से आनुवंशिकता और पर्यावरण द्वारा निर्धारित किए गए थे, तो उन्हें अपने कार्यों के लिए जिम्मेदार नहीं ठहराया जा सकता था; उनके सही कार्यों के लिए उनकी प्रशंसा नहीं की जा सकती थी या उनके गलत कार्यों के लिए उन्हें दोषी नहीं ठहराया जा सकता था। उनके कार्य भौतिक घटनाओं के समान ही होंगे। लेकिन मनुष्य अपने लक्ष्य और कार्यों को सर्वोच्च भलाई के अपने विचार के अनुसार चुनने के लिए स्वतंत्र हैं, और इसलिए अपने कार्यों के लिए जिम्मेदार हैं, हालांकि वे आंशिक रूप

से आनुवंशिकता और परिस्थितियों से प्रभावित हैं। यदि पुरुषों को स्वतंत्रता से रहित माना जाता है, तो उनके कार्य नैतिक या अनैतिक नहीं रह जाते हैं। यदि वे परिस्थितियों, योग्यता और अवगुण, सही या गलत, गुण और दोष, जिम्मेदारी और दंडनीयता के प्राणी हैं, तो वे अपना सारा महत्व खो देते हैं, नैतिकता एक मिथक बन जाती है।

पुरुष स्वतंत्र हैं; वे एक आदर्श के प्रति सचेत हैं और स्वतंत्र रूप से इसे महसूस करते हैं। वे अपने कार्यों को स्वयं निर्धारित करते हैं। वे परिस्थितियों के असहाय प्राणी नहीं हैं। वे आंशिक रूप से परिस्थितियों से निर्धारित होते हैं लेकिन वे अपने पात्रों के अनुसार स्वतंत्र रूप से उनका जवाब देते हैं। परिस्थितियों को चरित्र से ढाला जाता है; एक ही वातावरण में रहने वाले दो व्यक्तियों की परिस्थितियाँ समान नहीं होती हैं। वे वातावरण में उन परिस्थितियों का संज्ञान लेते हैं जो उनके चरित्र के अनुकूल होती हैं और उन पर प्रतिक्रिया करती हैं। अन्य परिस्थितियाँ उनकी इच्छा और कार्यों को प्रभावित नहीं करती हैं। पुरुष अपने स्वतंत्र स्वैच्छिक कार्यों के लिए जिम्मेदार हैं। उत्तरदायित्व का तात्पर्य इच्छा की स्वतंत्रता से है।10

इच्छा की स्वतंत्रता का अर्थ है आत्मनिर्णयवाद। इसका मतलब अनिश्चितता या उदासीनता की स्वतंत्रता नहीं है। अनिश्चिततावाद यह मानता है कि स्वयं के पास बिना किसी कारण के वैकल्पिक संभावनाओं या उद्देश्यों के बीच मनमाने ढंग से चयन करने की रहस्यमय शक्ति है; स्वयं के पास अनिश्चित पसंद की शक्ति है। अनिश्चिततावाद का अर्थ है स्वयं में पूरी तरह से अनिश्चित पसंद की शक्ति- उन कृत्यों को उत्पन्न करने की शक्ति जिनका स्वयं से कोई संबंध या संबंध नहीं है जैसा कि अधिनियम से पहले था। अनिश्चितता जिम्मेदारी को कम करती है। यदि एक स्वतंत्र कार्य स्वयं के चरित्र द्वारा अनिर्धारित एक बिल्कुल नई शुरुआत है, जिस पर इसका कोई नियंत्रण नहीं है, तो कार्य स्वयं में जड़ के बिना है, और इसके परिणामस्वरूप, व्यक्ति को इसके लिए जिम्मेदार नहीं ठहराया जा सकता है। एक व्यक्ति एक ऐसे कार्य के लिए जवाबदेह नहीं है जिसे वह अपने चुने हुए और चुने हुए माध्यम से साकार करने की दृष्टि से होशपूर्वक और जानबूझकर नहीं करता है। वह तथाकथित मुक्त कार्यों के लिए ज़िम्मेदार नहीं है, जो उसके भीतर मनमानी और अनिश्चित पसंद की रहस्यमय शक्ति से उत्पन्न होता है, जिस पर उसका कोई नियंत्रण नहीं होता है।

इस प्रकार, नियतत्ववाद और अनिश्चितता दोनों ही जिम्मेदारी को कम करते हैं। आत्मनिर्णयवाद जिम्मेदारी के साथ संगत है। आत्मनिर्णय के अर्थ में इच्छा की स्वतंत्रता जिम्मेदारी या जवाबदेही के लिए जिम्मेदार हो सकती है, शारीरिक मजबूरी, प्रतिबिंब की कमी, परिसरों के तहत अवचेतन मजबूरी, मानसिक विक्षोभ या पागलपन जिम्मेदारी के साथ असंगत हैं।

संक्षेप में, यह कहा जा सकता है कि नीत्शे, नास्तिक होने के कारण, ईश्वर को समस्याओं का प्राथमिक कारण मानता है। नीत्शे ने ईश्वर के अस्तित्व और उसमें जिम्मेदारी को भी नकार दिया। उनका मत है कि केवल ईश्वर की मृत्यु ही मनुष्य को उन मूल्यों के लिए जिम्मेदार बना सकती है जिनके साथ वह पृथ्वी को प्रदान करता है। नीत्शे नैतिक दृष्टिकोण

से मानवीय जिम्मेदारी पर चर्चा करता है और मनुष्य को अपने कार्यों के लिए नैतिक रूप से जिम्मेदार ठहराता है। उनका कहना है कि जिम्मेदारी का मतलब इच्छा की स्वतंत्रता है। इच्छा की स्वतंत्रता आत्मनिर्णयवाद के अलावा और कुछ नहीं है। नीत्शे नियतिवादियों और अनिश्चिततावादियों से सहमत नहीं है। चूंकि वे दोनों जिम्मेदारी को कम करते हैं। केवल आत्मनिर्णयवाद जिम्मेदारी के अनुकूल है क्योंकि यह केवल जिम्मेदारी या जवाबदेही के लिए जिम्मेदार हो सकता है। इस प्रकार, निष्कर्ष के तौर पर हम कह सकते हैं कि मनुष्य में स्वयं की जिम्मेदारी लेने की इच्छाशक्ति है।

34

विल-टू-पावर

यहां नीत्शे की इच्छा-शक्ति/will-to-power की अवधारणा को समझाने का प्रयास किया जाएगा।

नीत्शे सत्ता की इच्छा के प्रेरित हैं। नीत्शे के लेखन में 'इच्छा-से-शक्ति' वाक्यांश देर से प्रकट होता है और फिर सबसे पहले उनके दर्शन के सबसे प्रसिद्ध सिद्धांत के रूप में नहीं। नीत्शे की इच्छा शक्ति को उसके नैतिक दर्शन का केंद्र बिंदु माना जाना चाहिए। उनकी पुस्तक "जरथुस्त्र/Zarathustra" में जहां सबसे पहले शक्ति की इच्छा को सभी नैतिकता के आधार के रूप में उच्चारित किया जाता है, यह पहले से ही है कि शक्ति की सबसे बड़ी अभिव्यक्ति स्वयं को दूर करना है और यह आत्म-पर काबू पाने का मानक है जो हर नैतिकता में निहित है।

हालाँकि, "शक्ति" की धारणा ने जरथुस्त्र से बहुत पहले अपनी उपस्थिति दर्ज कराई, लेकिन नीत्शे ने पहले इसे अस्वीकार करने के लिए ही सत्ता की इच्छा पर विचार किया। "द बर्थ ऑफ ट्रेजेडी" में, नीत्शे ने नोट किया कि 'सत्ता हमेशा बुरी होती है', और यह 'सफलता और शक्ति' का भ्रष्टाचार था जो उसके काम के लिए एक विषय बन गया, अर्थात, "मानव-सब-बहुत-मानव"। यहाँ, नीत्शे ने शक्ति को सांसारिक शक्ति के साथ जोड़ा है, और वह अपने बाद के दर्शन के साथ पूरी तरह से सहमत है। वह इस तरह की सारी शक्ति को दूसरों पर अनिवार्य रूप से नीचा दिखाने के लिए लेता है, जो कि जरथुस्त्र की इच्छा शक्ति के अर्थ के विपरीत है। नीत्शे की इच्छा शक्ति की अवधारणा विशेष रूप से दूर करने की क्षमता है।

शक्ति इस प्रकार दूर करने की क्षमता है; सत्ता की इच्छा मजबूत होने की, काबू पाने में सक्षम होने की प्रेरणा है। शक्ति शारीरिक बाधाओं को दूर करने के लिए शारीरिक शक्ति, सामाजिक बाधाओं को दूर करने के लिए राजनीतिक शक्ति, रोगों को दूर करने के लिए स्वास्थ्य और समस्याओं को हल करने के लिए मानसिक शक्ति का उल्लेख कर सकती है। संक्षेप में, शक्ति दूर करने की क्षमता है।

क्या काबू पाना है? यह स्पष्ट है कि नीत्शे की शक्ति की अवधारणा इससे कहीं अधिक विशिष्ट है। ये सभी इच्छा शक्ति की अभिव्यक्ति हैं, लेकिन सभी शक्तियां समान नहीं हैं। शारीरिक शक्ति और अच्छा स्वास्थ्य, नीत्शे के लिए शक्ति की इच्छा का निम्नतम अभिव्यक्ति है।

नीत्शे का मत है कि दया, कृतज्ञता, नम्रता और दान को शुद्ध 'परोपकारी' या 'अच्छे उद्देश्यों' के बजाय शक्ति की कमजोरी की अभिव्यक्ति के रूप में लिया जाता है जैसा कि आमतौर पर समझा जाता है। यहां नीत्शे के विचारों की आलोचना की गई है। यद्यपि प्रत्येक नैतिकता मूल रूप से सत्ता की नैतिकता है, फिर भी नीत्शे ने दास नैतिकता को मास्टर नैतिकता के साथ अलग करते हुए, यह एक बिंदु बना दिया कि ईसाई धर्म जो दास नैतिकता का प्रतिनिधित्व करता है, दया, कृतज्ञता, विनम्रता आदि जैसे गुणों से युक्त है, जिसे वह सबसे कम मानता है। शक्ति की अभिव्यक्ति। यहां यह बताया जा सकता है कि ईसाई धर्म की इन विशेषताओं का नीत्शे का मूल्यांकन बिल्कुल भी उचित नहीं है। वास्तव में, यह कमजोरी की अभिव्यक्ति नहीं है; यह ऐसे गुणों या विशेषताओं को विकसित करने के लिए किसी व्यक्ति की आंतरिक शक्ति या शक्ति को प्रदर्शित करता है। यह देखा जा सकता है कि ऐसी चीजों का अनुभव करने के लिए एक आंतरिक शक्ति की आवश्यकता होती है जो कि पूर्णता, आनंद और खुशी की उच्चतम डिग्री के अलावा और कुछ नहीं है और बदले में वह अपने भीतर अच्छी प्रकृति और अच्छे उद्देश्यों को भी विकसित करेगा। इस प्रकार हम कह सकते हैं कि प्रत्येक मनुष्य अपने कार्यों और मूल्यों में ईसाई धर्म के साथ-साथ स्वयं को गुरु नैतिकता में बदलने के लिए अधिक से अधिक शक्ति के लिए प्रयास कर रहा है। नीत्शे ने आगे चलकर वसीयत को सत्ता में गलत तरीके से विभाजित करने में एक गलती की, यानी 'निम्नतम' और 'उच्चतम' रूप की इच्छा शक्ति को। वह शारीरिक शक्ति और अच्छे स्वास्थ्य को इच्छा शक्ति की 'निम्न' श्रेणी में रखने में गलत प्रतीत होता है। चूँकि अपने आप में शक्ति होने का एक सकारात्मक अर्थ होता है और अच्छे आंतरिक होने से ही मनुष्य अपनी शारीरिक शक्ति या सहनशक्ति को बनाए रखेगा और बदले में अच्छा स्वास्थ्य बनाए रखेगा। अगर उन्होंने खराब स्वास्थ्य या खराब शारीरिक शक्ति को इच्छा शक्ति की निचली श्रेणी में रखा होता तो कुछ हद तक कोई नीत्शे से सहमत हो सकता था लेकिन अन्यथा नहीं? इस प्रकार, यह जोरदार ढंग से कहा जा सकता है कि नीत्शे को अच्छे स्वास्थ्य और शारीरिक शक्ति को न कहने में गलत है, सत्ता की उच्चतम इच्छा नहीं तो जितनी अधिक होगी।

सत्ता के लिए उच्चतम इच्छा (कभी-कभी "सच्ची शक्ति" कहा जाता है) स्वयं पर काबू पाने वाली है। नैतिकता के लिए उनकी चिंता की उपरोक्त चर्चा से, हम पहले से ही यह समझने के लिए तैयार हैं कि उच्च बनाने की क्रिया के माध्यम से महारत हासिल करने के लिए, कारण से जुनून की। नीत्शे की आत्म-पर काबू पाने और सत्ता की इच्छा अंततः तर्कसंगतता की सुकराती खोज है। नीत्शे ने तर्कसंगतता के महत्व पर जोर दिया, इस कारण

से नियंत्रण किया कि वह दर्शन लेता है, 'सच्चाई की इच्छा' को 'शक्ति के लिए सबसे आध्यात्मिक इच्छा' होना चाहिए और जहां तक शामिल है वहां तक अच्छा होने के लिए ताकत लेता है।

दूसरी ओर, हाइडेगर, शक्ति को स्वतंत्रता से संबंधित करते हुए कहते हैं कि शक्ति और स्वतंत्रता औपचारिक आयाम हैं। मानवीय वास्तविकता का ऑंटोलॉजिकल विश्लेषण न केवल स्वतंत्रता पर बल्कि शक्ति पर भी विचार करने की मांग करता है। राज्य में शक्ति प्रकट होती है जबकि स्वतंत्रता मनुष्य की विशिष्टता का बोध है। मनुष्य स्वतंत्रता और शक्ति दोनों में शामिल है और उसका परिचय दिया गया है। वह राज्य से अविभाज्य है क्योंकि वह एक राजनीतिक प्राणी है, लेकिन अपने व्यक्तित्व की रचनात्मकता में अलग है।

मनुष्य राज्य में सत्ता के प्रति जागरूक है, वह इसके विकृत और विनाश के प्रति सचेत है सक्रिय संभावना। मनुष्य को न केवल राज्य में शक्ति की विकृत और विशिष्ट संभावना का एहसास होता है, बल्कि वह अपने भीतर उसी विकृत और विनाशकारी संभावना को शामिल करता है।

हाइडेगर इस प्रकार सत्ता की चर्चा केवल राजनीतिक शब्दों में करते हैं जो कि राज्य की शक्ति है, इसकी विकृत और विनाशकारी प्रकृति जो स्वयं मनुष्य द्वारा अभ्यास की जाती है।

सत्ता पर कार्ल जसपर्स के विचार भी राजनीतिक प्रकृति के हैं। जसपर्स का मत है कि शक्ति समाज और राज्य के बीच का तनाव है, वे कहते हैं, समाज में रहने वाला मनुष्य, कार्य करने और इसे महसूस करने की स्वतंत्रता में नहीं समझ सकता है। आवश्यकताओं की आपूर्ति के लिए जन व्यवस्था के बीच एक निरंतर तनाव है और निर्णय शक्ति पर आधारित है जो सहयोग से उत्पन्न होता है। सब कुछ राज्य के दैवीय अधिकार द्वारा तय किया जाना बाकी है। और यह समाज और राज्य के बीच एक तरह का तनाव पैदा करता है।

कार्ल जसपर्स भी, इस प्रकार, केवल समाज और राज्य की राजनीतिक दृष्टि से शक्ति की चर्चा करते हैं। दोनों के बीच संबंध और उसके बाद दोनों के बीच सहयोग से उत्पन्न तनाव, अर्थात समाज और राज्य, निश्चित रूप से जरूरतों की पूर्ति के लिए और बड़े पैमाने पर मनुष्य और समाज की मांगें।

हाइडेगर और जैस्पर्स सहमत हैं कि नीत्शे का सत्ता की इच्छा का सिद्धांत संचार में एक क्रांतिकारी प्रयोग है। इसके अलावा, हाइडेगर हमें याद दिलाता है, जैसा कि जैस्पर्स करता है, क्योंकि नीत्शे खुद कहते हैं, "इच्छा केवल एक शब्द है"। जैस्पर्स की तरह, हाइडेगर ने नोट किया कि नीत्शे, कभी-कभी जीवन के रूप में शक्ति की इच्छा की बात करता है और अन्य समय में, वह जीवन को शक्ति की इच्छा के एक रूप के रूप में बोलता है; लेकिन साथ ही, जैस्पर्स की तरह, हाइडेगर विल टू पावर के तत्वमीमांसा सिद्धांत और दार्शनिक नृविज्ञान के रूप में विल टू पावर के सिद्धांत के बीच अंतर करने में विफल रहता है। हाइडेगर

के लिए, नीत्शे का दर्शन सांसारिक दुनिया में सामयिक भ्रमण के साथ तत्वमीमांसा है, जबकि जैस्पर्स के लिए, नीत्शे का दर्शन तत्वमीमांसा में सामयिक भ्रमण के साथ दार्शनिक नृविज्ञान है। मेरे लिए नीत्शे का शक्ति की इच्छा का सिद्धांत और कुछ नहीं बल्कि इस सांसारिक दुनिया में रहने वाले मनुष्य की आंतरिक क्षमता को सुधारने का एक दर्शन है।

मनुष्य अभी भी इस ब्रहमांड का एक केंद्रीय तथ्य है। इस संसार में रहते हुए मनुष्य को अपने जीवन स्तर को सुधारने के लिए कार्य करना पड़ता है। मनुष्य आवश्यकता के अनुसार अपने जीवन को सुधारने के लिए इच्छा शक्ति का सर्वोत्तम उपयोग कर सकता है। लंबे समय तक जीना काफी नहीं है, लेकिन अच्छी तरह से जीना समय की सबसे बड़ी जरूरत है। अगर ठीक से काम किया जाए तो इच्छा शक्ति निश्चित रूप से पुरुषों के जीवन में कुछ बदलाव ला सकती है। इच्छा शक्ति जीवन का पर्याय है और इसके विपरीत। चूँकि जीवन केवल इसी दुनिया में जिया जा सकता है इसलिए इस दुनिया के अलावा जीवन का कोई महत्व नहीं है। यह मनुष्य और संसार एक दूसरे के पूरक हैं और एक दूसरे से घनिष्ठ रूप से संबंधित भी हैं।

संक्षेप में, यह कहा जा सकता है कि नीत्शे की इच्छा शक्ति का सिद्धांत उसे वास्तव में एक प्रेरित बनाता है। उनके अनुसार इच्छा शक्ति और कुछ नहीं बल्कि शारीरिक, मानसिक, सामाजिक और यहां तक कि राजनीतिक बाधाओं को दूर करने की क्षमता है। अधिक विशिष्ट होने के लिए मनुष्य की स्वयं पर काबू पाने की शक्ति केवल इच्छा शक्ति है।

सत्ता पर नीत्शे के विचारों में "त्रासदी का जन्म" से एक आमूल-चूल परिवर्तन हुआ, जहां उन्होंने सत्ता को केवल एक बुराई के रूप में लिया, "जरथुस्त्र" में, जहां वह इस निष्कर्ष पर पहुंचे कि बाधाओं या बाधाओं पर काबू पाने की इच्छा शक्ति है। इच्छा शक्ति भी नैतिकता की अभिव्यक्ति है जो मनुष्य को ब्रहमांड में रहते हुए जीवन की गुणवत्ता में सुधार करने में मदद करती है। वह निश्चित रूप से उसके बाद बदलाव और सुधार ला सकता है। इच्छा शक्ति मनुष्य में अधिक से अधिक शक्ति के लिए प्रयास करने की भावना पैदा करती है और बदले में उसे उच्चतम स्तर की पूर्णता, आनंद और खुशी प्राप्त करने में मदद करती है। मनुष्य परोपकारी बनता है और अपने साथ अच्छे उद्देश्य भी रखता है।

सत्ता के लिए नीत्शे की इच्छा इस प्रकार सैन्य शक्ति की सामान्य कल्पना से बहुत दूर है। वे कहते हैं, 'सबसे शक्तिशाली राजनेता और सैनिक नहीं हैं, लेकिन कलाकार, दार्शनिक और सौंदर्यवादी, इच्छा शक्ति अंततः स्वयं पर नियंत्रण है; यह लाइसेंस नहीं बल्कि संयम है; चोट या नष्ट करने की शक्ति नहीं बल्कि बनाने की शक्ति।

हाइडेगर और कार्ल जसपर्स ने 'शक्ति' की चर्चा केवल राजनीतिक शक्ति के संदर्भ में की है। हाइडेगर के अनुसार शक्ति का क्षेत्र राज्य से संबंधित है, इसके साथ विकृतियां और विनाशकारी प्रकृति होती है, जो निश्चित रूप से स्वयं मनुष्य द्वारा अभ्यास की जाती है।

दूसरी ओर कार्ल जसपर्स का मत है कि शक्ति समाज और राज्य के बीच तनाव पैदा करती है। बड़े पैमाने पर मनुष्य और समाज की जरूरतों और मांगों को पूरा करने की प्रक्रिया में दोनों के बीच सहयोग के कारण तनाव पैदा हुआ। इस प्रकार, यह देखा जा सकता है कि

'इच्छा से शक्ति' के क्षेत्र में नीत्शे को अकेला छोड़ दिया गया है, क्योंकि हाइडेगर और नीत्शे सत्ता पर चर्चा करते हुए बहुत अधिक राजनीतिक रहे हैं।

35

नीत्शे की सुपरमैन की अवधारणा

सुपरमैन की नीत्शे की दृष्टि उनके दर्शन के सबसे आकर्षक पहलुओं में से एक है, साथ ही साथ सबसे गलत व्याख्या भी की गई है। सुपरमैन के सिद्धांत के साथ, हमें नीत्शे के मनुष्य के सिद्धांत का दूसरा आधा हिस्सा मिलता है; मनुष्य को संभावना के रूप में समझा। नीत्शे की इच्छा शक्ति की अवधारणा सुपरमैन की उनकी अवधारणा में परिणत हुई। केवल इच्छा शक्ति के द्वारा ही उन्होंने विजय प्राप्त करने का निर्णय लिया और इस पर विजय प्राप्त करने के बाद वे पूरी मानवजाति पर विजय प्राप्त कर लेते हैं और सुपरमैन बन जाते हैं।

नीत्शे का मत है कि दुनिया सही नहीं होगी और मनुष्य अपने आप में तब तक नहीं आएगा जब तक कि आधिपत्य और शक्ति की भावना, महारत और शक्ति की वृत्ति को विशेष रूप से और मानव जाति द्वारा महसूस नहीं किया जाता है, उसने दया जैसी भावनाओं को बाहर कर दिया, उदारता, सहानुभूति और बलिदान। समूह में मनुष्य की असली परीक्षा ऊर्जा, क्षमता और शक्ति है। दुनिया को मजबूत, महान और कुछ के लिए बाहर निकलने के लिए बनाया जाना चाहिए। मानव प्रयासों का लक्ष्य बेहतर और मजबूत व्यक्तियों का विकास होना चाहिए न कि सभी का उत्थान। सुपरमैन मानव जाति नहीं लक्ष्य है। मानव जाति के बारे में सोचना या उसका सुधार करना मूर्खता की पराकाष्ठा है। मानव जाति मौजूद नहीं है; यह एक अमूर्तन है। यहाँ नीत्शे के कथन से यह स्पष्ट होता है कि वह लोकतंत्र के मूल सिद्धांतों को भूल गया है। लोकतंत्र सभी को समान अवसर प्रदान करने में गर्व महसूस करता है। इसके तहत रहने वाले पुरुष अपने समग्र व्यक्तित्व का विकास करते हैं और सभी क्षेत्रों में फलते-फूलते हैं। वैसे तो पूरी दुनिया में लोकतंत्र का पालन नहीं किया जाता है, लेकिन अनादि काल से लोगों ने लोकतंत्र को अपने जीवन का तरीका बनाने का प्रयास किया है। कुछ ने इस उद्देश्य को हासिल किया और अन्य लोकतंत्र को साकार करने की राह पर हैं। लोकतंत्र सरकार चलाने की एक प्रणाली है। संयुक्त राज्य अमेरिका सरकार का रूप है। जनता के द्वारा, जनता के लिए और जनता के लिए। इसका मतलब है कि लोकतंत्र हर

तरह से अपने लोगों का ख्याल रखता है। इस प्रकार, नीत्शे के लिए, हमारा सचेत प्रयास एक नए प्रकार के पुरुषों को अस्तित्व में लाने का होना चाहिए; सुपरमैन की दौड़। इसका मिशन शासन करना होना चाहिए, न कि सेवा करना।

शुरू से ही हमें इस बात का ध्यान रखना चाहिए कि अतिमानव की कल्पना उस अवस्था के रूप में नहीं की जानी चाहिए जिसे मनुष्य प्राप्त कर सकता है। सापेक्ष अर्थों को छोड़कर कोई भी व्यक्ति कभी भी सुपरमैन नहीं होता है। *

नीत्शे के अनुसार अतिमानव के मार्ग पर पहला कदम कट्टरपंथी शून्यवाद पर काबू पाना है। यह नए मूल्यों के निर्माण की संभावना को खोलता है। यह सुपरमैन के सिद्धांत/doctrine of the superman के संदर्भ में स्पष्ट हो जाता है, भले ही मूल्यों का एक सामान्य ढांचा और पदानुक्रम हो; विशेष मूल्यों को आत्म-संयम के संघर्ष के संदर्भ में द्वंद्वात्मक रूप से निर्धारित किया जाना है।

सबसे पहले, "नीत्शे ने बात की जैसे कि उसकी आशा एक नई प्रजाति के उत्पादन के लिए थी। बाद में वह अपने सुपरमैन के बारे में सोचने लगा कि वह श्रेष्ठ व्यक्ति है जो बड़े पैमाने पर औसत दर्जे के दलदल से अनिश्चित रूप से उठ रहा है, और अपने अस्तित्व के कारण प्राकृतिक चयन के खतरों की तुलना में चयनात्मक प्रजनन और सावधानीपूर्वक पोषण के लिए अधिक है। सुपरमैन केवल मानव चयन द्वारा ही जीवित रह सकता है ताकि उन्हें अच्छी शिक्षा प्रदान करके भी अच्छी संतान पैदा हो सके।

अच्छे जन्म के बिना बड़प्पन असंभव है। अच्छा जन्म और यूजीनिक/eugenic को देखते हुए एक गंभीर स्कूली शिक्षा है जहां पूर्णता प्राप्त की जाएगी, निश्चित रूप से, प्रशंसा के योग्य भी नहीं; जहां कुछ आराम और कई जिम्मेदारियां होंगी, जहां शरीर को मौन में पीड़ित होना सिखाया जाएगा, और इच्छा आज्ञा का पालन करना और आज्ञा देना सीख सकती है क्योंकि आज्ञाकारिता केवल आज्ञा का अधिकार देती है। एक आदमी इस तरह पैदा हुआ और पैदा हुआ, अच्छाई और बुराई से परे होगा। ऐसा व्यक्ति निडर, निडर होगा और उसकी अच्छाई मनुष्य में शक्ति की भावना, शक्ति की इच्छा को हमेशा बढ़ाएगी। नीत्शे का मत है, शायद अतिमानव का प्रमुख चिह्न खतरे और संघर्ष का प्रेम होगा, बशर्ते उनका कोई उद्देश्य हो। वह पहले सुरक्षा की तलाश नहीं करेगा; वह सबसे बड़ी संख्या में खुशी छोड़ देगा।

ऊर्जा, बुद्धि, अभिमान और शक्ति अतिमानव का निर्माण करते हैं लेकिन उनमें सामंजस्य होना चाहिए, जुनून तभी शक्ति बनेंगे जब उन्हें किसी महान उद्देश्य से एकीकृत किया जाएगा जो व्यक्तित्व की शक्ति में इच्छाओं की अराजकता को ढालता है।12

जरथुस्त्र अतिमानव के सिद्धांत के शिक्षक हैं, लेकिन साथ ही वे स्वयं भी अतिमानव के मार्ग पर हैं। यहां फिर से हमें सावधान रहना चाहिए, क्योंकि सुपरमैन के लिए कोई एक रास्ता नहीं है, प्रत्येक का अपना रास्ता खुद पर काबू पाने का है। मनुष्य की यह नई दृष्टि स्वतंत्रता के दो रूपों पर निर्भर करती है। पहला है शून्यवाद से मुक्ति, अर्थात् अतिक्रमण में

विश्वास और दूसरा है सृजन करने की स्वतंत्रता, क्योंकि इच्छा और मूल्य के रूप में सृजन करने से ही आत्म-आगमन संभव है।

सुपरमैन के दो महान गुण हैं ईमानदारी और बड़प्पन। नीत्शे ने ईमानदारी को अत्यधिक महत्व दिया। वह कहता है, "वहां अच्छा ख्याल रखना, तुम ऊँचे आदमी। क्योंकि आज मेरे लिए कुछ भी कीमती नहीं है और ईमानदारी से दुर्लभ है। नीत्शे की ईमानदारी की अवधारणा मजबूती से जुड़ी हुई है। आत्म-विजय एक इच्छा है जो एक साथ एक आज्ञा और एक आज्ञाकारिता है, पर आधारित है एक सख्त, यहां तक कि गंभीर, स्वयं के साथ ईमानदारी की भावना। इसमें किसी की अपनी कमजोरियों और सीमाओं की निर्दयतापूर्वक पहचान शामिल है।

कहने की जरूरत नहीं है कि यह ईमानदारी दूसरों के साथ संबंधों पर भी लागू होती है। यहाँ कुछ समस्या है, क्योंकि नीत्शे का विवरण हमेशा सुसंगत नहीं होता है और वह स्वयं कभी-कभी भूल जाता है कि सुपरमैन एक प्रकार नहीं है। इन विभिन्न विवरणों से सुपरमैन की अविश्वसनीय संवेदनशीलता वाले व्यक्ति के रूप में एक तस्वीर मिलती है और फिर भी एक प्रकार की कठोरता और ताकत जो असंवेदनशीलता पर निर्भर करती है। आंशिक रूप से यह नीत्शे की अपनी अत्यधिक संवेदनशीलता का परिणाम है जो शारीरिक और आध्यात्मिक दोनों तरह के स्वास्थ्य और शक्ति के प्रति उसके जुनून के साथ जुड़ा हुआ है। नीत्शे इस तरह के संलयन/fusion को लाने में भारी कठिनाई से अवगत था।

यहां मुझे कहना होगा, हालांकि, नीत्शे ने बड़प्पन/nobility और ईमानदारी/honesty जैसे बहुत अच्छे गुणों को भी सुपरमैन आवंटित किया है, लेकिन वह पूरी मानव जाति की उपेक्षा करता है। वह कुछ चुने हुए व्यक्तियों में ऊर्जा, बुद्धि, गर्व और शक्ति विकसित करने पर आमादा है, जो लंबे समय तक समाज के लायक साबित नहीं हो सकते हैं। नीत्शे को अपने विचारों में समझ और परिपक्वता की भावना विकसित करनी चाहिए और संपूर्ण मानव जाति में इन सभी गुणों को विकसित करने की आकांक्षा करनी चाहिए। यदि प्रत्येक व्यक्ति को अच्छी आदतों, बड़प्पन और ईमानदारी को विकसित करने के लिए प्रशिक्षित किया जाता है और ऊर्जा, बुद्धि, गर्व और शक्ति में भी सुधार कर सकता है तो प्रत्येक व्यक्ति को समाज का एक नमूना बना सकता है। व्यक्ति पारस्परिक सह-अस्तित्व के सिद्धांतों को सीखेंगे और वे एक दूसरे के साथ घनिष्ठ संबंध भी विकसित करेंगे। समाज अपने आप सुधर जाएगा और इस तरह पूरी मानव जाति। हमें यह सुनिश्चित करना चाहिए कि बेहतर जीवन जीने के लिए हम हमेशा समाज के सुधार के लिए काम करते हैं।

नीत्शे की सुपरमैन की अवधारणा पर टिप्पणी करते हुए, कार्ल जसपर्स, सबसे पहले, सुपरमैन की चर्चा के लिए एक बहुत ही रोचक तरीके से आधार तैयार करते हैं। उनका तर्क है कि नीत्शे के दर्शन में सृजन की धारणा बिल्कुल मौलिक है। जैस्पर की व्याख्या इस मायने में विशेष रूप से मूल्यवान है कि वह नीत्शे की सृजन की धारणा में निहित सभी विभिन्न अर्थों और अर्थ के स्तरों को इंगित करता है। जसपर्स का कहना है कि सृष्टि की धारणा

अनिवार्य रूप से अनिश्चित रहती है। यह पूरी तरह से बोधगम्य है, लेकिन केवल नीत्शे के पूरे दर्शन के संदर्भ में। श्रेष्ठ पुरुष और महामानव के बीच अंतर पर जोर देते हुए जसपर्स कहते हैं कि इतिहास में श्रेष्ठ पुरुष पहले ही प्रकट हो चुके हैं, लेकिन सुपरमैन अभी तक नहीं आया है।

नीत्शे ने 'राजनीतिक' और सामाजिक भूमिकाओं की अपनी अवधारणा को संशोधित किया जो सुपरमैन को अपने संदर्भ में मौजूद रहने की अनुमति देगा क्योंकि सुपरमैन के बीच पारस्परिक सहिष्णुता के संबंध में स्वयं-निर्माण करने वाले व्यक्ति को सामाजिक की प्रकृति को बदलने की शक्ति प्राप्त करनी होगी और 'राजनीतिक' निर्देश। इस प्रकार, सुपरमैन की संभावनाएं सह-अस्तित्व पर निर्भर करती हैं। अंततः सुपरमैन का सिद्धांत अपने साथ एक नई तरह की मानवता की दृष्टि लाता है और सुपरमैन भविष्य का 'विधायक/legislator' बन जाता है। नीत्शे धीरे-धीरे इस निष्कर्ष पर पहुंचता है कि सुपरमैन को भी अपने आप पर काबू पाने के लिए परिस्थितियों का निर्माण करना चाहिए।

संक्षेप में, यह कहा जा सकता है कि नीत्शे का सुपरमैन वर्तमान समाज में संभव नहीं है। वास्तव में, नीत्शे सुपरमैन से बहुत अधिक अपेक्षा करता है। वह मानव जाति को भूलकर अतिमानव को सर्वोच्च सत्ता बना देता है। नीत्शे के विचार राजनीति से प्रेरित प्रतीत होते हैं। नीत्शे की खुद पर काबू पाने और सत्ता की इच्छा के माध्यम से राजनीति में सर्वोच्च स्थान प्राप्त करने की अपनी आकांक्षा ने उन्हें सुपरमैन के बारे में सोचने के लिए प्रेरित किया। वास्तव में, अपने जीवनकाल में, वह बहुत स्पष्ट रूप से यह नहीं कह सका कि उसने स्वयं एक सुपरमैन बनने का मार्ग चुना है और वह एक सुपरमैन है, हालांकि उसने गोएथे/Goethe और अपने समय के अन्य महान व्यक्तित्व के बराबर होने का हर संभव प्रयास किया लेकिन असफल रहा सुपरमैन बनने के अपने प्रयास में बुरी तरह से।

वास्तव में, उसे मानव जाति में से एक सुपरमैन चुनने और उसके बाद उसे विकसित करने के बजाय मानव जाति को शानदार बनाने पर ध्यान केंद्रित करना चाहिए था।

आधुनिक संदर्भ में, मानव जाति, अतिमानव नहीं, समय की आवश्यकता है। ईमानदारी और बड़प्पन जैसे अच्छे गुणों को विकसित करके और ऊर्जा, बुद्धि, गर्व और शक्ति में सुधार करके मानव जाति को सद्भाव में रहने का अवसर दिया जाना चाहिए।

---

* सुपरमैन की नीत्शे की अवधारणा को सुपरमैन की अरबिंदो अवधारणा के विपरीत किया जा सकता है अरबिंदो का मानना है कि नए मानव समाज का विकास आध्यात्मिक रूप से रूपांतरित पुरुषों या सुपरमैन द्वारा किया जाएगा, जो पूरी तरह से अपनी इच्छा को दिव्य इच्छा के लिए आत्मसमर्पण कर देंगे, प्रेम और घृणा को अहंकार से ऊपर उठेंगे, ऊपर उठेंगे बुद्धि और बौद्धिक नैतिकता, मानव जाति के साथ खुद को पहचानें, और ईश्वर की इच्छा और ऊर्जा के जागरूक उपकरण बनें। वे अति मन के साथ काम करेंगे, और पृथ्वी पर परमेश्वर के राज्य को नीचे लाएंगे। यह अवधारणा यूटोपियन/utopian

और अवास्तविक/unrealizable लग सकती है, लेकिन अरबिंदो का मानना है कि यह अपरिहार्य/inescapable और अनूठा/irresistible है।

मार्टिन हाइडेगर के दर्शन में मानव स्वतंत्रता और उत्तरदायित्व

36

मार्टिन हेइडगेगर/MARTIN HEIDEGGER

MARTIN HEIDEGGER (1899-1976): Brief Sketch and Introduction

MARTIN HEIDEGGER (1899-1976)

Martin Heidegger

Heidegger in 1960

Born

26 September 1889, Meßkirch, Baden, German Empire

Died

26 May 1976 (aged 86), Meßkirch, West Germany

Education

Collegium Borromaeum [de], (1909–1911)[1]
University of Freiburg, (PhD, 1914; Dr. phil. hab. 1916)

Spouse(s)

Elfride Petri (m. 1917)

Partner(s)

Elisabeth Blochmann (1918–1969), Hannah Arendt (1924–1928)

Era

20th-century philosophy

Region

Western philosophy

School

Continental philosophy, Phenomenology, Hermeneutics, Ontological hermeneutics[2]
Hermeneutic phenomenology (early)[3], Transcendental hermeneutic phenomenology (late)[4], Existentialism, Existential phenomenology[5]

Institutions

University of Marburg, University of Freiburg

Theses

- *Die Lehrevom Urteil imPsychologismus. Ein kritisch-theoretischerBeitragzur Logik (The Doctrine of Judgment in Psychologism: A Critical-theoretical Contribution to Logic)* (1914)
- *Die Kategorien- und Bedeutungslehre des Duns Scotus (Duns Scotus's Doctrine of Categories and Meaning)* (1916)

Doctoral advisor

Arthur Schneider (PhD advisor), Heinrich Rickert (Dr. phil. hab. advisor)

Doctoral students

Hans Jonas

Main interests

- Ontology, Christian philosophy, Metaphysics, Art, Greek philosophy, Technology
- Language, Poetry, Thinking

Notable ideas

- Heideggerian terminology, *Dasein*, *Gestell*, Ontotheology, Ontological difference
- Existentials (*Existenzialien*), *Ekstase*, Sigetics (*Sigetik*), Hermeneutic circle, *Aletheia*
- Disclosure, Fundamental ontology, Forgetfulness of Being (*Seinsvergessenheit*)
- Dwelling (*Wohnen*), Language as the vehicle through which the question of Being can be unfolded[6], "Language speaks", Art's ability to set up a strife between "world" and "earth"[7]

Influences

- Anaximander, Aquinas, Aristotle, Augustine, Brentano, Dilthey, Thomas of Erfurt[8], Hartmann, Hegel
- Heraclitus, Hölderlin, Husserl, Jaspers, Kant, Kierkegaard, Laozi[9], Lask[10], Nietzsche, Parmenides
- Plato, Rickert, Duns Scotus, Jakob von Uexküll[11], Count Yorck

Influenced

- Agamben, Arendt, Beaufret, de Beauvoir, Blanchot, Borgmann, Bultmann, Derrida, Dreyfus, Dugin
- El-Bizri, Foucault, Gadamer, Habermas, Harman, Jaspers, Jonas, Kuki, Levinas, Löwith, Marcel, Marcuse, Marion, Meillassoux, Merleau-Ponty, Nancy, Norberg-Schulz, Patočka, Rahner, Rorty
- Sartre, Schürmann, Sloterdijk, Stiegler, Strauss, Zubiri

Courtesy -- Wikipedia

मार्टिन हेड्डगेगर

मार्टिन हाइडेगर का जन्म 1889 में हुआ था। वह ब्लैक फॉरेस्ट क्षेत्र से ताल्लुक रखते हैं और एक कैथोलिक किसान परिवार से आते हैं। वह पश्चिमी धर्मशास्त्र और दर्शन में प्रारंभिक युवाओं से सक्रिय रूप से रुचि रखते थे। 1915 में, उन्हें फ्राइडबर्ग में दर्शनशास्त्र में व्याख्यान मिला, जहाँ वे हुसरल के प्रभाव में आए, जो 1916-29 तक वहाँ दर्शनशास्त्र के प्रोफेसर थे। हाइडेगर ने एक उत्तेजक और मूल शिक्षक के रूप में ख्याति अर्जित की और 1923 में मारबर्ग में दर्शनशास्त्र के अध्यक्ष के लिए नियुक्त किया गया, जहाँ उन्होंने 1927

में प्रकाशित "SEIN AND ZEIT" लिखा। वे 1929 में हुसरल को सफल करने के लिए फ्रीडबर्ग लौट आए। वे रेक्टर चुने गए 1933 में हिटलर के सत्ता में आने के बाद, और अगले वर्ष की शुरुआत में इस पद से इस्तीफा दे दिया। ब्लैक फॉरेस्ट के पहाड़ में स्कीइंग हट के कठोर एकांत में रहने वाले हाइडेगर की 1976 में मृत्यु हो गई।

परिचय

मार्टिन हाइडेगर अस्तित्ववादी दर्शन से खुद को अलग कर लेते हैं, क्योंकि उनका सरोकार अस्तित्व की समस्या से है, न कि व्यक्तिगत अस्तित्व और इसके नैतिक हितों, मानवीय स्थिति से। इस सब के लिए, वह अनिवार्य रूप से अस्तित्ववादियों के बीच रखा गया है क्योंकि वह अपने विषयों और विचारों में और समस्याओं के इलाज में और भाषा में, साथ ही साथ कीर्केगार्ड को अपने कर्ज में और जिस प्रभाव का उन्होंने प्रयोग किया है, उनमें से एक है। अन्य, विशेष रूप से सार्त्र।

कीर्केगार्ड की तरह, हाइडेगर को भी धार्मिक रूप से पाला गया था, हालाँकि वे जीवन भर नास्तिक बने रहे। उनके पूरे दर्शन में कीर्केगार्डियन प्रभाव का उच्चारण जारी है। कीर्केगार्ड की तरह हाइडेगर का तर्क है कि वैचारिक विश्लेषण हमें यह ज्ञान देने के लिए पर्याप्त नहीं है कि वास्तव में क्या मौजूद है और क्या नहीं।

कीर्केगार्ड और हाइडेगर के बीच शैली में स्पष्ट अंतर के बावजूद, हम पाते हैं कि कीर्केगार्ड के केंद्रीय विचारों में से कई "सीन और ज़ीट" (बीइंग एंड टाइम) के भारी अकादमिक फॉर्मूलेशन में विस्तारित हैं। दोनों का व्यक्तिगत मानव अस्तित्व से सरोकार है। यह उन दोनों को 'मानव स्वभाव' के वैचारिक विश्लेषण विशेष विश्लेषण पर हमले की ओर ले जाता है। वे दोनों कहते हैं कि "वास्तविक आत्म" "नैतिक है, संज्ञानात्मक नहीं"।

यहाँ ध्यान हाइडेगर के पहले महान "अस्तित्ववादी" कार्य, "बीइंग एंड टाइम" पर केंद्रित होगा। वह खुद दावा करते हैं कि "बीइंग एंड टाइम" की परियोजना उनकी केंद्रीय चिंता बनी हुई है।

37
अस्तित्व की सर्वोत्कृष्टता

हाइडेगर "डेसीन/Dasein" ('होने/being' के लिए इस्तेमाल किया जाने वाला शब्द) का दार्शनिक है जो अस्तित्व के अलावा और कुछ नहीं है। कीर्केगार्ड जैसे हाइडेगर इस बात पर जोर देते हैं कि पसंद की स्वतंत्रता और इस स्वतंत्रता की मान्यता अस्तित्व का सार है।

मानव अस्तित्व पर हाइडेगर के विचारों पर विस्तार से चर्चा करने से पहले, मानव अस्तित्व पर पहले कीर्केगार्ड के विचार, मानव अस्तित्व पर पहले कीर्केगार्ड के विचार, अस्तित्ववाद के पिता कीर्केगार्ड के प्रति हाइडेगर की ऋणग्रस्तता दिखाने के लिए संक्षेप में बताए जाएंगे।

जैसा कि पहले उल्लेख किया गया है (अध्याय दो), कीर्केगार्ड केवल एक विशेष प्रकार के अस्तित्व से संबंधित है, अर्थात् व्यक्तिगत मानव अस्तित्व, कीर्केगार्ड एक बहुत ही विशेष अर्थ में व्यक्तिगत अस्तित्व की बात करता है, एक ऐसा अर्थ जिसमें एक व्यक्ति केवल एक जैविक, मनोवैज्ञानिक नहीं है। या सामाजिक प्राणी। लेकिन जिसमें एक आदमी एक 'इंसान/human being' है, एक ऐसा अस्तित्व जो किसी विशेष जीव के "मात्र अस्तित्व" से कहीं अधिक रोमांचक है। "अस्तित्व" की यह धारणा उन लोगों के लिए आरक्षित है जो व्यक्तियों के रूप में रहते हैं, जैविक रूप से नहीं बल्कि व्यक्तिगत रूप से उनके विचारों और उनके मूल्यों में।

कीरकेगार्ड इस बात की पुष्टि करता है कि मनुष्य अपने अस्तित्व को स्वयं के सामने 'साबित' नहीं करता है, बल्कि केवल उसका 'मुठभेड़/encounters' करता है। मनुष्य अपने अस्तित्व में शामिल है। मानव अस्तित्व का मूल उसकी संक्षिप्तता और व्यक्तिपरकता है जिसे मनुष्य केवल 'मौजूदा' के कार्य से ही समझ सकता है।

अपने अस्तित्व के साथ मनुष्य का सामना तब होता है जब उसे प्रामाणिक और अप्रमाणिक अस्तित्व के विकल्पों के बीच जीवन भर के लिए निर्णायक रूप से चयन करना होता है। मनुष्य को अपने संपूर्ण अस्तित्व के साथ इन विकल्पों में से एक को चुनना होता है, और वह जो चुनाव करता है, वह खुद को चुनता है या जिस तरह का अस्तित्व वह जीने

जा रहा है। मनुष्य, इस प्रकार चुनने की अपनी स्वतंत्रता के प्रयोग में अपने अस्तित्व का सामना करता है। मनुष्य का पूरा अस्तित्व उसकी पसंद में शामिल है और वह जो चुनाव करता है, वह अस्तित्व के स्तर को तय करता है। या तो वह नैतिक-धार्मिक अस्तित्व को चुनता है, ईश्वर के प्रति एक आंतरिक प्रतिबद्धता में प्रवेश करता है और इस तरह उसे पता चलता है कि वह एक 'मौजूदा/existing' व्यक्ति है, या वह खुद को पूरी तरह से वस्तुनिष्ठ सुखों में खो देता है और इस तरह यह भूल जाता है कि वह एक 'मौजूदा' व्यक्ति है। इस अस्तित्वगत चुनाव में मनुष्य अपने से बाहर कुछ भी नहीं चुनता है, बल्कि खुद को एक अद्वितीय व्यक्ति के रूप में अस्तित्व में रहने के लिए चुनता है या नहीं।

'अस्तित्व/existence' में हाइडेगर की रुचि किर्केगार्ड या जैस्पर्स की रुचि से अनिवार्य रूप से भिन्न है। उन्होंने इसे विश्लेषण करना अपना काम माना। अस्तित्व (मानव अस्तित्व/human existence) इस संबंध में 'अस्तित्व' उन्हें अस्तित्व की मूलभूत विशेषताओं के रूप में प्रतीत होता है। हाइडेगर अस्तित्व की "अस्तित्ववादी संरचना/existentialistic structure" से संबंधित है जो 'अस्तित्व' के लिए बुनियादी है। उनका उद्देश्य मानव अस्तित्व की संरचना का विश्लेषण करना है, जैसा कि वास्तव में है, "दुनिया", गैर-मानव और मानव की चीजों के संबंध में।

हाइडेगर एक दार्शनिक के रूप में मुख्य रूप से दुनिया में न केवल मन के रूप में बल्कि ठोस होने के रूप में मनुष्य के होने से संबंधित है। दुनिया में होना; मानवीय वास्तविकता को प्रकट करता है। "दसीन/Dasein" के रूप में अस्तित्व अपनी संभावना के प्रति अपने अस्तित्व में है। यह चुनता है और निर्णय लेता है और जहां तक इसके अस्तित्व का संबंध है, यह स्वयं को प्राप्त कर सकता है या खो सकता है। होने के दो मौलिक तरीके, प्रामाणिक रूप से और प्रामाणिकता में प्रतिष्ठित हैं, दोनों इस तथ्य पर निर्भर करते हैं कि "होना" अनिवार्य रूप से हमेशा मेरा अपना होता है।

होने की विशेषता गुण नहीं बल्कि "होने" के संभावित तरीके हैं। इसलिए, शब्द "दासीन" (होना) भी इसके "सार" को व्यक्त नहीं करता है, लेकिन "होने" का अर्थ है "वहां होना"। अस्तित्व के प्रकार को और अलग करने के लिए, 'अस्तित्व' शब्द विशेष रूप से इसके लिए लागू होता है।

"होना" जिसका अर्थ यहाँ जीवन के समान लिया गया है, और "अस्तित्व", जो व्यक्ति के लिए पूर्ण महत्व का है? मनुष्य की विशेषता है "दुनिया में होना"। हाइडेगर उस अर्थ को अलग करना चाहते हैं जिसमें अस्तित्व है, उस अर्थ से जिसमें, चीजों, घटनाओं, राज्यों, गुणों को कहा जाता है। "होने" की भावना जिसमें अस्तित्व है, इसलिए इसे "अस्तित्व" कहा जाएगा जिसमें मनुष्य की समझ सहित होने की समझ और समझ शामिल है। *

इस प्रकार, हम देखते हैं कि हाइडेगर ने जोर दिया कि मनुष्य दुनिया में 'होने' के रूप में मौजूद है। दुनिया में "होना" को अंततः दुनिया में मनुष्य का अस्तित्व कहा जाता है। मनुष्य का अस्तित्व ही संसार में अपनी उपस्थिति दर्शाता है। इसी दुनिया में मौजूद, मनुष्य चुनाव

करता है और इस प्रकार उसकी पसंद की स्वतंत्रता उसे मानव अस्तित्व के प्रामाणिक या अप्रमाणिक तरीके को चुनने के लिए बनाती है। प्रामाणिक और अप्रमाणिक दोनों ही रूपों में मनुष्य स्वयं को संसार से जोड़ता है। उनके बीच एकमात्र अंतर यह है कि जब प्रामाणिक अस्तित्व में मनुष्य अपने अस्तित्व की पूरी संरचना को ध्यान में रखते हुए दुनिया के साथ व्यवहार करता है, जिसमें उसकी भविष्य की संभावनाएं भी शामिल हैं, मनुष्य अपने अप्रमाणिक अस्तित्व में उनकी उपेक्षा करता है और हर दिन के अस्तित्व को वर्तमान व्यस्तता की वजह से खुद को 'खो' देता है। ।

हाइडेगर नास्तिक अस्तित्ववादी होने के नाते कीर्केगार्ड के नैतिक-धार्मिक और मानव अस्तित्व के सौंदर्य स्तरों के साथ समझौता नहीं है। हाइडेगर ईश्वर के प्रति मनुष्य की आंतरिक प्रतिबद्धता, और उसकी स्वतंत्रता और जिम्मेदारी पर चुप रहता है।

हाइडेगर ने खुद को अन्य अस्तित्ववादियों से अलग कर लिया है जो मानव प्रकृति की उपस्थिति में विश्वास करते थे। हाइडेगर के अनुसार, कोई 'मानव स्वभाव' नहीं है और इसलिए कोई मानवीय प्रयास नहीं हैं। हाइडेगर आगे कहते हैं कि हम दुनिया से अपना अर्थ प्राप्त नहीं करते हैं (मानव स्वभाव है), बल्कि यह कि दुनिया हमसे इसका अर्थ प्राप्त करती है। यह ध्यान रखना दिलचस्प है कि हाइडेगर ह्यूसरल का अनुसरण करते हुए, मानव प्रकृति के गैर-अस्तित्व की व्याख्या करते हुए, जो कहते हैं कि हम 'दुनिया के महत्व का गठन करते हैं'; हालांकि हाइडेगर ने स्वीकार किया है कि यह मान्यता हमारे जीवन की नींव को हिला देने वाली है।

---

* ऑन बीइंग ह्यूमन, रिचर्ड श्मिट पृष्ठ .15

38

मानवीय संभावनाएं

मानवीय संभावनाओं पर हाइडेगर के विचारों पर यहां चर्चा की जा सकती है। चूंकि अस्तित्व संभावनाओं का प्रक्षेपण है, इसलिए हमें इन संभावनाओं की प्रकृति और इस प्रक्षेपण की प्रकृति की जांच करनी चाहिए। यह ध्यान रखना महत्वपूर्ण है कि हाइडेगर का कहना है कि "अस्तित्व की संभावना है"। वह यह नहीं कहते कि अस्तित्व में संभावनाएं हैं। अस्तित्व स्वयं को चुनने की, स्वयं की अवधारणा तैयार करने की संभावना और आवश्यकता है। यह कहा जा सकता है, एक संभावना एक विकल्प है, और यह एक विकल्प है जिसे मनुष्य द्वारा चुना जा सकता है। एक संभावना को हमें एक विकल्प के साथ प्रस्तुत करने की आवश्यकता नहीं है जैसा कि हम हाइडेगर के कुछ उदाहरणों से देख सकते हैं। उदाहरण के लिए, वह 'संभव' और 'असंभव, संभावनाओं के साथ-साथ आवश्यक संभावना' की बात करता है। यदि संभावना आवश्यक है; तब यह चुनाव संभव नहीं है कि हम इसे अपनाएं या नहीं; मृत्यु एक ऐसी आवश्यक संभावना है। *

एक इंसान उसकी अपनी संभावना है। इसका मतलब यह है कि हमें सभी मनुष्यों के लिए संभावनाओं या क्षमताओं का एक सामान्य सेट खोजने की उम्मीद नहीं करनी चाहिए। हाइडेगर के अनुसार, कोई 'मानव स्वभाव' नहीं है, और इसलिए, कोई दिए गए मानवीय प्रयास नहीं हैं। हाइडेगर कहते हैं कि मनुष्य के लिए कोई प्राथमिक औचित्य नहीं है; एक छोर को दूसरे छोर पर चुनना और यह अपेक्षा करने का कोई प्राथमिक कारण नहीं है कि पुरुष एक छोर को दूसरे छोर पर चुनेंगे।

हाइडेगर के लिए एक संभावना दुनिया की कोई भी संरचना है जैसे, एक क्षितिज, "सीमित छवियों" का एक सेट। हाइडेगर के लिए, संभावनाएं केवल अनुभव या जानने की संभावनाएं नहीं हैं। कार्यों की संभावनाएं, मनोदशाओं की संभावनाएं, दृष्टिकोण और भावनाओं की संभावनाएं भी हैं। संभावनाएं दुनिया में होने की संभावित संरचनाएं हैं, और ये केवल इस तथ्य के आधार पर संभव हैं कि उनकी कल्पना मनुष्य द्वारा की जा सकती है। हाइडेगर के लिए संभावना, दुनिया में होने के लिए एक विचारणीय संरचना है। संसार

में मनुष्य की अजीबोगरीब संरचना के कारण, दुनिया में होने की कोई भी संरचना स्वयं प्राणियों की संरचना है।

मनुष्य के लिए उपलब्ध असीमित संभावनाओं के बावजूद (जो उसका अस्तित्व है, ये संभावनाएं संभावनाओं की एक साधारण जोड़ी पर आधारित हैं, प्रामाणिक होने की संभावना (स्वयं को जीतना और प्रामाणिक होने की संभावना (स्वयं को खोना) ये संभावनाएं बहुत अलग प्रकृति की हैं, विभिन्न "संभावनाएं" या लक्ष्य जैसे कलाकार, संगीतकार या राजनीतिक व्यक्ति आदि, जिन पर पुरुष असहमत हो सकते हैं।

ये संभावनाएं मनुष्य के अस्तित्व के लिए आवश्यक हैं; वे अस्तित्व की प्रकृति हैं। प्रामाणिकता और प्रामाणिकता सामान्य रूप से संभावनाओं के बीच मनुष्य के चयन के तरीके से संबंधित संभावनाएं हैं। चुनाव करने की आवश्यकता की स्पष्ट और ईमानदार मान्यता प्रामाणिकता है; किसी की पसंद (अपने स्वयं के रूप में) को पहचानने से इनकार करना प्रामाणिकता है। अस्तित्व संभावना है और इसलिए एक 'संभावना' जो मनुष्य के लिए खुली नहीं है वह है अपनी संभावनाओं को छोड़ देना।

मनुष्य सदा अपने को समझते हैं। उनके अस्तित्व के लिए, स्वयं की संभावना के संदर्भ में; खुद होना या न होना। मनुष्य ने या तो इन संभावनाओं को स्वयं चुना है, या स्वयं को उनमें समा लिया है, या उनमें पहले से ही पले-बढ़े हैं। मनुष्य अपना अस्तित्व तय करता है। यह नहीं कहा जा सकता कि मनुष्य के पास केवल तार्किक और भौतिक संभावनाएं हैं। मानवीय संभावनाएं तार्किक और भौतिक संभावनाओं की तुलना में उनके साथ अधिक घनिष्ठ रूप से जुड़ी हुई हैं। मनुष्य कुछ निश्चित तरीकों से अपनी प्रकृति की संभावनाओं को निर्धारित करता है और यही कारण है कि हाइडेगर इस बात पर जोर देता रहता है कि मानव होना "होने में सक्षम होना" है।1

इस प्रकार, हम देखते हैं कि हाइडेगर प्रामाणिकता, प्रामाणिकता और ऊपर वर्णित विभिन्न अन्य संभावनाओं की मानवीय संभावनाओं पर अपने विचार स्पष्ट रूप से बताता है। वह संभावना और संभावनाओं के बीच भेदभाव करता है। वह आगे अस्तित्व के प्रामाणिक और अप्रमाणिक तरीकों और उसकी संभावनाओं के बीच अंतर करता है; संभावनाएं मनुष्य के अपने आप से संबंध और दुनिया में उनके अस्तित्व को भी दर्शाती हैं। इसी दुनिया में रहते हुए, मनुष्य अपनी संभावनाओं को निर्धारित करता है; मनुष्य चुनाव करते हैं और चुनाव करते समय उन्होंने अपने लिए सबसे अच्छी संभावना को चुना। मनुष्य निरंतर एक ऐसा जीवन जीने का प्रयास करता है जो उसे भीतर से संतुष्टि की भावना देता है।

---

*मृत्यु मनुष्य की अंतिम संभावना है। यद्यपि मृत्यु एक आवश्यक संभावना है, फिर भी हम अपनी मृत्यु को स्वयं नहीं चुन सकते। इसलिए, यह कहा जा सकता है कि 'संभावना' का अर्थ केवल 'कुछ ऐसा नहीं है जिसे मनुष्य द्वारा चुना जा सकता है या नहीं चुना जा सकता

है। इसी तरह, 'असंभव संभावनाएं' हैं, उदाहरण के लिए, अमरता की असंभवता, या ईश्वर होने की हमारी इच्छा में असंभवता। फिर भी यह अपेक्षित अर्थों में हमारी संभावनाओं में से एक है। (तर्कवाद से अस्तित्ववाद तक, सोलोमन रॉबर्ट सी, पृष्ठ. 212)

39

प्रामाणिक और अप्रामाणिक अस्तित्व

मानव अस्तित्व पर हाइडेगर के विचारों पर यहां चर्चा की जाएगी। हाइडेगर हमें बताता है कि मनुष्य के अस्तित्व के दो तरीके हैं। ये हैं:

प्रथम- प्रामाणिकता/सत्यता/Authenticity और

द्वितीय- अप्रामाणिकता/In-authenticity

प्रामाणिकता/सत्यता और अप्रामाणिकता "स्वयं से एक व्यक्ति के संबंध" को संदर्भित करती है। प्रामाणिक व्यक्ति अपने बारे में पर्याप्त समझ के अनुसार सोचता और कार्य करता है जबकि असावधान व्यक्ति आँख बंद करके कार्य करता है। प्रामाणिकता/सत्यता और अप्रामाणिकता दोनों ही हर इंसान की संभावना है; ऐसा नहीं है कि कुछ पुरुष 'स्वाभाविक रूप से' प्रामाणिक हैं और अन्य नहीं हैं, प्रामाणिकता किसी के अस्तित्व, तथ्यात्मकता और पतन (बंधन) की पर्याप्त औपचारिक मान्यता पर निर्भर करती है। प्रामाणिकता अस्तित्व की उपेक्षा करती है और पतन (बंधन) में रहती है। यह स्पष्ट है कि प्रामाणिकता एक ऐसी चीज है जिसके लिए प्रयास किया जाना चाहिए। *

हाइडेगर बताते हैं कि कैसे मनुष्य स्वतंत्रता का उपयोग करके मानव अस्तित्व के प्रामाणिक मोड से मानव अस्तित्व की प्रामाणिक विधा प्राप्त करता है। मानव अस्तित्व की प्रामाणिक और अप्रमाणिक विधा के बीच हाइडेगर के अंतर को छिपाने के तरीके के संदर्भ में अच्छी तरह से समझा जा सकता है।

अस्तित्व की अप्रामाणिक विधा मनुष्य के बारे में इतना वर्णन नहीं है कि वह क्या है बल्कि वह क्या है जिसे उसने चुना है। मनुष्य, जैसा कि उन्होंने अप्रामाणिक होना चुना, वे इस अवस्था में एक निर्धारित समय के लिए रहते हैं और फिर स्वतंत्र चुनाव करते हैं और प्रामाणिक प्राणी बन जाते हैं।

मानव अस्तित्व की प्रामाणिक विधा से स्वयं को मानव अस्तित्व के प्रामाणिक मोड में बदलने के लिए "स्वतंत्रता" का उपयोग करता है। यह स्वतंत्रता अस्तित्व के अप्रामाणिक

मोड के दौरान छिपी रहती है और यह हमेशा मनुष्य द्वारा बरकरार रखी जाती है। किसी भी हालत में यह स्वतंत्रता नहीं खोनी चाहिए। मानव अस्तित्व की प्रामाणिक विधा और मानव अस्तित्व की अप्रामाणिक विधा की विशेषताओं पर चर्चा करना अनुचित नहीं होगा। सबसे पहले, हम देखेंगे कि हाइडेगर कैसे प्रामाणिक अस्तित्व की विशेषता बताते हैं और फिर इसे अप्रमाणिक अस्तित्व से जोड़ा जा सकता है।

हाइडेगर दुनिया के प्रति मनुष्य के तीन "मोड या व्यवहार" द्वारा प्रामाणिक अस्तित्व की विशेषता बताते हैं। (1) दुनिया में पहले से ही स्वयं की खोज, जो किसी के अस्तित्व की पहचान है। (2) समझना, दुनिया के प्रति किसी के दृष्टिकोण और परियोजनाओं के संबंध में संभावनाओं का प्रक्षेपण कौन सा है? (3) प्रवचन, जो स्पष्ट करने की क्षमता है।

प्रामाणिकता की इन तीन विशेषताओं में प्रामाणिकता के लक्षण वर्णन में उनके समकक्ष हैं।2

अप्रामाणिक व्यक्ति 'संसार में स्वयं को नहीं खोजता; बल्कि खुद को अस्पष्टता की स्थिति में पाता है, दैनिक 'अंतहीन' (अर्थहीन) गतिविधि के भंवर में फंस जाता है।

हाइडेगर ने मानव अस्तित्व की औसत रोज़मर्रा की स्थिति को (बंधन) की स्थिति के रूप में वर्णित किया, इसकी अपनी प्रामाणिक क्षमता से; (बंधन) की स्थिति में मनुष्य के होने की क्षमता प्रामाणिकता के तरीकों में प्रवेश करती है। अपने बंधन की स्थिति में, मनुष्य अपने लिए नहीं सोचता है और किसी भी व्यक्तिगत लक्ष्य या संभावना की पूरी तरह से कल्पना नहीं करता है जिसे उसे अपनी क्षमताओं के प्रयोग से अपने लिए विशेष रूप से महसूस करना है, लेकिन दूसरों द्वारा कही गई बातों को आँख बंद करके स्वीकार कर लिया जाता है और निर्देशित किया जाता है। अपने निर्णय और कार्यों में जनता की राय से। सार्वजनिक स्वीकृति के लिए निरंतर लालसा के परिणामस्वरूप जनता की राय के प्रति उसकी अंध अनुरूपता होती है, और यह मनुष्य के मानव अस्तित्व के अप्रामाणिक तरीकों की विशेषता है जो उसकी 'व्यक्तिगत स्वतंत्रता के नुकसान' का प्रतीक है।

मनुष्य की स्वतंत्रता की हानि उसके बंधन की स्थिति में शांति और सुरक्षा की झूठी भावना द्वारा समर्थित है जिसे वह प्रगति या आरोही के मामले के रूप में गलत व्याख्या करता है। बंधन की स्थिति 'बेकार बात', 'जिज्ञासा' और 'अस्पष्टता' की विशेषता है और इनसे मुक्ति आवश्यक है यदि मनुष्य को अपने स्वयं के होने की क्षमता की प्राप्ति के लिए खुद को फिर से उन्मुख करना है।

भय व्यक्तिगत जिम्मेदारी से मनुष्य की उड़ान में प्रकट होता है और दुनिया में प्रामाणिक अस्तित्व से उसके 'बंधन' को प्रकट करता है। चेतना मनुष्य को उसके अस्तित्व को उसके होने की क्षमता के प्रामाणिक बोध की ओर उन्मुख करके भय का सामना करने और स्वीकार करने की आवश्यकता के प्रति जागृत करती है। मनुष्य ने जिस तरह की सत्ता को अपनी क्षमता-की-साक्षात्कार की ओर उन्मुख किया है, वह स्वयं को उस बंधन की स्थिति से अलग माना जाता है जिसमें वह खुद को एक समान-अनेक मानता है। होने की

संभावना की प्राप्ति की ओर उन्मुख होने का प्रकार अस्तित्व की प्रामाणिक विधा है जिसे 'मुक्त होने' के रूप में वर्णित किया गया है, जो कि खो जाने से अलग है, जो अस्तित्व के अप्रमाणिक मोड की विशेषता है।

हाइडेगर ने इस प्रकार 'स्वतंत्रता' को मानव अस्तित्व की प्रामाणिक विधा की विशेषता के रूप में वर्णित किया। मनुष्य इस हद तक 'स्वतंत्र' हो जाता है कि वह अपने बंधन और खो जाने की विशेषता वाले मानव अस्तित्व के असावधान मोड से खुद को अलग करता है। मनुष्य अपने जीवन को अपने अस्तित्व की क्षमता की प्राप्ति की ओर उन्मुख करके मानव अस्तित्व की एक प्रामाणिक विधा का विश्लेषण करता है। इस प्रकार, संक्षेप में, यह कहा जा सकता है कि प्रामाणिक जीवन जिम्मेदारी की पहचान और पसंद की खुली सीमा है। इसका मत व्यक्ति को हमेशा अपने 'अस्तित्व के तरीके' की चिंता रहती है। जबकि, अप्रमाणिक जीवन जिम्मेदारी और किसी की पसंद को पहचानने से इनकार है।

---

* हाइडेगर हमें चेतावनी देते हैं कि प्रामाणिकता केवल हमारे लिए एक आदर्श हो सकती है। प्रत्येक व्यक्ति बंधन की प्रवृत्ति से संरचित होता है, और प्रत्येक क्रिया में प्रामाणिकता का रंग होता है। हालांकि प्रामाणिकता ही लक्ष्य है, हाइडेगर इस बात पर जोर देते हैं कि ज्यादातर लोग इसके खिलाफ प्रयास करते हैं; उनकी मौलिक प्रवृत्ति खुद को पहचानने से इंकार करना है। (बीइंग एंड टाइम, मार्टिन हाइडेगर, पृष्ठ. 143)

40

मानव स्वतंत्रता और जिम्मेदारी

हाइडेगर ने स्वयं कहा है कि दर्शनशास्त्र में उनकी स्थिति उनके समकालीन जेपी सार्त्र और कार्ल जसपर्स से मौलिक रूप से भिन्न है।

हाइडेगर की स्वतंत्रता की अवधारणा मानव अस्तित्व के प्रामाणिक और अप्रमाणिक तरीकों के बीच उनके अंतर में सामने आती है। मनुष्य की स्वतंत्रता में उसकी व्यक्तिगत पसंद का प्रयोग होता है ताकि वह अपनी अंतर्निहित क्षमता को विकसित, विकसित और महसूस कर सके, और यह स्वतंत्रता 'खो' जाती है जब वह अपने सभी निर्णयों और कार्यों को जनमत के अनुमोदन के अधीन करता है।

हाइडेगर के लिए स्वतंत्रता मानव अस्तित्व की प्रामाणिक विधा की विशेषता है, जो मनुष्य से संबंधित है। मनुष्य इस हद तक 'स्वतंत्र' हो जाता है कि वह मानव अस्तित्व के अप्रामाणिक तरीके से खुद को अलग कर लेता है। प्रामाणिक और अप्रामाणिक दोनों ही रूपों में मनुष्य संसार से संबंधित व्यवहार के संदर्भ में स्वयं को उससे संबंधित करता है। उनके बीच एकमात्र अंतर यह है कि अस्तित्व के प्रामाणिक तरीकों में मनुष्य अपने अस्तित्व की पूरी संरचना को ध्यान में रखते हुए दुनिया से संबंधित है, जिसमें स्वयं और इसकी भविष्य की संभावनाएं शामिल हैं। वह अपने अप्रामाणिक अस्तित्व में उनकी उपेक्षा करता है और रोजमर्रा के अस्तित्व के वर्तमान पूर्व-व्यवसायों में खुद को 'खो' देता है। प्रामाणिक अस्तित्व में मनुष्य की गतिविधि हमेशा उनके द्वारा निर्देशित होती है। चूँकि उसका अपना 'अस्तित्व' जिसे वह नज़रअंदाज़ करता है उसकी कोई गिनती नहीं है; लेकिन प्रामाणिक अस्तित्व में यह निर्देशित होता है कि उसे अपने अस्तित्व की भविष्य की जिम्मेदारियों को महसूस करने के लिए खुद से क्या कहना है।

हाइडेगर स्वतंत्रता की अवधारणा का वर्णन करने में सचेतन, अपराधबोध और विश्लेषण की अवधारणाओं को नियोजित करते हैं। विवेक 'देखभाल' की मूक पुकार है जो मनुष्य को मृत्यु की संभावना के सामने स्वतंत्रता के प्रामाणिक अस्तित्व का जीवन जीने के लिए

पसंद का विश्लेषण करने के लिए जागृत करती है; यह मनुष्य के अपराध-बोध को भी प्रकट करता है, जो उसके संसार में होने के लिए उसकी जिम्मेदारी में शामिल है, और जैसा कि उसके संसार में होने से संबंधित है। यह उसके अच्छे और बुरे दोनों कार्यों का आधार है। मनुष्य अपने कार्यों से दोषी नहीं बनता है, बल्कि अपने संसार में रहने के लिए प्रतिबद्ध और जिम्मेदार होने के कारण दोषी है, और यह अपने अस्तित्वगत 'अपराध' या दुनिया में होने के लिए बुनियादी प्रतिबद्धता के कारण है कि वह सक्षम है नैतिक अपराध या अच्छाई का। दुनिया में अपने सीमित और आकस्मिक अस्तित्व के लिए प्रतिबद्ध होने और जिम्मेदार होने के अर्थ में अस्तित्वगत अपराध को मनुष्य द्वारा स्वीकार किया जाना चाहिए यदि उसे दुनिया में अपने अस्तित्व को पहचानना है और अपनी व्यक्तिगत जिम्मेदारी से परहेज किए बिना एक प्रामाणिक जीवन जीना है।

स्वतंत्रता का जीवन जिसे व्यक्ति जीने का संकल्प करता है वह होने की एक श्रेष्ठ अवस्था नहीं है और अस्तित्व के किसी भी अति-मानव स्तर में एक इकाई का वादा नहीं करता है। स्वतंत्रता एक आध्यात्मिक नहीं बल्कि एक सांसारिक अवधारणा है, और स्वतंत्रता का जीवन पृथ्वी पर व्यक्ति द्वारा जीना है। एक जीवित वास्तविकता के रूप में, यह मानव अस्तित्व के सभी तीन पहलुओं से संबंधित है, अर्थात्, यह स्वयं (भविष्य) से आगे है, फेंका जा रहा है (अतीत) और गिर गया (वर्तमान)। स्वतंत्रता का जीवन मानव अस्तित्व है जो भविष्य में अपनी उच्चतम क्षमता की प्राप्ति की ओर उन्मुख है, और यह अनिवार्य रूप से व्यक्ति के अपने पिछले 'फेंकने' के लिए जिम्मेदारी की स्वीकृति का तात्पर्य है। अतीत की स्वीकृति और 'भविष्य' की ओर उन्मुखीकरण 'वर्तमान' रोज़मर्रा को उसकी संभावनाओं की प्राप्ति के लिए व्यक्ति के स्वतंत्र होने के प्रकाश में पूर्ण परिवर्तन के अधीन करता है।

मृत्यु की अवधारणा के बारे में हाइडेगर का विश्लेषण मानव अस्तित्व के प्रामाणिक और अप्रमाणिक तरीकों के बीच उस अंतर के आधार पर स्वतंत्रता की उनकी अवधारणा को और स्पष्ट करता है। *

स्वतंत्रता मनुष्य की मृत्यु की प्रामाणिक स्वीकृति से संबंधित है क्योंकि वह दुनिया में है, जिससे वह दुनिया में अपने आप से आगे होने के रूप में मृत्यु के लिए व्यक्तिगत प्रभार लेता है और स्थायित्व के भ्रम से धोखा देने से इनकार करता है और अपने दैनिक अस्तित्व की सुरक्षा।

दूसरी ओर, उनके समकालीन, कार्ल जैस्पर का आत्म अपनी व्यक्तिपरकता और एकांत में स्वतंत्रता है जो सचेत रूप से अपने सभी उद्देश्य अभिव्यक्तियों से खुद को अलग करता है और पारगमन की ओर उन्मुख होता है। जैस्पर की स्वयं के होने की धारणा, हाइडेगर के एक और समकालीन, जेपी सार्त्र की "POUR-SOI" (बीइंग-फॉर-सेल्फ) की धारणा से मिलती-जुलती है। उनमें से कोई भी स्वयं को बाहरी प्रतिबिंबित चेतना के साथ नहीं पहचानता है, लेकिन दोनों इसे मूल स्वतंत्रता के रूप में मानते हैं जो हमेशा दुनिया के

साथ अपनी वास्तविक पहचान से खुद को अलग करने की संभावना के रूप में मौजूद है। जसपर्स और सार्त्र दोनों ने मनुष्य की स्वतंत्रता की धारणाओं को उसके अस्तित्व के विषय-वस्तु पैटर्न से परे बढ़ाया। दोनों ने मनुष्य को अपने स्वयं के 'प्रामाणिक-अस्तित्व' के प्रति जागृत करने की आवश्यकता पर बल दिया, अपनी स्वतंत्रता और व्यक्तिगत जिम्मेदारी के बारे में जागरूकता के लिए, और दोनों ने धार्मिक अधिकार के प्रवेश को किसी की व्यक्तिगत स्वतंत्रता पर हमला माना। लेकिन उनके बीच एक बुनियादी अंतर है। सार्त्र का "POUR-SOI" (बीइंग-फॉर-सेल्फ) असहाय रूप से "EN-SOI" (बीइंग-इन-सेल्फ) के खिलाफ खड़ा है जिसमें यह अंतहीन संघर्ष करता है खुद को महसूस करने के लिए, लेकिन अलगाव की अपनी प्रवृत्ति और "EN-SOI" (बीइंग-इन-सेल्फ) में अपनी स्वयं की प्राप्ति की इसी क्षणिकता के कारण सुरक्षित रूप से ऐसा करने में असमर्थ है।

कार्ल जसपर्स का कहना है कि दुनिया में 'सीमाओं' के कारण आदमी दुनिया में निराश हो जाता है। जबकि सार्त्र का मानना है कि ब्रह्मांड मूल रूप से अर्थहीन, उद्देश्यहीन और बेतुका नहीं है। यह परोक्ष और बेतुके की अप्रत्यक्ष-अभिव्यक्ति है। यह परोक्षता का एक अप्रत्यक्ष-प्रकटीकरण है और इस प्रकार स्वतंत्रता प्रवृत्त के रूप में मनुष्य के आत्म-व्यायाम के क्षेत्र के रूप में कार्य करता है; अतिक्रमण से मुलाकात की ओर।

मानव अस्तित्व अनिवार्य रूप से मानव गतिविधि द्वारा गठित किया गया है। हाइडेगर कार्रवाई के त्याग के बजाय कार्रवाई में त्याग पर जोर देकर 'स्वतंत्रता' को 'गतिविधि' के साथ जोड़ता है, और स्वतंत्रता का यह नैतिक विवरण हाइडेगर के मानव अस्तित्व के गठन के रूप में स्वतंत्रता के औपचारिक विवरण से वांछनीय है।

इस प्रकार, सार्त्र की तरह, हाइडेगर भी मानते हैं कि स्वतंत्रता, मानव अस्तित्व की अंतर्निहित 'शून्यता' के अर्थ में मूल रूप से मानव अस्तित्व का ऑटोलॉजिकल 'सत्य' है और मनुष्य के प्रामाणिक अस्तित्व में इस 'सत्य' का अभ्यास स्वयं के रूप में प्रकट होता है नैतिक या नैतिक जीवन। हाइडेगर और सार्त्र दोनों के लिए, अपने अस्तित्व के लिए 'सत्य' होना भी नैतिक और नैतिक होना है।

जिम्मेदारी के प्रति हाइडेगर की चिंता के संबंध में, यह देखा जा सकता है कि दुनिया के प्रति चिंता का अनुभव करने के सभी प्रामाणिक तरीकों के लिए एक अप्रमाणिक समकक्ष है। यह संभव है कि एक आदमी अपने पूरे जीवन को असावधान अवस्था में गुजार सकता है, और वह कभी भी इससे बाहर नहीं निकल सकता है। लेकिन चिंतन उसके ध्यान को वास्तविक स्थिति की ओर ले जा सकता है और दुनिया में उसकी स्थिति के लिए उसकी आँखें खोल सकता है। यह स्थिति सबसे ऊपर जिम्मेदारी की स्थिति है।

मनुष्य को मनुष्य के रूप में संसार में अपनी अनूठी स्थिति का एहसास होता है। मनुष्य को आगे यह एहसास होता है कि वह और वह अकेला है जो दुनिया के लिए जिम्मेदार हैं। संसार के साथ मनुष्य का संबंध अनिवार्य रूप से चिंता का विषय है (चूंकि मनुष्य की महत्वाकांक्षाएं हैं, कुछ चीजों को बाधा के रूप में मानता है, कुछ को अपने लिए सहायक

मानता है)। मनुष्य आगे उस महत्व को स्वीकार करता है जो बाकी सभी चीजों से जोड़ते हैं। जब मनुष्य अपने बारे में सच्चाई देखता है, तो वह देखता है कि सामान्य तौर पर लोग वास्तव में उसके जीवन के लिए महत्व का स्रोत नहीं हो सकते हैं। इस प्रकार मनुष्य स्वयं को संसार में अकेला पाता है। धीरे-धीरे मनुष्य संसार के प्रति अपनी चिन्ता के स्वरूप को दृढ़तापूर्वक बदलता है, और अपनी एकाकी और उत्तरदायित्वपूर्ण स्थिति को अपनी आँखों के सामने रखता है; उन्होंने संकल्प का प्रयोग किया और खुद को प्रामाणिक अस्तित्व में आगे बढ़ाया।

संक्षेप में, यह कहा जा सकता है कि हाइडेगर के लिए, स्वतंत्रता प्रामाणिक अस्तित्व की विशेषता है। स्वतंत्रता एक व्यक्ति की व्यक्तिगत पसंद के अलावा और कुछ नहीं है जो मनुष्य को अपनी अंतर्निहित क्षमता को विकसित करने, विकसित करने और महसूस करने में मदद करती है। और यही अनुभूति मनुष्य को उसके कृत्यों के लिए जिम्मेदार महसूस कराती है। इस दुनिया में मौजूद मनुष्य को अपनी व्यक्तिगत जिम्मेदारी से महसूस किए बिना जीवन का एक प्रामाणिक तरीका जीना चाहिए और यह केवल मनुष्य का सच्चा जीवन और मानव अस्तित्व का उद्देश्य है।

---

*अस्तित्ववादी अवधारणाएं और हिंदू दार्शनिक प्रणाली, जी. श्रीनिवासन, पृष्ठ. 165

41
लोगों के अंतर्संबंध

"SEIN AND ZEIT" (अस्तित्व और अस्तित्व) में हाइडेगर की मुख्य चिंता सामान्य रूप से 'होने' की समस्या है। यह स्पष्ट नहीं है कि यह समस्या क्या है, लेकिन किसी भी दर पर इसके समाधान के लिए दृष्टिकोण को मनुष्य की प्रकृति के विचार के माध्यम से कहा जाता है, जो अपनी अनूठी क्षमता के कारण समग्र रूप से एक विशेष संबंध में खड़ा है। इस पर सवाल उठाने के लिए। संसार में मनुष्य ही एकमात्र ऐसा प्राणी है जो संपूर्ण होने की प्रकृति पर विचार करने में सक्षम है और इसलिए एक अनोखे तरीके से इसके संपर्क में है। मनुष्य को 'संभावित अस्तित्व' के रूप में परिभाषित किया गया है। कहने का तात्पर्य यह है कि मनुष्य हमेशा किसी भी क्षण जो कुछ भी है उससे आगे निकल जाता है। वह हमेशा भविष्य की ओर खिंचता रहता है और किसी ऐसी चीज की ओर लक्ष्य रखता है जो वह अभी तक नहीं है। इसके अलावा, "मनुष्य अलगाव में नहीं है"। उसका अस्तित्व "दुनिया में अस्तित्व" है, और इसलिए वह न केवल उस भौतिक स्थिति से, जिसमें वह खुद को पाता है, बल्कि महत्वपूर्ण रूप से, दुनिया के अन्य लोगों द्वारा, अपने विचार और क्रिया के हर तरीके में वातानुकूलित है। अन्य लोगों के साथ बंधे रहना हम में से प्रत्येक के अस्तित्व का एक अनिवार्य तरीका है। मनुष्य का होना 'साथ रहना' है; पुरुष इसी दुनिया में एक साथ रहते हैं और खुद को एक समाज समूह का सदस्य मानते हैं। यही समूह व्यापक रूप से मानव जाति है। हाइडेगर एक सामाजिक समूह के रूप में रहने वाले पुरुषों के प्रामाणिक और अप्रमाणिक अस्तित्व के बीच अंतर करते हैं। एक प्रकार के सामान्यीकृत व्यक्ति के रूप में अपनी भूमिका को स्वीकार करना, पूरी तरह से सामाजिक समूह के हिस्से के रूप में, इससे संतुष्ट होना, प्रामाणिक रूप से जीना है। दूसरी ओर, अकेले एक व्यक्ति के रूप में अपनी संभावनाओं को तलाशना, महसूस करना संभव है; और मानो कोई अलग और स्वतंत्र हो। यह प्रामाणिक अस्तित्व है।3

हाइडेगर का कहना है कि मनुष्य मुख्य रूप से एक सामाजिक प्राणी है, दूसरों के साथ रहने वाला। अस्तित्ववाद की समस्या मनुष्य का अकेलापन नहीं है, बल्कि वह दूसरों के साथ जो प्रतिबंधात्मक अप्रमाणिक संबंध बनाता है, वह है। हाइडेगर के अस्तित्ववाद का

जोर हमें उन संबंधों में से कुछ को दूसरों के साथ तोड़ने के लिए मजबूर करना है। मनुष्य पहले अच्छा नागरिक है, औसत मनुष्य है, दैनिक प्राणी है। अस्तित्वपरक पूछताछ का कार्य उसे इस सामाजिक ढांचे से मुक्त करना है और उसे अपनी संभावनाओं, या अपने प्रामाणिक स्व को खोजने की अनुमति देना है। मनुष्य मुख्य रूप से अपने बारे में चिंतित है, अपने स्वयं के 'स्व' के बारे में। अन्य स्वयं को जानने के लिए, पहले स्वयं की सराहना करना सीखना चाहिए। मेरे अस्तित्व में, मेरी परियोजनाओं द्वारा गठित होने और वस्तुओं के साथ मेरे संबंधों में मेरा अस्तित्व-दूसरों के साथ शामिल है जो दुनिया में भी हैं, दूसरों का अस्तित्व होना एक आवश्यकता है और मेरा गठन है होना और उसमें निहित है। उदाहरण के लिए, शिक्षक के रूप में; शिक्षक का तात्पर्य छात्र से है; और सुई के रूप में; सुई का तात्पर्य एक धागा और कपड़ा दोनों से है; होने की प्रकृति आम है, मानव अस्तित्व आदिम में एक साझा अस्तित्व है और दूसरों की मेरी चेतना से प्राप्त पूर्ण आत्म-चेतना और आत्म-पुष्टि का गठन है।

दूसरों के बारे में हमारा प्रारंभिक अनुभव चीजों का अनुभव नहीं है; लेकिन न तो हम पहले एक व्यक्ति के रूप में दूसरे का सामना करते हैं, बल्कि दूसरे के साथ हमारी पहली मुलाकात उपकरण के रूप में दुनिया के साथ हमारी प्राथमिक मुठभेड़ की तरह होती है। दूसरों को उद्देश्यों की पूर्ति के लिए नियोजित किया जाना है; हालांकि, दूसरों के साथ सम्मानजनक 'प्रामाणिक' संबंध हो सकते हैं।

हाइडेगर ने एक दूसरे के साथ पुरुषों के संबंधों की अपनी चर्चा के दौरान अंतर-व्यक्तिगत संबंधों में विस्तार से नहीं गए हैं।

इस प्रकार यह कहा जा सकता है कि इस संसार में रहने वाला मनुष्य दूसरों के अस्तित्व को पहचानता है। मनुष्य अकेला नहीं रह सकता। अपने उद्देश्यपूर्ण लक्ष्यों को पूरा करने के लिए उसे दूसरों की आवश्यकता होती है। वह न केवल अपने लिए बल्कि दूसरों के लिए भी सह-अस्तित्व में है। वास्तव में, मनुष्य अनिवार्य रूप से दूसरों के लिए है। वह दूसरों से अविभाज्य है क्योंकि मनुष्य अन्य पुरुषों से संबंधित है और उनकी शक्ति और क्षमता को बढ़ाता है। उनके साथ रहते हुए, वह खुद को उनके साथ और इसके विपरीत पहचानता है। मनुष्य अंततः सामाजिक समूह का हिस्सा है और समाज में उसकी एक विशिष्ट भूमिका है। इन सामाजिक भूमिकाओं को मनुष्य द्वारा नहीं बल्कि स्वयं समाज द्वारा परिभाषित किया जाता है।

42

मृत्यु और उसका महत्व

मार्टिन हाइडेगर के मानव अस्तित्व की व्याख्या में मृत्यु एक केंद्रीय स्थान रखती है। हाइडेगर ने देखभाल के संदर्भ में मानव अस्तित्व के अपने प्रभावशाली विश्लेषण का निर्माण किया, इसकी तीन गुना संरचना संभावना, वास्तविकता और बंधन के साथ। मृत्यु को अस्तित्वगत विश्लेषण में एक मौलिक ऑन्टोलॉजी/ontology के रूप में एक महत्वपूर्ण स्थान प्राप्त होता है, जो सामान्य रूप से होने के प्रश्न में एक ब्रिजहेड (bridgehead) प्रदान करना है। मृत्यु की घटना का महत्व हाइडेगर के संपूर्ण ऑन्टोलॉजी में फैला हुआ है। यह वास्तव में हमें अस्तित्व के 'भूलने' से वापस बुलाता है और अस्तित्व के साथ टकराव जैसा कुछ संभव बनाता है।

हाइडेगर का अपना विश्वास है कि मृत्यु वास्तव में अस्तित्व की संरचना में प्रवेश करती है, क्योंकि अस्तित्व स्वयं एक मृत्यु की ओर है। अस्तित्व मर रहा है, और मृत्यु हमारे लिए मौजूद है और, एक तरह से, उस तक पहुंच योग्य है, हालांकि हम सामान्य रूप से अपना ध्यान इससे दूर कर देते हैं।[4] लेकिन यह देखने के लिए कि हाइडेगर मृत्यु की इस समझ की ओर कैसे ले जाता है, अस्तित्व पर निम्नलिखित चर्चा मौत का सवाल इसकी कीमत साबित करेगा।

मृत्यु की अवधारणा का हाइडेगर का विश्लेषण मानव अस्तित्व के प्रामाणिक और अप्रमाणिक तरीकों के बीच उनके अंतर को स्पष्ट करता है। मृत्यु मानव अस्तित्व की अंतरतम, अपूरणीय और अपरिहार्य संभावना है। यह केवल एक बाहरी घटना नहीं है जो मानव अस्तित्व को उसके इतिहास के निश्चित बिंदु पर समाप्त कर देती है बल्कि उसमें मौजूद है; मानव अस्तित्व शुरू से ही, संरचनात्मक रूप से अंतर्निहित होने के कारण, मनुष्य का संसार में होना, समय के साथ, हमेशा मृत्यु की ओर ले जाता है। मृत्यु की संभावना में मानव अस्तित्व का संरचनात्मक प्रक्षेपण इसकी अन्य सभी संभावनाओं को विशुद्ध रूप से 'आकस्मिक' बना देता है, भले ही वे विकल्प के रूप में मौजूद हों। मृत्यु, इस अर्थ में, मानव अस्तित्व की सबसे महत्वपूर्ण संभावना है जो अपनी अन्य सभी संभावनाओं और

वास्तविकताओं को आकस्मिक और क्षणिक प्रदान करती है।

यह मृत्यु है, या मृत्यु का खतरा है, जो प्रामाणिकता को संभव बनाता है। प्रामाणिकता मौलिक रूप से मौत का सामना कर रही है और अपनी संभावना के रूप में स्थायी है। संभावना के रूप में मृत्यु भविष्य में निहित है। वास्तव में, यह भविष्य की सीमा पर स्थित है, इसे बंद कर रहा है। मृत्यु के आगे और कोई संभावना नहीं है। यदि मृत्यु संभावना के रूप में भविष्य से संबंधित है, तो यह अस्तित्व की वास्तविकता से भी संबंधित है।

यह मानव अस्तित्व में कुछ आकस्मिक या सामयिक नहीं है, बल्कि कुछ ऐसा है जिसमें हर अस्तित्व पहले से ही फेंक दिया गया है। जन्म लेना पहले से ही मृत्यु के रास्ते पर होना है, इस प्रकार मृत्यु हमें हमारी विरासत के हिस्से के रूप में हमारे अस्तित्व के साथ सौंप दी गई है। हम इसे निष्क्रिय रूप से ले सकते हैं या हम इसे सक्रिय रूप से उपयुक्त बना सकते हैं। हालांकि, हम किसी भी परिस्थिति में इससे दूर नहीं हो सकते। यह हमारे अस्तित्व का एक निश्चित कारक है।

हाइडेगर के लिए, मृत्यु अस्तित्व का "अंत" है जिससे मनुष्य एक "संपूर्ण" बन जाता है और जो जीवन को अंततः सार्थक बनाता है। मृत्यु हमेशा किसी की अपनी मृत्यु होती है, और इसे विकृत रूप से अनुभव नहीं किया जा सकता है। हाइडेगर का कहना है कि कोई भी दूसरे के लिए मर नहीं सकता है, दूसरे के मरने को उससे दूर ले जाने और दूसरे के लिए अपनी मौत का प्रदर्शन करने के अर्थ में। बेशक, यह सच है कि एक व्यक्ति दूसरे के लिए अपनी मृत्यु के लिए जा सकता है, इस अर्थ में, शायद किसी विशेष या निश्चित स्थिति में दूसरे के जीवन को बचाने के लिए, अधिक या कम समय के लिए। हालांकि, इस तरह के 'दूसरे के लिए मरना' कभी भी यह संकेत नहीं दे सकता है कि दूसरे ने अपनी मृत्यु को थोड़ी सी भी दूर ले लिया है। इसलिए, दूसरों की मृत्यु को देखकर मृत्यु की समझ तक पहुँचने का सफल प्रयास कम से कम इस मान्यता की ओर ले जाता है कि मृत्यु अहस्तांतरणीय है।

हाइडेगर आगे कहते हैं कि मृत्यु एक ऐसी चीज है जो आमतौर पर दूसरों के साथ होती है, और इस प्रकार अब मुझे इससे कोई सरोकार नहीं है; एक बार जब मेरे साथ ऐसा होता है, तो मुझे अपने जीवन में शामिल किसी भी चीज़ के बारे में चिंतित होने में बहुत देर हो जाती है क्योंकि यह जीवन का हिस्सा नहीं है।

दूसरी ओर कार्ल जसपर्स का मत है कि मृत्यु मानवीय स्थिति में निहित एक सीमा है। दुनिया में मानव जीवन भयानक असुरक्षा और सार्वभौमिक सीमा के रूप में मृत्यु की अपरिवर्तनीयता (उपचार योग्य नहीं) से भरा हुआ है। मानव अस्तित्व मृत्यु को निश्चित रूप से स्वीकार करना सीखता है। कार्ल जसपर्स का कहना है कि "मृत्यु, जब तक मैं इसे भूल रहा हूं या इससे भाग रहा हूं या केवल इसे अपरिहार्य अंत के रूप में नोट कर रहा हूं, यह अस्तित्व की दुनिया में एक अनुभवजन्य वस्तु के बारे में एक अनुभवजन्य तथ्य है। यह मेरे जीवन का गठन नहीं है, और जहाँ तक यह नहीं है, मैं स्वयं होने के स्तर पर नहीं जी रहा हूँ। मेरी मौत मौजूद है; यह उस घटना से मेरे संबंध का गठन है जिसमें मेरा पूरा जीवन

प्रकट होता है। यह उस अर्थ पर प्रश्नचिह्न लगाता है जिसमें, मैं अपने वस्तुनिष्ठ रूप की घटनाओं से अधिक हूं। जब मैं मृत्यु से एक मित्र को खो देता हूं जिसके साथ मैं संचार में रहता था, तो संचार टूट जाता है लेकिन खोए हुए की उपस्थिति पूरी तरह से नष्ट नहीं होती है, और इससे मेरी निष्ठा बनी रहती है और मुझे प्रभावित करती रहती है। इस प्रकार, मृत्यु केवल एक सीमा नहीं है बल्कि एक सुराग और प्रमाण भी है"।5

हाइडेगर के लिए, मृत्यु मनुष्य की अंतिम संभावना है। यह मनुष्य के जीवन का 'अंत (लक्ष्य और समाप्ति) है। जेपी सार्त्र, दूसरी ओर, हालांकि, मृत्यु के महत्व को स्पष्ट रूप से स्वीकार करता है लेकिन जीवन के लक्ष्य के रूप में इसके मूल्य को नकारता है। सार्त्र के लिए, निश्चित रूप से, मृत्यु मुझे मेरी प्रत्येक परियोजना के दिल में उनके अपरिहार्य रिवर्स साइड के रूप में सताती है। सार्त्र के लिए मृत्यु मानव जीवन की केवल एक "सीमा" है, और यह मेरे जीवन का या मेरे भविष्य का हिस्सा या मेरी संभावनाओं का हिस्सा नहीं है। यह मेरी संभावना नहीं है लेकिन... संभावना है कि मेरे लिए अब कोई संभावना नहीं है...। मृत्यु मेरे प्रोजेक्ट्स में कोई बाधा नहीं है... क्योंकि मृत्यु मेरी व्यक्तिपरकता से परे है। मेरी विषयवस्तु में इसके लिए कोई स्थान नहीं है। मेरी विषयवस्तु में इसके लिए कोई स्थान नहीं है। सार्त्र के लिए, मृत्यु किसी भी प्रकार का लक्ष्य नहीं है। मृत्यु बस उसकी संभावनाओं का अंत है। यह उसकी संभावनाओं में से एक नहीं है।

हाइडेगर के लिए, सोरेन आबे किर्केगार्ड के लिए, मृत्यु पूरे जीवन में व्याप्त है और यह मृत्यु है जो हमें अपने "सच्चे" स्वयं को महसूस करने में मदद करती है। मृत्यु मेरे समय को सीमित करके मेरी संभावनाओं को सीमित कर देती है। अगर मेरे पास अनंत समय होता, तो मैं सब कुछ करने के लिए बस इंतजार कर सकता था। मृत्यु के ज्ञान के साथ, जीवन और अधिक जरूरी हो जाता है, और समय सार्थक हो जाता है। आसन्न मृत्यु का ज्ञान जीवन को अर्थ देता है, एक ऐसा अर्थ जो एक शाश्वत जीवित प्राणी के पास नहीं होगा। यह मेरी व्यक्तिगत मृत्यु है जो मेरे व्यक्तिगत अस्तित्व की "नग्नता" को उजागर करती है।

हाइडेगर के लिए, किर्केगार्ड के लिए, मृत्यु की केंद्रीय समस्या यह है कि हम इसे समझ नहीं सकते हैं। मृत्यु स्वयं को एक ऐसी चीज के रूप में प्रकट करती है जिसका कोई उपाय नहीं है। मृत्यु हमारे लिए एक साधारण "कुछ नहीं" है।

सार्त्र और हाइडेगर की तरह, कीर्केगार्ड व्यक्ति की मृत्यु की अवधारणा के स्वतंत्रता के जीवन के साथ घनिष्ठ संबंध को पहचानता है। मृत्यु की प्रत्याशा उसके सभी निर्णयों पर फर्क करती है और उसके जीवन को अप्रमाणिक से अस्तित्व के प्रामाणिक मोड में बदल देती है। लेकिन कीर्केगार्ड यह नहीं मानते हैं, हाइडेगर और सार्त्र की तरह, मानव अस्तित्व "शून्यता" तक कम हो गया है और मृत्यु में इसके विनाश के सामने बेकार हो जाता है। कीरकेगार्ड का कहना है कि यह एक अनंत मूल्य प्राप्त करता है जितना कि यह एक आंतरिक ईश्वर-संबंध में भाग लेता है। जैसा कि सार्त्र का मानना है, व्यक्ति का प्रामाणिक जीवन अंततः उद्देश्यहीन नहीं है, बल्कि इसका सर्वोच्च उद्देश्य ईश्वर के साथ संबंध स्थापित

करना है।

हाइडेगर का अपना दर्शन स्पष्ट रूप से मृत्यु, क्षणभंगुरता और परिमितता को स्वीकार करता है। फिर भी हम पहले से ही उनके, साथ ही, कीर्केगार्ड, जैस्पर्स और सार्त्र की मृत्यु की अवधारणा को देख चुके हैं, जो इसके होने वाले सकारात्मक महत्व से प्रभावित हैं और जो हमें किसी भी कर्मकांडीय व्याख्या से परे इंगित करता है। यह सकारात्मक महत्व दो गुना प्रतीत होता है।

1. सबसे पहले, मृत्यु विनाशकारी के बजाय एकीकृत हो जाती है। एक प्रामाणिक अस्तित्व जो मृत्यु की दृढ़ता से प्रत्याशा करता है और सभी जीवितों को भी मरता हुआ समझता है, रोजमर्रा के अस्तित्व की तुच्छता से परे है और अर्थ और एकता को प्राप्त करता है। मृत्यु इसे संभव बनाती है। यह स्वयं के लिए रचनात्मक हो जाता है।

2. दूसरे स्थान पर, मृत्यु या, अधिक सटीक रूप से, मृत्यु के सामने चिंता, मनुष्य को होने के बारे में भूलने से याद करने और उसे होने के आश्चर्य के लिए जागृत करने की सकारात्मक भूमिका है। यह शून्यता का अनुभव है जो होने के बारे में जागरूकता लाता है और उस "प्राचीन" सोच के लिए रास्ता तैयार करता है, एक ध्यानपूर्ण सोच जिसमें मनुष्य होने का संचार प्राप्त करता है।

निष्कर्ष निकालने के लिए, हाइडेगर, सार्त्र और कीर्केगार्ड के लिए मृत्यु का महत्व इस तथ्य पर आधारित है कि मृत्यु पूरे जीवन में व्याप्त है और जीवन को अर्थ देती है। लेकिन अकेले सार्त्र के लिए जीने का लक्ष्य मौत नहीं है। हाइडेगर, सार्त्र और कीर्केगार्ड के लिए मृत्यु, मनुष्य को अपने जीवन को अप्रामाणिक से प्रामाणिक अस्तित्व में बदलने में मदद करती है, लेकिन सार्त्र और हाइडेगर का मानना है कि मृत्यु मानव अस्तित्व को "शून्यता" में बदल देती है और अंततः मानव अस्तित्व योग्य हो जाता है यदि मनुष्य ईश्वर के साथ आंतरिक संबंध में प्रवेश करता है; जबकि, कार्ल जसपर्स के लिए, मृत्यु मानवीय स्थिति में निहित एक सीमा है।

मृत्यु निश्चित है और जीवन का एक कठिन तथ्य है, हालांकि यह जीवन का गठन नहीं है। मृत्यु मनुष्य का व्यक्तिगत अनुभव है। मनुष्य को मृत्यु को केवल सीमा के रूप में नहीं, बल्कि मानवीय स्थिति में मौजूद एक सुराग और एक प्रमाण के रूप में स्वीकार करना पड़ता है। अंत में, मैं इस निष्कर्ष पर पहुँचता हूँ कि मृत्यु केवल एक "सीमा" है, बल्कि मानव जीवन की सीमा है। मृत्यु के साथ जीवन का अंत होता है। प्रत्येक व्यक्ति का जीवन काल निश्चित रूप से निश्चित होता है, उसके बाद उसे मृत्यु का सामना करना पड़ता है। मृत्यु अपरिहार्य और आसन्न है। कोई भी जीव मृत्यु से नहीं बच सकता। हालांकि मृत्यु जीवन को सीमित करती है लेकिन यह जीवन की गतिविधियों में बाधा नहीं है। मनुष्य में मृत्यु का भय जीने की प्रक्रिया को धीमा कर देगा।

मृत्यु के इस भय या जागरूकता के तहत, मनुष्य पूरे दिल से काम नहीं कर सकता है और वह जल्द ही अपनी परियोजनाओं या लक्ष्यों के प्रति उदासीनता की भावना विकसित

करेगा और निश्चित रूप से यह दिन-प्रतिदिन के जीवन को प्रभावित करेगा। और अंत में, मनुष्य शून्य हो जाएगा और मृत्यु के संपर्क में आने के बाद उसका जीवन समाप्त हो जाता है, बेकार हो जाता है और अपना महत्व खो देता है।

43

जीन पॉल सार्त्र/JEAN PAUL SARTRE

JEAN PAUL SARTRE (1905-1980): Brief Sketch and Introduction

JEAN PAUL SARTRE (1905-1980)

Jean-Paul Sartre

Sartre in March 1967

Born

Jean-Paul Charles Aymard Sartre, 21 June 1905

Paris, France

Died

15 April 1980 (aged 74), Paris, France

Education

École Normale Supérieure, University of aris[1] (B.A.; M.A., 1928)

Partner(s)

Simone de Beauvoir (1929–1980; his death)

Era

20th-century philosophy

Region

Western philosophy

School

Continental philosophy, existentialism, phenomenology, existential phenomenology,[2]hermeneutics,[2]Western Marxism, anarchism (late)

Main interests

Metaphysics, epistemology, ethics, consciousness, self-consciousness, literature, political philosophy, ontology

Notable ideas

Bad faith, "existence precedes essence", nothingness, "Hell is other people", situation, transcendence of the ego ("every positional consciousness of an object is a non-positional consciousness of itself"),[3][4]Sartrean terminology

Influences

- Kierkegaard,[2]de Beauvoir, Flaubert, Hegel, Heidegger, Husserl, Bergson, Kojève, Wahl, Bachelard, Darwin, Freud, Marx, Stekel, Merleau-Ponty, Nietzsche, Nizan, Levinas, Proust, Céline, Lefebvre,[5]Rousseau[6]

Influenced

- Aron, Camus, de Beauvoir, Fanon, Guevara, Laing, Goffman, Merleau-Ponty, Gorz, Lukács, Debord, Deleuze, Jeanson, Leibowitz, Lacan, Quito, Pinter, Rancière, Badiou, Bourdieu, van Fraassen, Butler

Courtesy -Wikipedia

जीन पॉल सार्त्र

सार्त्र का जन्म 1905 में फ्रांस में हुआ था। उन्होंने पेरिस में इकोले नॉर्मले सुपीरियर/Ecole Normale Superieure में अध्ययन किया। वह लीसी/Lycee में पढ़ाने के लिए हावरे/Havre गए थे। 1934 में जर्मनी के बर्लिन में फ्रांकोइस/Francois संस्थान में जाने से पहले उन्होंने लीसी में हेनरी चतुर्थ को पढ़ाया। 1935 में वे लीसी के कर्मचारियों में शामिल हो गए। 1939-41 तक, वह सेना में था, और जर्मनी में युद्ध बंदी के रूप में नौ महीने बिताए। अपनी रिहाई के बाद, वह 1941-44 तक प्रतिरोध आंदोलन में सक्रिय रहे। इस बीच 1942

में उन्होंने अपने साहित्यिक कार्यों के लिए खुद को समर्पित करने के लिए लीसी कोंडोरसेट/ Lycee Condorcet के कर्मचारियों/staff से इस्तीफा दे दिया। उन्होंने 1945 में अपनी स्थापना के बाद से मासिक समीक्षा लेस टेम्प्स मॉडर्न का संपादन किया। 1980 में उनकी मृत्यु हो गई।

परिचयः

कई युवा और सक्षम फ्रांसीसी दार्शनिकों ने हाइडेगर के विचार में कुछ नया और महत्वपूर्ण पाया जो उनकी पीड़ा की भावना का जवाब देता है। विचारकों के एक छोटे से सर्कल में, हाइडेगर का प्रभाव सीधे फ्रांस में महसूस किया गया था।

जीन पॉल सार्त्र का दर्शन हालांकि उनके साथ मौलिक है; कुछ हद तक हाइडेगर के दर्शन से और कुछ हद तक हुसरल/Husserl के दर्शन से जुड़ा हुआ है। उत्तरार्द्ध उसे एक प्रकार के आदर्शवाद की ओर ले जाता है, जिसे वह हाइडेगर से प्राप्त कर सकता है। हाइडेगर के साथ आम तौर पर, सार्त्र के पास "ऑन्टोलॉजिकल चिंता/ontological concern", होने के विचार का अध्ययन करने की आवश्यकता है, और शून्यता के विचार पर भी जोर है, हालांकि सार्त्र के लिए यह बाद वाला विचार अक्सर हाइडेगर की तुलना में अधिक हेगेलियन अर्थ में प्रस्तुत किया जाता है।

सोलोमन रॉबर्ट सी. "रेशनलिज़्म टू एक्ज़िस्टेंशियलिज़्म" में लिखते हैं कि "1930 के दशक से वर्तमान तक सार्त्र के दर्शन के प्रहरी हमेशा स्वतंत्रता और जिम्मेदारी रहे हैं। सार्त्र के विचार की कुंजी यह है कि प्रत्येक व्यक्ति को अपने लिए चुनना और कार्य करना चाहिए। उन्होंने जोर देकर कहा कि हम जो भी करते हैं उसके लिए हम हमेशा जिम्मेदार होते हैं, चाहे तैयार बहाने या परिस्थितियां कुछ भी हों। उन्होंने हमेशा "मार्क्सवाद" को खारिज कर दिया, जिसने व्यक्तिगत पसंद और जिम्मेदारी से इनकार किया और व्यक्तिगत जिम्मेदारी को अमूर्त ताकतों से बदलने की मांग की, जिस पर समाज का कोई नियंत्रण नहीं है।

सार्त्र खुद स्वीकार करते हैं कि "स्वतंत्रता अभी भी मेरे पूरे दर्शन का केंद्रीय सरोकार है, जो स्वतंत्रता है, जो है उसके लिए जिम्मेदारी, भले ही इसके बारे में बहुत कम हो। जो एक से बना है उसकी जिम्मेदारी, शायद, लेकिन नहीं, मैंने स्वतंत्रता और जिम्मेदारी के बारे में अपना विचार नहीं बदला है।

44

स्वयं में और स्वयं के लिए अस्तित्व

सार्त्र के मानव अस्तित्व के विचार को उनके विशेष कार्य अर्थात "बीइंग एंड नोथिंगनेस/ Being and Nothingness" में अच्छी तरह से पाया जा सकता है। इस पुस्तक में, सार्त्र होने के तरीकों की विशेषता है कि हमें स्वयं के होने, स्वयं के लिए होने और दूसरों के लिए होने के बीच अंतर करना चाहिए। अस्तित्व के ये तीन तरीके हैं और समग्र रूप से "बीइंग एंड नॉटिंगनेस" का उद्देश्य पहले से दूसरे के संबंध की व्याख्या करना कहा जा सकता है, अर्थात स्वयं के होने के लिए स्वयं के लिए; और यह आंशिक रूप से तीसरे मोड के माध्यम से किया जाता है, अर्थात, दूसरों के लिए होना। स्वयं के लिए होना सचेतन होने के समान है। मनुष्य को अक्सर स्वयं के लिए संदर्भित किया जाता है।

जस्टस स्ट्रेलर, "टू फ्रीडम कंडेम्ड" में लिखते हैं कि "स्वयं के लिए और स्वयं (एक चीज जो स्वयं में है) एक सिंथेटिक कनेक्शन द्वारा फिर से जुड़ जाती है जो कि स्वयं के अलावा और कुछ नहीं है। "स्वयं के लिए", वास्तव में, अपने आप में शुद्ध शून्यवाद के अलावा और कुछ नहीं है।

यह विनाश, जो स्वयं के लिए वास्तविकता को निर्धारित करता है, "स्वयं में एक पूर्ण उथल-पुथल का कारण बनने के लिए पर्याप्त है। यह उथल-पुथल संसार है। यह इस प्रकार है कि स्वयं के लिए स्वतंत्र नहीं है। यह एक गैर-पर्याप्त निरपेक्ष इयान निरपेक्ष है क्योंकि यह स्वयं को बनाने के लिए अपनी स्वतंत्रता का उपयोग करता है। यह स्वयं पर निर्भर करता है, इसलिए यह हमेशा अनिश्चित होता है; उसका अस्तित्व कभी स्थापित नहीं होता, बल्कि हमेशा खोजा जाता है।

स्वयं को स्वयं बनाने के द्वारा ही सत्ता स्वयं के लिए कारण बनने की अभीप्सा/aspire कर सकती है। इसके लिए एक विराम की आवश्यकता होती है, स्वयं के होने की पहचान के साथ, स्वयं के संबंध में होने से एक वापसी और स्वयं या चेतना की उपस्थिति की उपस्थिति। इसलिए अपने आप में और स्वयं के लिए एक एकता के रूप में होना एक आदर्श

प्राणी है, अर्थात् एक स्वयं के लिए आधारित और स्वयं के समान। इसलिए, वह सत्ता है जो उसका अपना कारण है। इसलिए सब कुछ होता है, वह सत्ता जो मानो अपने आप में और स्वयं के लिए एक आदर्श संश्लेषण के संबंध में विघटन की स्थिति में प्रस्तुत की गई थी, एक ऐसा संश्लेषण जो कभी नहीं हुआ है लेकिन जो हमेशा संकेत दिया जाता है और हमेशा संभव होता है।1

चूँकि स्वयं के लिए होना सचेतन होने के समान है और वह और कुछ नहीं बल्कि स्वयं मनुष्य है। अतः यहाँ यह परिभाषित करना अति आवश्यक है कि चेतना क्या है ? सार्त्र की शुरुआत हुसेरलियन सिद्धांत * से होती है कि "सभी चेतना किसी चीज की चेतना है", और कार्टेशियन सिद्धांत से भी शुरू होती है कि चेतना का अस्तित्व केवल उसके अस्तित्व के आधार पर जाना जाता है। यह आत्म-ज्ञान चेतना की परिभाषित विशेषता नहीं है, क्योंकि यह 'पूर्व-चिंतनशील चेतना, या' पूर्व-चेतन जानबूझकर ' की उपेक्षा करता है। 'चेतना' की परिभाषा इस प्रकार चेतना की जानबूझकर पर केंद्रित है- इसे हमेशा एक वस्तु की ओर निर्देशित किया जा रहा है। इस प्रकार, चेतना इस जानबूझकर गतिविधि के अलावा और कुछ नहीं है; यह स्वयं कोई वस्तु या स्वयं के लिए कोई वस्तु नहीं है। सार्त्र "कुछ नहीं" से इसकी विशेषता बताते हैं कि चेतना कुछ भी नहीं है। सार्त्र के लिए, यह दो बहुत अलग प्रकार के होने के बीच अंतर की ओर जाता है- चेतना के लिए वस्तुओं का होना (स्वयं में होना) और चेतना का होना (स्वयं के लिए), चेतना को अपनी वस्तुओं पर निर्भर कहा जाता है अपने स्वयं के अस्तित्व के लिए, और अपनी वस्तुओं से अलग किसी प्रकार की वस्तु के रूप में चेतना की किसी भी धारणा से बचने के लिए, सार्त्र 'चेतना (की)' अभिव्यक्ति का उपयोग करता है; चेतना को 'स्वयं के लिए होना' के रूप में वर्णित किया जा सकता है क्योंकि इसके अस्तित्व में वस्तुओं पर निर्भरता शामिल है; और स्वयं की स्पष्ट पहचान की संभावना। हालाँकि, स्वयं के लिए होने का अधिकांश लक्षण वर्णन स्वयं के होने के विपरीत किया जाना चाहिए। दो प्रकार के होने के बीच अंतर की कुंजी केंद्रीय महत्वपूर्ण मान्यता है कि स्वयं के लिए कभी भी स्वयं की वस्तु नहीं हो सकती है, "चेतना (स्वयं की)। चेतना की प्रकृति, इन दो चेतनाओं की **, इस प्रकार सार्त्र के लिए एक केंद्रीय समस्या बन जाती है, और यह समस्या सभी इस दावे के लिए खोजी जा सकती है कि चेतना स्वयं के लिए एक वस्तु नहीं हो सकती है।

पूर्वगामी चर्चा से, सार्त्र द्वारा विश्लेषण किए गए चेतना की कुछ केंद्रीय विशेषताएं स्पष्ट हो गई हैं। चेतना अनिवार्य रूप से वस्तुओं की चेतना है; चेतना अपनी वस्तुओं पर निर्भर है। एक पूर्व-चिंतनशील चेतना होती है जो एक अहंकार द्वारा 'निवासित' नहीं होती है; फिर भी चेतना अनिवार्य रूप से आत्म-चेतना है। यह चेतना वस्तुओं के प्रति सचेत है। पूर्व-चिंतनशील चेतना मुख्य रूप से एक जानने वाली चेतना नहीं है बल्कि एक 'जीवित' अनुभव करने वाली चेतना है; चेतना को दुनिया (और उसकी वस्तुओं) से तर्क में भी अलग नहीं किया जाना चाहिए, जिसके बारे में वह सचेत है।

"बीइंग एंड नथिंगनेस" में, चिंतनशील और पूर्व-चिंतनशील चेतना की बात भी दो चेतनाओं की बात प्रतीत होती है, जिनमें से एक दूसरे को वस्तु के रूप में लेती है। चिंतनशील और पूर्व-चिंतनशील चेतना के बीच का अंतर आत्म-चेतना में अंतर नहीं हो सकता। तथ्य यह है कि सार्त्र इस बात पर जोर देते हैं कि आत्म-ज्ञान केवल चिन्तनशील चेतना के साथ ही अहंकार और अहंकार प्रकट होता है, इसका अर्थ यह नहीं है कि आत्म-चेतना प्रतिबिंब के लिए विशिष्ट है। इसके विपरीत, सार्त्र इस बात पर जोर देते हैं कि सभी चेतना, पूर्व-चिंतनशील और साथ ही चिंतनशील, आत्म-चेतना है। डेसकार्टेस के परावर्तक कोगिटो में एक पूर्व-चिंतनशील एनालॉग है। केवल प्रतिबिंबित करने वाला कोगिटो आत्म-ज्ञान का गठन करता है (सार्त्र के लिए ज्ञान अनिवार्य रूप से प्रतिबिंबित होता है); लेकिन पूर्व-चिंतनशील चेतना का अपना (पूर्व-चिंतनशील) कोगिटो/cogito होता है; यह आत्म-चेतना भी है। हालांकि चिंतनशील चेतना पूर्व-चिंतनशील चेतना को (चिंतनशील) कोगिटो में अपनी वस्तु के रूप में लेती है, सार्त्र के अनुसार, पूर्व-चिंतनशील चेतना, बस आत्म-चेतना है; वह स्वयं को एक वस्तु के रूप में नहीं लेता है। "स्वयं की चेतना दोहरी नहीं है"। प्रत्येक चेतन अस्तित्व विद्यमान की चेतना के रूप में विद्यमान है। अब हम समझते हैं कि चेतना की पहली चेतना स्थितीय क्यों नहीं है; ऐसा इसलिए है क्योंकि यह उस चेतना के साथ एक है जिसके प्रति वह सचेत है"।

"आत्म-चेतना को हमें एक नई चेतना के रूप में नहीं, बल्कि अस्तित्व की एकमात्र विधा के रूप में मानना चाहिए जो किसी चीज की चेतना के लिए संभव है"।

सार्त्र हाइडेगर से सहमत हैं कि चिंतनशील और पूर्व-चिंतनशील चेतना और चिंतनशील आत्म-ज्ञान (कार्टेशियन कोगिटो/Cartesian cogito) और पूर्व-चिंतनशील आत्म-चेतना के बीच एक अंतर है; बेशक, चेतना खुद को जान और जान सकती है। लेकिन यह अपने आप में ज्ञान के अलावा कुछ और है जो 'स्वयं' पर वापस आ गया है।

पूर्व-चिंतनशील और चिंतनशील चेतना और आत्म-चेतना के बीच यह जटिल और पर्याप्त रूप से स्पष्ट संबंध नहीं सार्त्र के दर्शन की नींव पर है। विशेष रूप से, शून्यता और मानव स्वतंत्रता का उनका सिद्धांत पूर्व-चिंतनशील चेतना के विवरण पर आधारित है; जिस पर बाद में इसी अध्याय में चर्चा की जाएगी।

संक्षेप में, यह कहा जा सकता है कि सार्त्र का "स्वयं के लिए होना" असहाय रूप से "स्वयं-में-स्वयं" के खिलाफ खड़ा है, जिसमें वह खुद को महसूस करने के लिए अंतहीन संघर्ष करता है, लेकिन अलग होने की अपनी प्रवृत्ति के कारण सुरक्षित रूप से ऐसा करने में असमर्थ है। "स्वयं में होने" में अपने स्वयं के बोध की संगत क्षणभंगुरता। इसलिए "स्वयं के लिए होना" बार-बार निराशा और निराशा से मिलता है, सार्त्र के दर्शन में अंतिम शब्द है, जो संघर्ष को पार करने की संभावना के लिए कोई जगह नहीं छोड़ता है।

---

*एडमंड हुसरल/Edmund Husserl मार्टिन हाइडेगर के शिक्षक थे। हसरल ने अपने दार्शनिक शिक्षण में दार्शनिक प्रयासों के प्रति चिंता व्यक्त की थी। हुसरल ने अपने शिष्य मार्टिन हाइडेगर की मदद की, यह समझने में कि उनके विशेष ब्रांड की घटना विज्ञान व्यक्तिगत अस्तित्व की उपेक्षा करता है। हसरल ने सार्त्र को भी प्रभावित किया। हुसेरल ने अपनी केंद्रीय 'खोजों' में से एक में बताया कि कोगिटो हमेशा खुद को एक वस्तु (कॉजिटेशन/cogitation) का सामना करता हुआ पाता है। हसरल ने कोगिटो या चेतना की 'कम' या 'ब्रैकेट' वाली वस्तुओं का सामना करने वाले कॉजिटेशन या वस्तुओं की व्याख्या की। कार्टेशियन सिद्धांत 'दुनिया' के कोगिटो और संदिग्ध अस्तित्व के 'आत्म-साक्ष्य' से संबंधित है (अस्तित्ववाद के तर्कवाद से- सोलोमन रॉबर्ट सी.पृष्ठ.184-185, 213)।

** "अहंकार के पारगमन" में, यह अक्सर ऐसा लगता है जैसे सचमुच दो चेतनाओं का वर्णन किया जा रहा है, उदाहरण के लिए, जब सार्त्र कहते हैं कि "मेरी प्रतिबिंबित (चिंतनशील) चेतना खुद को किसी वस्तु के लिए नहीं लेती है जब मैं कोगिटो को प्रतिबिंबित करता हूं, यह जो पुष्टि करता है वह प्रतिबिंबित (पूर्व-चिंतनशील) चेतना से संबंधित है"।

45

शून्यता और विनाश

हाइडेगर के बारे में मेरी चर्चाओं में कुछ भी नहीं और कुछ भी नहीं की अवधारणा बार-बार आई है। अब इसी अध्याय में सार्त्र के बारे में चर्चा की जाएगी। कुछ भी नहीं और कुछ भी नहीं की घटना संबंधी अवधारणाएं सामान्य धारणाएं नहीं हैं। सार्त्र के लिए चेतना कुछ भी नहीं है। इसका अर्थ है कि चेतना कोई वस्तु नहीं है।

शून्य और शून्यता की अवधारणाओं के साथ घनिष्ठ रूप से जुड़ा हुआ है, विनाश की अवधारणा। निहिलेशन चेतना की एक गतिविधि है और दुनिया में शून्यता के अस्तित्व के लिए जिम्मेदार है। इसके अलावा, चेतना को ही शून्य कहा जाता है और यह शून्यता पैदा करने के लिए जिम्मेदार है।

"बीइंग एंड नथिंगनेस" में, हम पाते हैं कि यह (पूर्व-चिंतनशील) चेतना ही है जो विनाश के लिए जिम्मेदार है। कुछ भी नहीं दुनिया में हमारे अनुभव का एक घटक है। शून्यता और विनाश सभी मानवीय सचेतन गतिविधियों विशेष रूप से स्वतंत्रता और जिम्मेदारी के माध्यम से फैलता है, और अंततः, मनुष्य को अन्य सभी प्राणियों से अलग करता है। यह शून्यता और विनाश के माध्यम से है कि मानव स्वतंत्रता को सार्त्र की घटना में पेश किया गया है।

आइए पहले हम इस दावे की जांच करें कि शून्यता हमारे "दुनिया में" अनुभव की वस्तु है। सामान्य ज्ञान यह दावा करता प्रतीत होता है कि हम कभी कुछ नहीं देखते हैं; लेकिन हमेशा कुछ न कुछ देखें। दुनिया की हमारी चेतना दुनिया में वास्तविक वस्तुओं की चेतना है। बेशक, कल्पित वस्तुओं की चेतना तब एक गंभीर समस्या बन जाती है। अगर हम पूछें, तो क्या हमें केवल कुछ दिखाई देता है? सार्त्र का उत्तर है कि हम केवल "कुछ" नहीं देखते हैं, बल्कि, धारणा में भी, कुछ भी नहीं देखते हैं। दूसरे शब्दों में कहें तो, हम न केवल अपनी दुनिया में वस्तुओं की उपस्थिति के प्रति सचेत हैं; हम उनकी अनुपस्थिति के प्रति भी सचेत हैं। उदाहरण के लिए, जब मैं अपने घर में किसी मित्र के आने की उम्मीद कर रहा होता हूं, या फोन कॉल की प्रतीक्षा कर रहा होता हूं, तो मुझे न केवल दरवाजे, टेलीफोन और मेरे आस-

पास की अन्य वस्तुओं की उपस्थिति के बारे में पता होता है, मैं मुख्य रूप से जागरूक हूं, दरवाजे की दस्तक की कमी और टेलीफोन की घंटी बजने में विफलता। शून्यता, किसी चीज की अनुपस्थिति के बजाय किसी चीज की उपस्थिति की कमी, मेरी स्थिति का निश्चित है।

सार्त्र ऐसे अनुभवों को हमारे पर्यावरण के अनुभव कहते हैं, जो शून्य में बसा हुआ है। नकार और शून्यता के अनुभव के संबंध में, सार्त्र हमें 'शून्य के अनुभव' की एक स्पष्ट रूप से स्पष्ट तस्वीर देता है। वस्तुओं के अभाव के अनुभव में शून्यता का अनुभव होता है, और अनुभव की वस्तु के रूप में शून्यता अपने आप में एक प्रकार की सत्ता है। **

अस्तित्व शून्य से आगे नहीं बढ़ता, इसके विपरीत, शून्यता तार्किक रूप से होने के बाद होती है; इसे नकारने के लिए कुछ भी नहीं है। सत्ता का पूरी तरह से गायब होना गैर-अस्तित्व के शासन का आगमन नहीं होगा, बल्कि इसके विपरीत शून्यता का सहवर्ती गायब होना होगा।

गैर-अस्तित्व हमेशा के लिए है, हम में और हमारे बाहर। अस्तित्व न होने से प्रेतवाधित है, लेकिन गैर-अस्तित्व केवल वहीं प्रकट होता है जहां होने की उम्मीद की जा सकती है। दूसरे शब्दों में, गैर-अस्तित्व केवल तभी प्रकट हो सकता है जब इसे पहले एक संभावना के रूप में प्रस्तुत किया गया हो। गैर-अस्तित्व एक नकारात्मक निर्णय के माध्यम से चीजों पर नहीं आता है; यह नकारात्मक निर्णय है, इसके विपरीत, जो गैर-अस्तित्व द्वारा वातानुकूलित और समर्थित है। यदि निषेध और नकारात्मक निर्णय करना है तो कुछ भी नहीं दिया जाना चाहिए। हमारे लिए प्रश्न पूछने में सक्षम होने के लिए, और विशेष रूप से प्रश्न होने के लिए निषेध होना चाहिए। लेकिन होने के कारण कुछ भी नहीं उत्पन्न किया जा सकता है क्योंकि यह पूरी तरह से सकारात्मक है। आंतरिक परजीवी की तरह होने के दिल में कुछ भी नहीं दिया जाना चाहिए। कुछ भी नहीं नष्ट नहीं होता है, जैसा कि हाइडेगर मानते हैं, क्योंकि ऐसा करने के लिए, उसके पास होने का अधिकार होना चाहिए। उसका अपना अस्तित्व नहीं है। उसके पास केवल उधार का प्राणी है। शून्यता स्वयं को नष्ट करने की स्थिति में नहीं है; शून्यता नष्ट हो जाती है।

विनाश केवल एक अस्तित्व के द्वारा ही प्राप्त किया जा सकता है जिसका अस्तित्व अस्तित्व की शून्यता को घेरता है। जिस सत्ता के द्वारा संसार में शून्यता आती है, वह उसका अपना शून्य होना चाहिए। दूसरे शब्दों में कहें तो यह प्राणी केवल मनुष्य ही हो सकता है, क्योंकि केवल मनुष्य ही प्रश्न पूछ सकता है और नकारात्मकताओं का सामना कर सकता है।

प्रत्येक विनाशकारी, नाजुक अस्तित्व अपने "अस्तित्व की एक निश्चित संभावना" के भीतर होता है। इस संभावना का रहस्योद्घाटन मनुष्य के माध्यम से प्रभावित होता है। एक वस्तु कीमती या नाजुक हो जाती है जब वह नाजुक हो जाती है और उसे नष्ट होने से बचाने के उपाय करती है।2

संक्षेप में, यह कहा जा सकता है कि मनुष्य ही एकमात्र ऐसा प्राणी है जो सचेतन रूप से कार्य करता है। प्रत्येक सचेत कार्य इरादे से किया गया कार्य है। इस प्रकार, प्रत्येक जानबूझकर सचेत कार्य इरादे से किया गया कार्य है। इस प्रकार, प्रत्येक जानबूझकर सचेत कार्य में अपेक्षा और बदले में शामिल होता है; नाश करने की क्रिया। दूसरे शब्दों में, यह कहा जा सकता है कि चेतना के प्रत्येक कार्य में "अर्थ की संभावना" अर्थात चेतना शामिल है। विनाश के सभी कार्य प्रत्येक सचेतन कार्य में शामिल होते हैं और फलस्वरूप शून्यता का अनुभव (कम से कम संभावित रूप से) प्रत्येक मानव अनुभव में शामिल होता है।

जैसा कि कहा गया है, प्रत्येक मानव अनुभव में शामिल नहीं है दृढ़ता और हर चेतना उम्मीदों, उम्मीदों से भरी हुई है जिसे किसी भी समय विफल किया जा सकता है, और मानव अस्तित्व अनिवार्य रूप से निराशा, निराशा, निराशा के लिए खुला कुछ है, जो सभी शून्यता का अनुभव है जिसमें विनाश के कार्य शामिल हैं। निराशा, उदाहरण के लिए, अधूरी अपेक्षा का परिणाम है, जो कोई चाहता है उसे न करने या न करने का अनुभव। मनुष्य (स्वयं के लिए होना) सभी संभावनाएं और सभी अपेक्षाएं हैं। स्वयं में होना संसार से नहीं हो सकता। मनुष्य (स्वयं के लिए) को लगातार शून्य से खतरा है, क्योंकि इसकी प्रकृति संभावनाओं को प्रोजेक्ट करना और दुनिया से चीजों की अपेक्षा करना है। और साथ ही मनुष्य स्वतंत्र रहना चाहता है, आशा करता है और भविष्य के लिए योजना बनाता है, भविष्य की चीजों की अपेक्षा करता है।

---

*"अस्तित्व और शून्य" की केंद्रीय चिंता, सचेत विषय के अस्तित्व की विधा है। संवेदन, अनुभव, भावन, स्मरण, कल्पना, चिंतन, निर्णय, चयन और निर्णय करने में सक्षम जागरूक विषयों के रूप में, हम उन चीजों से बिल्कुल अलग तरीके से मौजूद हैं जिनके बारे में हम सचेत हैं। इस तरह के अस्तित्व के लिए जो आवश्यक है वह यह है कि इसे हमेशा अपने से परे प्रक्षेपित किया जा रहा है, हमेशा साकार होने और नवीनीकृत होने की प्रक्रिया में। जागरूक विषय, हमेशा कुछ और की स्थिति में होते हैं जो वे हैं, वे वही हैं जो वे अभी तक नहीं हैं। अभी न होने की यह अवस्था और आगे की संभावनाओं के प्रति यह खुलापन; जो चेतना की एक अनिवार्य विशेषता है। (अस्तित्ववादी और जेपी सार्त्र, मैक्स चार्ल्स वर्थ, पृष्ठ 27)

**हालांकि, यह कहना सही नहीं है कि "होना" और "शून्यता" दो प्रकार के समान ऑंटोलॉजिकल पायदान पर हैं। उदाहरण के लिए, हेगेल ने तर्क दिया था कि "होना और न होना तार्किक रूप से समकालीन हैं। और हाइडेगर ने एक समय में "मेटाफिजिक्स क्या है" में, इसी तरह एक ऑंटोलॉजिकल स्वतंत्र कुछ भी नहीं बचाव किया था। सार्त्र इस बात पर जोर देते हैं कि "अस्तित्व केवल अस्तित्व की सतह पर मौजूद है"। ("तर्कवाद से अस्तित्ववाद तक", सोलोमन रॉबर्ट सी. पृष्ठ. 268)

46

मानव स्वतंत्रता

'स्वतंत्रता' की अवधारणा की तुलना में 'अस्तित्ववादी' विचार के लिए अधिक केंद्रीय कोई अवधारणा नहीं है। कीर्केगार्ड ने जोर देकर कहा कि मनुष्य, व्यक्तिपरकता और स्वतंत्रता समान हैं; हाइडेगर इसी तरह 'डेसीन/Dasein' की व्याख्या स्वतंत्रता के रूप में करते हैं। सार्त्र स्वतंत्रता की अवधारणा को स्वयं या मानव चेतना की परिभाषित 'संरचना' बनाते हैं।

कई स्पष्ट रूप से गैर-अस्तित्ववादी विचारकों के कार्यों में स्वतंत्रता भी एक महत्वपूर्ण अवधारणा है, उदाहरण के लिए, कांट, हेगेल और हुसरल। यह सिद्धांत कि मनुष्य अनिवार्य रूप से स्वतंत्र है, उन दर्शनों को अलग करने के लिए पर्याप्त नहीं है जो विशिष्ट रूप से 'अस्तित्ववादी' हैं।

शायद मानव स्वतंत्रता का कोई एक सिद्धांत नहीं है जो सार्त्र और अन्य अस्तित्ववादी दार्शनिकों के लिए समान है। हालांकि, कुछ विशिष्ट अस्तित्ववादी विषय उनके विभिन्न दर्शनों में दोहराए जाते हैं; यह सिद्धांत कि कोई मानव स्वभाव या 'सार' नहीं है, जिसे मनुष्य स्वयं बनाता है; और यह थीसिस कि मानव स्वतंत्रता न केवल कारण निर्धारण से मुक्ति बल्कि तर्कसंगत नैतिक, दैवीय, या मूल्यों या लक्ष्यों के 'प्राकृतिक' थोपने से मुक्ति है। दोनों थीसिस स्पष्ट रूप से कांट, हेगेल और हुसरल जैसे गैर-अस्तित्ववादी विचारकों से अस्तित्ववादी को अलग करती हैं, जिन्होंने तर्क दिया कि मानवीय मूल्यों और लक्ष्यों को निष्पक्ष या तर्कसंगत रूप से मान्य किया जा सकता है। अस्तित्ववादी स्वतंत्रता कारण निर्धारण और तर्कसंगत जबरदस्ती से मुक्ति है।

मानव स्वतंत्रता पर सार्त्र के विचारों पर विस्तार से चर्चा करने से पहले, कीर्केगार्ड और हाइडेगर द्वारा मानव स्वतंत्रता पर सामने रखे गए विचारों में अंतर करने के लिए दिया गया है।

कीर्केगार्ड की मानव स्वतंत्रता की अवधारणा ईश्वर में उनके विश्वास और ईश्वर के प्रति प्रतिबद्धता के बंधन में प्रवेश करने के लिए मनुष्य की अंतर्निहित क्षमता में उनके विश्वास पर आधारित है। जीवन ईश्वर की भक्ति में जिया गया और नैतिक जीवन की

खोज में मानव अस्तित्व का नैतिक-धार्मिक चरण है, जो कि विशुद्ध रूप से सौंदर्य चरण से अलग है। मानव अस्तित्व के इन स्तरों के बीच चुनाव एक अस्तित्वपरक विकल्प है जो प्रत्येक व्यक्ति के सामने स्वयं को या तो/या के रूप में प्रस्तुत करता है। मनुष्य, स्वयं चुनाव करने में शामिल है और वह जो चुनाव करता है वह उसके अस्तित्व के स्तरों को तय करता है। या तो/या नैतिक-धार्मिक और अस्तित्व के सौंदर्य स्तर के बीच अस्तित्व संबंधी संबंध को व्यक्त करता है। या तो वह अस्तित्व के नैतिक स्तर को चुनता है, और ईश्वर के प्रति एक आंतरिक प्रतिबद्धता में प्रवेश करता है और इस तरह यह महसूस करता है कि वह एक 'मौजूदा' व्यक्ति है, या वह पूरी तरह से वस्तुनिष्ठ सुखों या सैद्धांतिक अटकलों में खुद को खो देता है और इस तरह यह भूल जाता है कि वह एक 'मौजूदा' है। व्यक्ति। इस 'अस्तित्ववादी' विकल्प में मनुष्य ने अपने से बाहर सब कुछ नहीं चुना बल्कि खुद को चुना है, या तो एक अद्वितीय व्यक्ति के रूप में अस्तित्व में है या अस्तित्व में नहीं है। अस्तित्वगत चुनाव अनिवार्य रूप से पसंद की वस्तु के बजाय पसंद के कार्य की वास्तविकता को दर्शाता है।

स्वतंत्रता के जीवन को ईश्वर में विश्वास पर आधारित करने में, कीर्केगार्ड सार्त्र और हाइडेगर से अलग है। सार्त्र और हाइडेगर के लिए, मानव अस्तित्व की स्वतंत्रता का तात्पर्य व्यक्ति के जीवन को व्यक्तिगत पसंद के माध्यम से होने की अपनी अंतर्निहित क्षमता की प्राप्ति की ओर उन्मुख करना है; उनकी स्वतंत्रता, और 'पारगमन' की एक सांसारिक अवधारणा है। उनके लिए इसका अर्थ है कि इस प्रक्रिया में अपने स्वयं के व्यक्तिगत निर्णय का प्रयोग करके मनुष्य का अपने विश्व में होने की वर्तमान स्थिति से भविष्य की अवस्थाओं में जाना। सार्त्र और हाइडेगर दोनों ने ही मानवीय परिमितता के दर्शन को प्रतिपादित किया और स्वतंत्रता के जीवन के महत्व को एक ऐसे अस्तित्व तक सीमित कर दिया जो अस्थायी और सीमित है। लेकिन कीर्केगार्ड स्वयं को भविष्य और परिमित और अनंत, लौकिक और शाश्वत के संश्लेषण के रूप में मानता है, और स्वतंत्रता के जीवन को अपनी अहंकारी सीमाओं को पार करके अनंत प्रेम और शाश्वत सुख के लिए अपनी क्षमता के प्रकटीकरण के रूप में मानता है। स्वतंत्रता का जीवन ईश्वर के साथ एक आंतरिक व्यक्तिगत संबंध की ओर उन्मुख है, जो पारलौकिक और शाश्वत है, न कि किसी की सांसारिक संभावनाओं की प्राप्ति की ओर।

हाइडेगर की स्वतंत्रता की अवधारणा मानव अस्तित्व के प्रामाणिक और अप्रमाणिक तरीकों के बीच उनके अंतर में सामने आती है। मनुष्य की स्वतंत्रता व्यक्तिगत पसंद के अभ्यास में निहित है ताकि उसकी अपनी अंतर्निहित क्षमता को विकसित, विकसित और महसूस किया जा सके और यह स्वतंत्रता 'खो' जाती है जब उसके सभी निर्णय और कार्यों को जनमत के अनुमोदन के अधीन कर दिया जाता है। हाइडेगर के अनुसार, मनुष्य इस हद तक स्वतंत्र हो जाता है कि वह अपने 'पतन' और खो जाने की विशेषता वाले मानव अस्तित्व के अप्रमाणिक तरीके से खुद को अलग कर लेता है; अपने 'स्वयं' के प्रचार और संकल्प में,

अपने जीवन को अपने होने की क्षमता की प्राप्ति की ओर उन्मुख करके मानव अस्तित्व की एक प्रामाणिक विधा जीने के लिए। कई लोगों की तरह 'वे-सेल्फ' के प्रचार में 'गिरने' या 'खोने' से मुक्ति, स्वयं के प्रामाणिक होने की स्वतंत्रता का पैमाना है। यह हाइडेगर की स्वतंत्रता की अवधारणा है जो मानव अस्तित्व के प्रामाणिक और अप्रमाणिक तरीकों के बीच उनके अंतर पर आधारित है।

सार्त्र की तरह, हाइडेगर भी मानते हैं कि मानव अस्तित्व की अंतर्निहित 'शून्यता' के अर्थ में स्वतंत्रता मूल रूप से वह मानव अस्तित्व का औपचारिक 'सत्य' है और मनुष्य के प्रामाणिक अस्तित्व में इस 'सत्य' का अभ्यास स्वयं को उसके नैतिक या नैतिक जीवन के रूप में प्रकट करता है। हाइडेगर और सार्त्र दोनों के लिए, अपने अस्तित्व के प्रति सच्चा होना भी नैतिक और नैतिक होना है।

सार्त्र की स्वतंत्रता की अवधारणा उनकी 'शून्यता' की अवधारणा से निकटता से संबंधित है; मानव अस्तित्व की अपनी अंतर्निहित 'शून्यता' के साथ पहचान जिसके परिणामस्वरूप मानव स्वयं को मानव स्वतंत्रता की आवश्यक शर्त माना जाता है। ऐसा इसलिए है क्योंकि मानव स्वयं स्वाभाविक रूप से अनगिनत 'कुछ नहीं' है और विभिन्न निर्णयों और कार्यों में खुद को व्यक्त करने के लिए 'स्वतंत्र' है, यह खुद को उनसे अलग करता है और अपनी आगे की आत्म-अभिव्यक्ति के लिए अपनी स्वतंत्रता को बनाए रखता है बिना किसी एक में खोए इसकी आत्म-अभिव्यक्तियाँ। मनुष्य अपनी स्वतंत्रता के बारे में तब जागरूक होता है जब वह अपनी 'अंतर्निहित' शून्यता के बारे में जागरूक हो जाता है और अपनी किसी भी उपलब्धि या प्राप्ति के साथ खुद को पहचानने से इंकार कर देता है।

स्वतंत्रता अपने आप में प्रक्षेपी चेतना (शून्यता) की आत्म-अभिव्यक्ति की प्रक्रिया से संबंधित है और इस तरह अनिवार्य रूप से इसकी गतिविधि से बंधी हुई है। 'स्वतंत्र' होना कार्य करना है और गतिविधि के अभाव में कोई स्वतंत्रता नहीं हो सकती है, लेकिन गतिविधि का कोई अभाव नहीं हो सकता है क्योंकि गतिविधि से दूर रहना भी एक कार्य है और इसलिए स्वतंत्रता व्यक्त करता है।

इसलिए मनुष्य को इस अर्थ में स्वतंत्र होने की निंदा की जाती है कि उसके सभी कार्य (एक बाहरी अधिकार के लिए स्वतंत्रता के अपने अधीनता के जानबूझकर किए गए कार्य और आत्महत्या के कार्य सहित) उसकी पसंद की स्वतंत्रता की अभिव्यक्ति हैं। अस्तित्व के प्रामाणिक और अप्रमाणिक दोनों तरीके मनुष्य की अंतर्निहित स्वतंत्रता पर आधारित हैं। *

सार्त्र की पूर्ण स्वतंत्रता अतिरंजित लोकप्रिय दावा नहीं है कि 'एक आदमी जो कुछ भी करना चाहता है वह कर सकता है'। लेकिन मनुष्य के बजाय उस स्थिति को महत्व देने के लिए अपनी स्थिति के भीतर हमेशा स्वतंत्र रहता है। पूर्ण स्वतंत्रता पसंद की स्वतंत्रता, इरादे की स्वतंत्रता, या महत्व की स्वतंत्रता (ये अंततः समकक्ष हैं) और कार्रवाई में सफलता की स्वतंत्रता नहीं है। स्वतंत्रता किसी की स्थिति से सीमित होती है और स्वतंत्रता केवल इन्हीं सीमाओं के भीतर होती है। "हमारी स्वतंत्रता हमारी स्थिति को नष्ट नहीं करती है, बल्कि

इसके लिए खुद को तैयार करती है"।

स्वतंत्रता और मनमानी के बीच अंतर करते हुए, यह कहा जा सकता है कि 'स्वतंत्र होने' का अर्थ 'जो चाहा है उसे प्राप्त करना' नहीं है, बल्कि 'स्वयं को इच्छा के लिए निर्धारित करना' (चुनने के व्यापक अर्थ में) है। दूसरे शब्दों में, स्वतंत्रता के लिए सफलता महत्वपूर्ण नहीं है।

इस बात से कोई इंकार नहीं है कि बाहरी परिस्थितियां कार्रवाई को विफल कर सकती हैं या कार्रवाई को विफल कर सकती हैं, लेकिन सार्त्र का कहना है कि ऐसी सभी 'बाहरी परिस्थितियां' केवल उन लक्ष्यों को देखते हुए हैं जिन्हें हम प्राप्त करना चाहते हैं; "मानव वास्तविकता हर जगह प्रतिरोध और बाधाओं का सामना करती है जो उसने नहीं बनाई है, लेकिन इन प्रतिरोधों और बाधाओं का अर्थ केवल स्वतंत्र पसंद में और उसके माध्यम से है जो मानव वास्तविकता है"।

सार्त्र का कहना है कि मेरी पसंद स्वतंत्र है और मैं इसके लिए केवल तभी तक जिम्मेदार हूं जब तक कि उस स्थिति में चुनाव किया जाता है। सार्त्र उन लोगों को भी अनुमति देता है जो हमेशा अपने कार्यों के लिए जिम्मेदार नहीं होते हैं जैसे कि उनके कार्यों की सफलता। सार्त्र किसी के इरादों और अपनी पसंद के लिए जिम्मेदारी के संबंध में किसी भी तरह की नरमी की अनुमति नहीं देता है; इरादा करने की स्वतंत्रता और चुनने की स्वतंत्रता परम है।

मानव स्वतंत्रता मानव अस्तित्व का हिस्सा नहीं है; यह मानव अस्तित्व से पहले है और इसे संभव बनाता है। मनुष्य की स्वतंत्रता को मनुष्य के अस्तित्व से अलग नहीं किया जा सकता है। यह मनुष्य की चेतना का अस्तित्व है। यह कोई मानवीय विशेषता नहीं है बल्कि यह मेरे प्राणियों का कच्चा माल है। मैं स्वतंत्रता के लिए अपने अस्तित्व का ऋणी हूं। स्वतंत्रता सभी मानवीय गतिविधियों का आधार है। कार्य करना दुनिया के आकार को संशोधित करना है। मानव गतिविधि मूल रूप से जानबूझकर, लक्ष्य उन्मुख है। क्रिया का अनिवार्य रूप से तात्पर्य है कि कुछ ऐसा बनाया जाएगा जो पहले अस्तित्व में नहीं था, इसका अर्थ है एक कमी या एक नकारात्मक चीज जिसे अभी तक महसूस नहीं किया गया है।

निष्कर्ष के तौर पर यह कहा जा सकता है कि बिना कारण के कोई कार्य नहीं होता है। बिना कारण की कार्रवाई में जानबूझकर संरचना का अभाव होगा। यह कोई क्रिया नहीं बल्कि एक प्रतिक्रिया होगी। इस प्रकार, यह सहानुभूतिपूर्वक कहा जा सकता है कि बिना कारण के कोई कार्य नहीं हो सकता है लेकिन इसका मतलब यह नहीं है कि उद्देश्य कार्य का कारण है। यह बल्कि एक एकीकृत घटक है; उद्देश्य, कार्य और लक्ष्य एक ऐसी एकता का निर्माण करते हैं जो एक ही उभार के रूप में प्रकट होती है, यह उभार स्वतंत्रता के साथ एक है। स्वतंत्रता स्वयं को एक कार्य बनाती है, और हम इसे सामान्यतया उस कार्य के माध्यम से प्राप्त करते हैं जिसे यह कारण, उद्देश्यों और उद्देश्यों के साथ आयोजित करता है, जिसका तात्पर्य अधिनियम से है।

विचारों या सार की दुनिया, और समान अवधारणाओं को खारिज करने के बाद, सार्त्र अपनी स्थिति से तार्किक निष्कर्ष निकालते हैं। हमारे सिरों का चुनाव भी बिल्कुल मुफ्त है; इसे बिना किसी आधार के बनाया जाता है। यह बिना किसी कारण के अच्छे कारण पर आधारित है कि सभी कारण, स्वतंत्र चुनाव से दुनिया में आते हैं; कहने का तात्पर्य यह है कि हर कोई सच्चाई, सुंदरता और अच्छाई के मानदंडों को स्वतंत्र रूप से चुनता है। हम स्वतंत्र हैं, इसलिए, बिल्कुल। हमारे मूल्य के निर्णय के पीछे के मानदंड, हमारे निर्णयों के अंतिम उद्देश्य, स्वतंत्र हैं। केवल हमें इन उद्देश्यों और मानदंडों को वस्तु के रूप में नहीं समझना चाहिए विचारों के टीएस। हमारे सभी जीवन के लिए हमारे निर्णयों को निर्धारित करने वाला गहरा विकल्प एक और चेतना के समान होना चाहिए जो हमारे पास है।

संक्षेप में, यह कहा जा सकता है कि 'एक स्वतंत्र व्यक्ति वह है जो अपने भविष्य के संदर्भ में अपने अतीत से संबंधित चुनाव करता है और जो खुद को वर्तमान से निर्धारित नहीं होने देता है'। वह अपने सार को अपने अंत से प्रकट करता है (जिसकी ओर वह खुद को दुनिया के दूसरी तरफ से पेश करता है जिसे वह पार करता है); इस प्रकार, स्वतंत्रता का मौलिक कार्य "दुनिया में खुद की पसंद" बन जाता है, और साथ ही साथ "दुनिया की खोज"। और इस खोज के बाद भी इसी दुनिया में इंसान का अस्तित्व बना रहता है। जहाँ तक मनुष्य का अस्तित्व बना रहता है, वे अपने लक्ष्य को चुनते रहते हैं, क्योंकि स्वतंत्रता ही मनुष्य के अस्तित्व का सार है। किसी विशेष विकल्प के अवसर पर, वे अपनी पूर्व पसंद पर प्रश्नचिह्न लगा सकते हैं। यह इस प्रकार है कि इसके अनुरूप लिया गया कोई भी निर्णय उस विकल्प के नवीनीकरण के रूप में माना जा सकता है। इस प्रकार, मनुष्य को अपने सभी स्वैच्छिक कार्यों को स्वतंत्र मानने का अधिकार है। चुनना है जीना है; प्रत्येक कार्य जो मनुष्य के होने का कठोर परिणाम नहीं है, मुक्त कहा जा सकता है।

यह इस प्रकार है कि स्वतंत्रता केवल मेरे स्वैच्छिक कृत्यों का विशेषाधिकार नहीं है। मेरी भावनाएं और जुनून, जो इस बात पर भी निर्भर करते हैं कि मैं क्या हूं, समान रूप से स्वतंत्र हैं; वे, इच्छाओं की तरह, कुछ व्यक्तिपरक दृष्टिकोण हैं जिनके द्वारा हम अपनी मूल स्वतंत्रता द्वारा निर्धारित लक्ष्यों को प्राप्त करने का प्रयास करते हैं; मेरा भय मुक्त है, और मेरी स्वतंत्रता का प्रकटीकरण है। * [* उक्त/ibid, पृष्ठ 520, 521]

इसलिए हमारे मनोवैज्ञानिक जीवन में सब कुछ मुफ़्त है। लेकिन क्या यह कहने के समान नहीं है कि स्वतंत्रता नहीं है? यदि हमारे आंतरिक जीवन में सब कुछ मुफ़्त है, तो इसका कारण यह है कि स्वतंत्रता शब्द सार्त्र द्वारा उस अर्थ में नहीं समझा गया है जो आमतौर पर दार्शनिकों द्वारा और यहां तक कि सामान्य लोगों द्वारा भी समझा जाता है। उद्देश्यों द्वारा निर्धारित कार्य के अलावा कोई स्वतंत्रता नहीं हो सकती है, और सामान्य ज्ञान एक अंधे आग्रह के तनाव के तहत किए गए कार्य को स्वतंत्र नहीं मानता है। स्वतंत्र रूप से कैसे कार्य करें, बिना किसी मकसद के और यहां तक कि इसके बारे में जागरूक किए बिना स्थापित करना शामिल है। वास्तव में, मुक्त, कार्य प्रमुख रूप से तर्कसंगत हैं; लेकिन

सार्त्र के लिए, यह बेतुका है; यह बेतुका है क्योंकि यह सभी कारणों से परे है। **। यह सहज से संबंधित है, न कि तर्कसंगत से, सक्रिय रूप से।3

सार्त्र, आगे कहते हैं कि "प्यार में, यह दूसरे की स्वतंत्रता है जो दूसरे को मुझसे अलग करती है और मुझे एक वस्तु के रूप में बनाती है जो मेरे बाहर को प्रकट करती है। प्यार में, मैं मांग करता हूं कि जिसे मैं प्यार करता हूं वह पूरी तरह से मुझे एक वस्तु के रूप में चुनने के लिए मौजूद होगा, और यह दूसरे के लिए मेरे अस्तित्व का मूल होगा; यह अकेला है जो मुझे अस्तित्व देता है।4

मैं एक और स्वतंत्र अस्तित्व की वस्तु होने से बच नहीं सकता जो मेरी स्वतंत्रता को सीमित करता है, और मैं उस स्थिति और विशेषताओं को नहीं जी सकता जो दूसरे ने मुझे जिम्मेदार ठहराया है, लेकिन मैं कम से कम इस पूरी स्थिति को दूसरे की स्वतंत्रता से सीमित कर सकता हूं; और यह मेरी स्थिति के अंदर मेरी पसंद के तहत बाहरी सीमा लाता है। मैं अपनी स्थिति से परे हूं, और इसमें किसी और के लिए दुनिया के बीच में मेरा होना शामिल है, और उस स्थिति को तैयार करके और अपने विशेष मामले की परिस्थितियों में प्रतिक्रिया करके मैं इसे अपनी स्थिति में अपनी स्वतंत्रता के तहत लाता हूं, हालांकि यह अवास्तविक रहता है।

इस प्रकार, सार्त्र के लिए, उसकी स्वतंत्रता की वास्तविक सीमा विशुद्ध रूप से और सरलता से इस तथ्य में निहित है कि दूसरा उसे अन्य-वस्तु के रूप में मानता है और उस दूसरे परिणाम में यह है कि उसकी स्थिति दूसरे के लिए एक स्थिति बन जाती है और बन जाती है वस्तुनिष्ठ रूप जिसमें वह एक वस्तुनिष्ठ संरचना के रूप में मौजूद है। स्वतंत्रता समग्र और अनिश्चित है लेकिन इसका मतलब यह नहीं है कि इसकी कोई सीमा नहीं है लेकिन यह कभी भी उनका सामना नहीं करता है। 5

हाइडेगर कहते हैं कि "मृत्यु जन्म की तरह एक शुद्ध तथ्य है; मैं 'मरने के लिए स्वतंत्र' नहीं हूं, लेकिन 'एक स्वतंत्र प्राणी जो मरता है', मैंने अपनी मृत्यु को अपनी आत्मीयता की अकल्पनीय सीमा के रूप में माना, जैसा कि मैं बनना चाहता हूं; स्वतंत्रता दूसरे की स्वतंत्रता के तथ्य से सीमित है। किसी भी मामले में मैं इस सीमा को अपनी स्वतंत्रता पर एक बंधन के रूप में नहीं देखता। यह सार्त्र का मानव स्वतंत्रता का लेखा-जोखा है।6

---

*मनुष्य एक निश्चित स्थिति में स्वतंत्र है, तो वह आसानी से समझ जाएगा कि इस स्वतंत्रता को प्रामाणिक या अप्रामाणिक के रूप में परिभाषित किया जा सकता है, जब वह उस स्थिति के भीतर खुद को पसंद करता है जब वह उत्पन्न होती है। प्रामाणिकता, यह बिना कहे चला जाता है, स्थिति के बारे में एक स्पष्ट और सच्ची जागरूकता मानने में, उस स्थिति में किए गए जिम्मेदारियों और जोखिमों को स्वीकार करने और इसे गर्व या अपमान के क्षण में बनाए रखने में, और कभी-कभी घृणा के क्षण में होता है। घृणा। इसमें कोई संदेह नहीं है कि प्रामाणिकता के लिए बड़े साहस की आवश्यकता होती है, और साहस से बढ़कर

कुछ; जब प्रामाणिक व्यक्ति जागरूक हो जाता है या जीवन जीने योग्य है, बल्कि वह पूछता है कि क्या वह जीना चाहता है और किस स्थिति में है। यदि ईश्वर नहीं है, तो मनुष्य संसार की जिम्मेदारी वहन करता है। (विरोधी यहूदी का पोर्ट्रेट, जेपी सार्त्र, पृष्ठ.75)

**इबिड/ibid, पृष्ठ. 559

47
मानवीय संभावनाएं

जेपी सार्त्र द्वारा समझी गई मानवीय संभावनाओं पर यहां चर्चा की जाएगी। मनुष्य (स्वयं के लिए) की आवश्यक विशेषता यह है कि यह एक कमी है। इसे पूरा करने के लिए कुछ चाहिए। यह समझाते हुए कि सार्त्र का अर्थ कमी* से है जो चेतना की विशेषता है, सार्त्र "संभव" की अवधारणा का उपयोग करता है। सार्त्र कहते हैं, चेतना में किसी और चीज की कमी होती है ... "चूंकि चंद्रमा की टूटी हुई डिस्क में वह नहीं है जो इसे पूरा करने के लिए आवश्यक होगा, और इसे पूर्णिमा में बदल देगा"। एक जागरूक प्राणी के पास जो कमी है वह है 'खुद के साथ खुद का विश्वास'। कहने का तात्पर्य यह है कि स्वयं स्वयं की पहचान या पूर्णता की तलाश करता है जो कि होने के एक अलग तरीके की विशेषता है, अर्थात् स्वयं में होना; मैं जिस चीज की ओर निरंतर लक्ष्य रखता हूं, वह मैं हूं, जो नहीं हूं, मेरी अपनी संभावनाएं हैं।

सार्त्र को यह समझाने में परेशानी होती है कि 'संभव' से उनका क्या मतलब है, लेकिन फिर भी यह सुनिश्चित करना मुश्किल है कि उनका क्या मतलब है। वह यह कहना चाहता है कि किसी चीज की संभावना वास्तव में गुणों के रूप में उससे संबंधित है। जब हम कहते हैं कि शायद बारिश हो सकती है, तो हमारा मतलब यह नहीं है कि हम तार्किक विरोधाभास के बिना या तो इसके बारिश या बारिश नहीं होने की कल्पना कर सकते हैं। हमारा मतलब इससे कहीं ज्यादा है; हम जिक्र कर रहे हैं, वे कहते हैं, बादलों की वास्तविक विशेषता आने के लिए। "संभव पहले से मौजूद वास्तविकताओं की एक ठोस संपत्ति है"। बारिश संभव होने के लिए आकाश में बादल होना चाहिए।

अब मनुष्य के साथ संभावना को जोड़ते हुए, सार्त्र इस बात पर जोर देते हैं कि जब तक दुनिया में सचेत प्राणी नहीं होंगे तब तक संभावना जैसी कोई चीज नहीं होगी। भौतिक वस्तुओं के मात्र गुण, हालांकि संभावनाओं की बात करने से पहले वे आवश्यक हैं, हमें ऐसा करने का अधिकार देने के लिए अपने आप में पर्याप्त नहीं हैं। हमें दुनिया को सहन करने के लिए एक निश्चित तरीके से संगठित रूप में देखने की भी आवश्यकता है। उदाहरण के लिए,

दुनिया के बारे में हमारा आगमनात्मक रूप से अर्जित ज्ञान यह निर्धारित करने के लिए है कि हम किस प्रकार की चीजों से निपट रहे हैं, इससे पहले कि हम कुछ संभव देख सकें। इस प्रकार, स्वयं के लिए या चेतना के बारे में कहना कि यह हर समय अपनी संभावनाओं के लिए प्रयास करता है, यह कहना है कि यह आत्म-जागरूकता है, क्योंकि जागरूकता और मन की संगठित प्रकृति के बिना संभावनाओं के बारे में सोचने की कोई संभावना नहीं होगी आगे बढ़ने का प्रयास करना।

सार्त्र के अनुसार चेतना हमेशा आगे की ओर इशारा कर रही है, जो अब सच है उसके बारे में अधिक क्षणिक जागरूकता से दूर है। उदाहरण के लिए, सार्त्र कहते हैं, "पढ़ने की चेतना इस पत्र या इस शब्द या इस वाक्य या यहां तक कि इस पैराग्राफ को पढ़ने की चेतना नहीं है; यह इस पुस्तक में रहने की चेतना है, जो मुझे उन सभी पृष्ठों को संदर्भित करती है जो अभी तक पढ़े नहीं गए हैं, पहले से पढ़े गए सभी पृष्ठों के लिए, जो परिभाषा के अनुसार चेतना को स्वयं से अलग करता है; एक चेतना जो केवल इस बात के प्रति सचेत थी कि उसे प्रत्येक शब्द का उच्चारण करने के लिए क्या बाध्य होना पड़ेगा। तो, जो कमी चेतना के केंद्र में है वह एक कमी है जिसने संभावनाओं को पूरा किया; और जब तक कोई प्राणी सचेत है तब तक उसे हमेशा असंतुष्ट रहना चाहिए।7

स्वयं के लिए होना अपने लिए विभिन्न संभावनाओं को प्रोजेक्ट करता है और इन विभिन्न विकल्पों पर एक मूल्य रखता है। मूल्य है "पारंपरिक और अतिक्रमण का। पारगमन को खंड के संभावित पाठ्यक्रम के एक अलग विचार के रूप में नहीं समझा जाना चाहिए, बल्कि एक संबंधित (यहां तक कि 'पीड़ित') के रूप में इन आसन्न संभावनाओं के लिए एक मूल्य की खोज की जानी चाहिए।

संभावनाओं के प्रक्षेपण और "मूल्यों की स्थिति" के रूप में स्वयं के उत्थान की विशेषता हमें सार्त्र के स्वतंत्रता के सिद्धांत और शून्यता के विश्लेषण के साथ इसके संबंध की समझ के करीब एक महत्वपूर्ण कदम की ओर ले जाती है। स्वयं के लिए होना भी "मूल्यों के लिए होना" है, और दोनों ही इसकी अपनी संभावनाएं हैं और नहीं हैं।

यहां हम देखते हैं कि कैसे प्रमुख अवधारणाओं का यह नेटवर्क "मानव वास्तविकता" की हमारी अवधारणा को बनाने के लिए परस्पर संबंध रखता है। मनुष्य अपनी इच्छानुसार कार्य करने के लिए स्वतंत्र है और वह विभिन्न संभावित स्थितियों के अपने मूल्यांकन के अनुसार चुनता है-अधिक सटीक, उसके लिए संभावित परिस्थितियां और वह इस तथ्य के गुणों के आधार पर ऐसा करता है कि चेतना वास्तव में शून्य है। हालाँकि, यह शून्यता, जैसा कि लगता है, निषेध के रूप में निषिद्ध है, बदले में विनाश के कृत्यों के संदर्भ में विश्लेषण किया जाता है। चेतना की शून्यता वास्तविक दुनिया से "खुद को दूर करने" की क्षमता है और उस दुनिया को संशोधित करने की संभावनाओं की कल्पना और मूल्यांकन करती है।

सार्त्र की इच्छा का विश्लेषण * का विश्लेषण कमी के संदर्भ में किया जाता है और हम देखते हैं कि विनाश के सचेत कार्य अनिवार्य रूप से चेतना में ही बदल जाते हैं। "स्वयं के लिए

स्वयं की कमी का निर्धारण किए बिना स्वयं के लिए शून्यता को बनाए नहीं रख सकता"।

यह 'होने की कमी' की सूचना है। बदले में, जो इच्छा के विश्लेषण का आधार बनता है और, जो बदले में, सभी मानव उत्थान के विश्लेषण का आधार बनता है; सभी आंतरिक निषेधों में से, जो अस्तित्व में सबसे अधिक गहराई से प्रवेश करता है ... यह निषेध अभाव है। यह संसार में मानवीय यथार्थ के उभार के साथ ही प्रकट होता है। मानव जगत में ही अभाव हो सकता है।

सार्त्र का कहना है कि निषेध की संभावना का एहसास न केवल दुनिया के बारे में हमारे निर्णयों का एक कार्य है, बल्कि दुनिया के प्रति हमारे दृष्टिकोण का भी है, इससे पहले कि हम कोई भी निर्णय लें, उदाहरण के लिए, नकार की अवधारणा अपेक्षा में प्रवेश करती है, जो हो सकती है पूर्व-मौखिक और अनिवार्य रूप से ऐसा है कि यह निराश हो सकता है। उसी तरह, हम सहज रूप से, चीजों की अनुपस्थिति के साथ-साथ उनकी उपस्थिति को भी समझ सकते हैं।

यह हमारी अपेक्षा और पूर्वधारणाएं हैं जो 'अनुपस्थिति' जैसी अवधारणाओं को उत्पन्न करती हैं। लेकिन, यह देखते हुए कि ऐसा है, हम अनुपस्थिति को उतनी ही स्पष्ट रूप से देख सकते हैं जितना कि हम उपस्थिति को समझ सकते हैं। तो, कोई सवाल ही नहीं है, लेकिन वह निषेध दुनिया के बारे में जागरूकता में प्रवेश करता है, और इसलिए बहुत ही प्रारंभिक, पूर्व-तर्कसंगत स्तर पर स्वयं के बारे में हमारी जागरूकता में प्रवेश करता है।

स्वयं में होना 'पूर्ण' या पूर्ण है और इसकी कोई संभावना नहीं है, अर्थात स्वयं के लिए कोई संभावना नहीं देखता है और कोई अपेक्षा नहीं है। स्वयं के लिए होना, इसके विपरीत, सभी संभावनाएं और सभी अपेक्षाएं हैं। स्वयं में होना निराश या निराश नहीं हो सकता क्योंकि यह दुनिया से कुछ भी उम्मीद नहीं करता है। स्वयं के लिए होने के कारण शून्य से लगातार खतरा है, क्योंकि इसकी प्रकृति संभावनाओं को प्रोजेक्ट करना है, दुनिया से चीजों की अपेक्षा करना है। ईश्वर होने का अर्थ है अनंत संभावनाओं को प्रक्षेपित करना और अपने लिए अनंत अपेक्षाएं रखना, लेकिन यह पूर्ण या पूर्ण और निराशा की संभावना से परे भी होगा। सामान्य रूप से निराशा और शून्यता से बचने की अपनी खोज में, मनुष्य अपने आप में, पूर्ण और दृढ़ होने का प्रयास करता है ताकि उसका भविष्य एक खुला प्रश्न न हो, संभावनाओं और अपेक्षाओं की एक श्रृंखला, जिनमें से कई निराश होंगे। लेकिन यह मृत्यु है, किसी की संभावनाओं का अंत, किसी के उत्थान का अंत और इस तरह उस बिंदु को चिह्नित करता है जिस पर हम अंत में एक आदमी को स्वयं के रूप में मान सकते हैं, क्योंकि हर पल हम जीवित हैं, हमें नए विकल्प और नए विकल्प प्रदान करते हैं संभावनाएं। स्वयं में होना शुद्ध "स्वयं के साथ संयोग" है, लेकिन स्वयं के साथ इस संयोग के आधार पर यह इसके बारे में जागरूक नहीं हो सकता है; मनुष्य का जीवन अनिवार्य रूप से असंतुष्ट और अधूरा है। केवल उसकी मृत्यु ही उसे संतुष्ट करती है और उसे पूरा करती है, लेकिन जरूरी नहीं कि वह अपने लिए अपनी परियोजनाओं और लक्ष्यों के अनुसार ही हो। (मृत्यु की संतुष्टि केवल

मनुष्य के अंतिम 'स्वयं के साथ संयोग' में निहित है, न कि अपने लिए किसी विशेष आदर्श की पूर्ति में।

हाइडेगर के लिए, मृत्यु मनुष्य की अंतिम संभावना है। मैं एक आदमी के जीवन का "और" (लक्ष्य और साथ ही समाप्ति) हूं। सार्त्र स्पष्ट रूप से मृत्यु के महत्व को स्वीकार करते हैं लेकिन जीने के लक्ष्य के रूप में इसके मूल्य को नकारते हैं। यह सुनिश्चित करने के लिए, "मृत्यु मुझे मेरी प्रत्येक परियोजना के दिल में उनके अपरिहार्य रिवर्स साइड के रूप में सताती है"। मृत्यु मानव जीवन की केवल एक "सीमा" है, और यह मेरे जीवन का या मेरे भविष्य का हिस्सा या मेरी संभावनाओं का हिस्सा नहीं है। यह "मेरी संभावनाएँ नहीं हैं, लेकिन ...... संभावना है कि मेरे लिए अब कोई संभावना नहीं है। मौत मेरे प्रोजेक्ट्स में बाधक नहीं है.... चूंकि मृत्यु हमेशा मेरी विषय-वस्तु से परे होती है। मेरी व्यक्तिपरकता में इसके लिए कोई जगह नहीं है।" मुझे इस ज्ञान के साथ जीना चाहिए कि मैं मरने जा रहा हूं, लेकिन मुझे इसकी आवश्यकता नहीं है, सार्त्र का कम से कम तात्पर्य यह है कि मुझे अपनी मृत्यु को किसी भी तरह का लक्ष्य नहीं लेना चाहिए। मृत्यु बस मेरी संभावनाओं का अंत है; यह मेरी संभावनाओं में से एक नहीं है।8

सार्त्र के अनुसार, "इच्छा संसार की केवल चेतना और संसार की आत्म-चेतना के बीच की कड़ी है"। आगे वे लिखते हैं कि इच्छा कोई 'मानसिक अवस्था या भौतिक शक्ति' नहीं है और न ही यह दुनिया के बारे में एक सच्चाई है। हमारी इच्छाएं दुनिया में एक निश्चित कमी (एक असफल, असंतोष, शून्यता) की मान्यताएं हैं, लेकिन यह केवल हमारी अपेक्षाएं हैं कि दुनिया को कैसा होना चाहिए जो हमें ऐसी कमी को समझने की अनुमति देता है।

संक्षेप में, यह कहा जा सकता है कि सार्त्र के लिए संभावनाएं एक प्रकार की "कमी" है। मनुष्य अपने जीवन भर इस अंतर को भरने या इस कमी को पूरा करने और संपूर्ण बनने और अपने सच्चे स्व के साथ अपनी पहचान बनाने का प्रयास करता है। इच्छा का अस्तित्व भी मानवीय वास्तविकता को अभाव सिद्ध करता है। क्योंकि जब तक मनुष्य स्वयं को पूर्ण महसूस नहीं करेगा, तब तक वे इस पूर्णता की ओर प्रयास करते रहेंगे। उनकी इच्छाएं होती हैं जो दुनिया में अपनी जरूरतों के हिसाब से जरूरी बदलाव लाने की उनकी उम्मीदों के अलावा और कुछ नहीं हैं। इस प्रकार, मनुष्य अपने आप को अपनी वर्तमान स्थिति से पार करके अस्तित्व के उत्कर्ष मोड में ले जाने का प्रयास करता है, जो फिर से मनुष्य की अपनी संभावनाओं को साकार करने की इच्छा के अलावा कुछ भी नहीं है। अपनी संभावनाओं को साकार करने की इस प्रक्रिया में, वह मृत्यु को गले लगाता है जो और कुछ नहीं बल्कि सभी संभावनाओं का अंत है। मृत्यु अतिक्रमण को समाप्त कर देती है। उनकी मृत्यु के साथ, मनुष्य को संतुष्ट होना चाहिए और उसकी सभी इच्छाओं की पूर्ति होनी चाहिए। लेकिन मृत्यु को अपनी इच्छाओं को पूरा करने और अपनी अपेक्षाओं को पूरा करने के लिए मानव जीवन के लक्ष्य के रूप में नहीं लिया जाना चाहिए; क्योंकि मृत्यु मानव जीवन की समाप्ति है। इस प्रकार, मृत्यु के आने के साथ ही सभी मानवीय संभावनाएं स्थिर हो जाती हैं और

मानव जीवन थम जाता है।

-- ------- ----------------------

*सार्त्र ने अभाव की व्याख्या करते हुए कहा है कि "मानव वास्तविकता जिसके द्वारा दुनिया में अभाव प्रकट होता है, वह स्वयं एक कमी होनी चाहिए ...... मानवीय तथ्य के रूप में इच्छा का अस्तित्व यह साबित करने के लिए पर्याप्त है कि मानवीय वास्तविकता एक कमी है"। सार्त्र आगे कहते हैं कि अभाव स्वयं में होना है। दूसरे शब्दों में, चेतना अनिश्चित है, इसमें एक निश्चित प्रकृति का अभाव है, और सभी इच्छाएं स्वयं को निर्धारित करने की दिशा में निर्देशित हैं। यह निश्चय जिसके लिए अस्तित्व स्वयं के लिए प्रयास करता है वह स्वयं या अहंकार है; सभी संभावनाएं, इच्छाएं, विशेष रूप से इसी स्वयं की ओर निर्देशित होती हैं; "संभव कुछ ऐसा है जो स्वयं होने के लिए स्वयं की कमी है"। ("तर्कवाद से अस्तित्ववाद तक", सोलोमन रॉबर्ट सी.पृष्ठ. 276)

48
मानव जिम्मेदारी

यहां हम सार्त्र द्वारा समझे गए मानवीय उत्तरदायित्व की चर्चा करेंगे। "स्वतंत्रता और उत्तरदायित्व" शब्दों को सह-सम्बन्धित करने का प्रयास किया जाएगा।

स्वतंत्रता और जिम्मेदारी सह-सापेक्ष शब्द हैं, इस सख्त अर्थ में कि वे एक-दूसरे को दर्शाते हैं। यदि और जितना स्वयं के लिए स्वतंत्र है, वह अवश्य ही उत्तरदायी होगा; इसकी जिम्मेदारी की सीमा ठीक इसकी स्वतंत्रता की है। स्वतंत्रता और जिम्मेदारी के बीच पारस्परिक निहितार्थ के इस संबंध का कारण इस तथ्य में निहित है कि प्रत्येक स्वयं चेतना के वैकल्पिक विवरण के रूप में बोधगम्य है। "जिम्मेदारी" का अर्थ है "लेखक के रूप में चेतना" और यह कि "स्वतंत्रता" "चेतना" को नाश करने वाले विकल्प के रूप में दर्शाती है।

जैसा कि कहा गया है, मानव स्वतंत्रता में जिम्मेदारी शामिल है; ऐसी स्थिति में होना जो दुनिया में मानव उपस्थिति का अस्तित्व है, किसी के होने के तरीके के लिए जिम्मेदार होना है; मैं अनिवार्य रूप से जिम्मेदार हूं क्योंकि मेरे अंत जो अकेले हैं मेरी स्थिति निर्धारित करते हैं। दी गई स्थिति में मनुष्य को स्वतंत्रता है"; और इस स्वतंत्रता को मानव अस्तित्व के प्रामाणिक या अप्रामाणिक मोड के रूप में परिभाषित किया जा सकता है। चुनाव के अनुसार यह उत्पन्न होने पर स्थिति के भीतर स्वयं को बनाता है।

प्रामाणिकता में स्थिति के बारे में एक स्पष्ट और सच्ची जागरूकता मानने, उस स्थिति में किए गए जिम्मेदारियों और जोखिम को स्वीकार करने और इसे 'गर्व या अपमान के क्षण में, और कभी-कभी घृणा और घृणा के क्षण में भी बनाए रखने में शामिल है। जब प्रामाणिक व्यक्ति अपनी स्वतंत्रता के प्रति जागरूक हो जाता है, तो यह पूछना मूर्खता है कि क्या उसका जीवन जीने योग्य है। मनुष्य इसी संसार में रहता है और संसार की जिम्मेदारी वहन करता है। मनुष्य के अस्तित्व का कोई महत्व है या नहीं यह कोई नहीं कह सकता। *

स्वतंत्र होने के लिए दोषी ठहराए जाने के कारण मनुष्य संसार का भार अपने कंधों पर ढोता है; वह दुनिया के लिए और होने के एक तरीके के रूप में खुद के लिए जिम्मेदार है। हम दुनिया को "जिम्मेदारी" को उसके सामान्य अर्थों में "किसी घटना या वस्तु के निर्विवाद

लेखक होने की चेतना" के रूप में ले रहे हैं। इस अर्थ में स्वयं के लिए जिम्मेदारी बहुत अधिक है क्योंकि वह वही है जिसके द्वारा यह होता है कि एक दुनिया है; क्योंकि वह भी वही है जो स्वयं को बनाता है।

लेखकत्व की अवधारणा इस बात को रेखांकित करती है कि हाल ही में जिम्मेदारी सिद्धांतकार "अयोग्यता" को क्या कहते हैं। आरोपित स्थिति को एक महत्वपूर्ण तरीके से एक विषय पर निर्भर माना जाता है। लेकिन सार्त्र के उपयोग में, अपरिवर्तनीयता कुछ पैदा करने का परिणाम नहीं है (कार्य-कारण प्राकृतिक प्रक्रियाओं तक सीमित है, जिसे सार्त्र अनदेखा करता है); बल्कि, यह "पसंद" और कार्रवाई के विभिन्न अधिक विशिष्ट रूपों का एक कार्य है। नतीजतन, अपरिवर्तनीयता की सीमा सरल चौंका देने वाली है। यह उन सभी तक फैला हुआ है जो मैं हूं या करता हूं, दूसरे क्या करते हैं, और वास्तव में इस तथ्य तक कि "वहां" एक दुनिया है। फिर भी यह दावा इतना आश्चर्यजनक नहीं है जब विश्व-संस्था के रूप में चेतना-स्वतंत्रता के उनके सिद्धांत के आलोक में पढ़ा जाए।

"जिम्मेदारी" का एक और आयाम है, अर्थात् जवाबदेही या प्रशंसा या दोष के लिए दायित्व, जिसे सार्त्र के लेखकत्व के उपयोग से बाहर रखा जा सकता है। निर्विवादता और जवाबदेही, निस्संदेह, "जिम्मेदारी" के अलग-अलग उपयोग हैं और इसे अलग किया जा सकता है, उदाहरण के लिए, जब एक माता-पिता को अपने बच्चे के कार्यों (अयोग्यता) के प्रभावों के लिए जिम्मेदार (जवाबदेह) ठहराया जाता है।

लेकिन यह विशेष रूप से कार्य-कारण के स्थान पर "लेखकत्व" को चुनकर है कि सार्त्र "जिम्मेदारी" शब्द के लिए एक व्यापक नैतिक अर्थ को उलट देता है। यह महत्वपूर्ण दावा कम से कम चार बातों पर आधारित है। पहला, लेखकत्व उचित रूप से मानवीय संबंध है; यह भौतिक या स्पष्ट रूप से केवल जैविक संस्थाओं के बीच भी प्राप्त नहीं करता है। दूसरा, पूर्व-चिंतनशील कोगिटो की घटना के रूप में, बुनियादी जिम्मेदारी मौलिक स्वतंत्रता और मूल पसंद को निर्धारित करती है। तीसरा, यह उसी टोकन मूल्य-गठन द्वारा है। हम जो कुछ भी उत्पन्न करते हैं वह हमेशा हमारी मौलिक परियोजना के संरक्षण में किया जाता है, जो बदले में, हमारे आदर्श स्व को चुनने का हमारा तरीका है। और स्वयं का यह चुनाव उस छवि का चुनाव है जो हम मानते हैं कि प्रत्येक व्यक्ति को होना चाहिए। अंत में, जिम्मेदारी मोटे तौर पर नैतिक है क्योंकि यह स्वयं और दुनिया के साथ-साथ व्यक्तित्व का गठन करती है।

मैं विशिष्ट नैतिक निर्णयों से इसे अलग करने के लिए "मोटे तौर पर" नैतिक के रूप में लेखक की जिम्मेदारी का उल्लेख करता हूं जिसे रोजमर्रा के स्तर पर औचित्य के लिए कहा जाएगा। इस प्रकार, मैं दुनिया में अपने आचरण से मामलों की स्थिति के लिए "ग्रहण" करने का आग्रह कर सकता हूं, ठीक है, मैं औपचारिक अर्थों में जिम्मेदार हूं।

संक्षेप में, "निर्विवाद" लेखकत्व की बात करते हुए, सार्त्र प्रसिद्ध अस्तित्ववादी बहाने के अभाव की अपील कर रहे हैं। "मानव वास्तविकता का अजीबोगरीब चरित्र यह है कि यह बिना किसी बहाने के है"। ** लेकिन सार्त्र के निर्विवाद का मतलब है कि जिम्मेदारी कभी भी

बहाने की अनुमति नहीं दे सकती है और इसलिए यह डिग्री स्वीकार नहीं कर सकता है। वह कभी-कभी इस जिम्मेदारी को निरपेक्ष के रूप में संदर्भित करता है। ***

इसके अलावा, यह पूर्ण जिम्मेदारी इस्तीफा नहीं है; यह केवल हमारी स्वतंत्रता की चेतना की तार्किक आवश्यकता है। क्या मेरे साथ जो होता है वह मेरे द्वारा होता है, और मैं न तो इससे अपने आप को प्रभावित कर सकता हूं और न ही इसके खिलाफ विद्रोह कर सकता हूं और न ही इससे इस्तीफा दे सकता हूं। इसके अलावा, जो कुछ भी मेरे साथ होता है वह मेरा है। युद्ध की सबसे भयानक स्थिति, सबसे खराब यातनाएं अमानवीय स्थिति का निर्माण नहीं करती हैं; कोई गैर-मानवीय स्थिति नहीं है। यह केवल भय, उड़ान, और जादुई प्रकार के आचरण के माध्यम से है कि मैं गैर-मानव पर निर्णय लूंगा, लेकिन यह निर्णय मानवीय है, और मैं इसके लिए पूरी जिम्मेदारी ले लूंगा, लेकिन इसके अलावा स्थिति क्योंकि यह है मेरी खुद की स्वतंत्र पसंद की छवि, और जो कुछ भी यह मुझे प्रस्तुत करता है वह मेरा है जिसमें यह मेरा प्रतिनिधित्व करता है और मेरा प्रतीक है। चूंकि मनुष्य स्वयं को बनाता है; उसकी जिम्मेदारी "कुल" है। लेकिन क्या पूरी जिम्मेदारी संभव है? यह शायद ही आश्वस्त हो कि एक अकेला व्यक्ति "पूरी दौड़", "सभी के लिए" का फैसला करता है क्योंकि प्रत्येक व्यक्ति को खुद के लिए फैसला करना होता है। हमारे कार्य गलत या अपमानजनक हो सकते हैं कि कई लोग कई या यहां तक कि एक पूरे समाज को खतरे में डालते हैं- "यही दुनिया का अर्थ और ब्रह्मांड में मनुष्य का स्थान है"। [9] मनुष्य का उत्तरदायित्व सामान्य ज्ञान के दृष्टिकोण से, जिसे वह स्वतंत्र रूप से चुन सकता था, उससे कहीं अधिक विस्तृत है। कुछ भी नहीं इससे बचता है। इसमें न केवल आंतरिक, व्यक्तिगत गतिविधि, बल्कि बाहरी घटनाएं भी शामिल हैं। मैं हर चीज के लिए जिम्मेदार हूं, "युद्ध के लिए गहराई से जिम्मेदार (यहाँ सार्त्र द्वितीय विश्व युद्ध को संदर्भित करता है) जैसे कि मैंने इसे स्वयं घोषित किया था। सार्त्र ने दुनिया में जो कुछ भी हुआ, उसकी जिम्मेदारी ली। ****

स्वयं के लिए (मनुष्य) की जिम्मेदारी एक लोक-दुनिया के रूप में पूरी दुनिया तक फैली हुई है। यह ठीक इस प्रकार है कि स्वयं के लिए स्वयं को पीड़ा में पकड़ लेता है; अर्थात्, एक ऐसी सत्ता के रूप में जो न तो अपने होने का आधार है और न ही दूसरे के होने का और न ही अपने आप में जो दुनिया का निर्माण करता है, बल्कि एक ऐसा प्राणी है जो अपने भीतर और हर जगह होने का अर्थ तय करने के लिए मजबूर है। यह। जो व्यक्ति पीड़ा में यह महसूस करता है कि उसे एक जिम्मेदारी में डाल दिया गया है, जो उसके बहुत त्याग तक फैली हुई है, उसके पास अब न तो पछतावा है, न ही पछतावा या बहाना है; वह अब और कुछ नहीं बल्कि एक ऐसी स्वतंत्रता है जो स्वयं को पूरी तरह से प्रकट करती है और जिसका अस्तित्व इसी रहस्योद्घाटन में रहता है। लेकिन, ज्यादातर समय हम बुरे विश्वास में पीड़ा से भागते हैं। 10 *****

संक्षेप में, यह कहा जा सकता है कि स्वतंत्रता और जिम्मेदारी परस्पर संबंधित शब्द हैं। स्वतंत्रता का अर्थ जिम्मेदारी है। मनुष्य को उसके कृत्यों के लिए ही जिम्मेदार ठहराया जा

सकता है। उसे उन कार्यों के लिए जिम्मेदार नहीं ठहराया जा सकता है जो उसने नहीं किए। एक व्यक्ति अपने कार्यों के लिए केवल इसलिए जिम्मेदार होता है क्योंकि अभिनय में वह अपनी अनूठी स्थिति में कार्य करता है और समाज में रहने वाले अपने साथी के हितों को भी शामिल करता है। सार्त्र अकेले फैसलों में भी दूसरों के लिए जिम्मेदारी पर जोर देने में सही हैं लेकिन वह पुरुषों को कार्यों के लिए जिम्मेदार बनाने में गलत हैं, वे बिल्कुल भी शामिल नहीं हैं। सार्त्र ने पुरुषों को पूरी जिम्मेदारी से ओवरलोड करना गलत है। किसी भी परिस्थिति में, मनुष्य को उन कार्यों के लिए जिम्मेदार नहीं ठहराया जा सकता है जो उसने नहीं किए, उन परिस्थितियों के लिए जो उसने पैदा नहीं की। इसलिए, दुनिया में होने वाली घटनाओं के लिए एक अकेले व्यक्ति को जिम्मेदार नहीं ठहराया जा सकता है। सार्त्र ने द्वितीय विश्व युद्ध के लिए खुद को जिम्मेदार ठहराया जो 1939 में टूट गया था। केवल उन्हें ही द्वितीय विश्व युद्ध की घोषणा से जुड़े व्यक्तिगत निर्णयों या कदमों (यदि कोई हो) के लिए जिम्मेदार ठहराया जा सकता है।

निष्कर्ष निकालने के लिए, यह कहा जा सकता है कि व्यक्ति को अपने समाज के लिए, अपने साथियों के लिए जिम्मेदारी लेनी चाहिए और समाज के सुधार और अपने साथी पुरुषों की भलाई के लिए काम करने का कर्तव्य होना चाहिए।

---

*फ्रांसीसी अस्तित्ववादी, किंग्स्टन फ्रेड्रिक टेम्पल, पृष्ठ. 177

** बीइंग एंड नथिंगनेस को संदर्भित करता है, जेपी सार्त्र, पृष्ठ. 555

*** बीइंग एंड नॉटिंगनेस को संदर्भित करता है, जेपी सार्त्र, पृष्ठ. 554

**** मैं हर चीज के लिए जिम्मेदार हूं, वास्तव में, मेरी जिम्मेदारी को छोड़कर, क्योंकि मैं अपने अस्तित्व का आधार नहीं हूं। इसलिए, सब कुछ ऐसा होता है जैसे मुझे जिम्मेदार होने के लिए मजबूर किया गया था। मुझे दुनिया में छोड़ दिया गया है। और मैं खुद को अचानक अकेला और बिना मदद के, एक ऐसी दुनिया में लगा हुआ पाता हूं, जिसके लिए मैं पूरी जिम्मेदारी लेता हूं, मैं जो कुछ भी करता हूं, खुद को एक पल के लिए जिम्मेदारी से दूर करने में सक्षम नहीं हूं। मैं जिम्मेदारियों से भागने की अपनी इच्छा के लिए जिम्मेदार हूं। (बीइंग एंड नथिंगनेस, जेपी सार्त्र, पृष्ठ. 500)

***** बीइंग एंड नथिंगनेस को संदर्भित करता है, जेपी सार्त्र, पृष्ठ. 556

49

मानव स्वतंत्रता पर सार्त्र के पूर्व और बाद के विचारों का तुलनात्मक अध्ययन

जीन पॉल सार्त्र के मानव स्वतंत्रता के सिद्धांत में उन्नीस सौ साठ के दशक के दौरान कुछ 'कट्टरपंथी परिवर्तन' हुए हैं।

सबसे पहले, सार्त्र ने जोर देकर कहा कि स्वतंत्रता शक्ति का पर्याय नहीं है। मुक्त होने का अर्थ यह नहीं है कि व्यक्ति जो चाहे वह कर सकता है। दुनिया की चीजें और दूसरे लोगों की हरकतें प्रतिरोध पैदा करती हैं। लेकिन बाधाएं स्वतंत्रता को नहीं रोकती हैं; वे ही हैं जो स्वतंत्रता को संभव बनाते हैं, यदि इच्छा पूर्ति के समानार्थी होते, तो स्वप्न और वास्तविकता के बीच कोई अंतर नहीं होता। इसके अलावा, भौतिक या तार्किक सीमा के बिना एक स्वतंत्रता अनंत होगी; और चूंकि मनुष्य स्वयं सीमित है, यह अब मानव स्वतंत्रता नहीं होगी। अगर स्वतंत्रता को सार्थक होना है; यह चुनने की स्वतंत्रता होनी चाहिए, और विकल्प वैकल्पिक संभावनाओं की मांग करते हैं जो एक दूसरे को सीमित करते हैं। हमारे बाहर की दुनिया का प्रतिरोध वह सामग्री है जिससे स्वतंत्रता अपनी परियोजनाओं का निर्माण करती है। सार्त्र यह दिखाने के लिए अनंत विवरण में जाता है कि उसकी वास्तविकता जो भी हो (उसकी समय की तथ्यात्मक सीमा, अंतरिक्ष की भौतिक शक्ति, और उसके बारे में बाहरी घटनाएं); यह वह है जो इसका महत्व, उसके लिए इसका अर्थ, और उसके जीवन में उसका स्थान निर्धारित करता है। *

सार्त्र कुछ हद तक "प्रतिरोध और बाधाओं" पर चर्चा करते हैं, जिनका सामना मनुष्य करता है, लेकिन उन क्रूर उपहारों के संबंध में विभिन्न उद्देश्यों पर निर्णय लेने के अलावा इसे दूर नहीं किया जा सकता है। इस प्रकार, उदाहरण के लिए, "चट्टान मुझे एक अनुमानित स्केलिंग के प्रकाश में दिखाई देता है ... मेरी स्वतंत्रता क्या निर्धारित नहीं कर सकती है, यह है कि क्या चट्टान को "स्केल किया जाना है" या खुद को स्केलिंग की ओर नहीं ले जाएगा"।

स्वतंत्रता एक स्थिति में ही होती है। सार्त्र जोर देकर कहते हैं, इस स्थिति में कई वस्तुनिष्ठ भौतिक (उपहार) शामिल हैं जो हमारे द्वारा चुने जाने के लिए स्वतंत्र होने से रोकेंगे; इनमें स्थान, शरीर, भूतकाल और पद शामिल हैं। * इनमें से कोई भी, हालांकि, मानव स्वतंत्रता की सीमा नहीं रखता है, सार्त्र के पहले के सिद्धांत के अनुसार मुद्दा यह है कि करने की स्वतंत्रता वह नहीं है जो उस समय सार्त्र ने स्वतंत्रता से की थी। दूसरी ओर, सार्त्र का मतलब अनिश्चित स्थिति के लिए आवश्यक तर्कहीन तरीके से स्वतंत्रता-करना नहीं था। उन्होंने स्पष्ट रूप से एक अनिश्चित स्थिति को खारिज कर दिया, क्योंकि यह विशेष कार्रवाई को "बेतुका" प्रस्तुत करता है। **** वह इस बात का जिक्र करते हैं कि जब वह आजादी की बात करते हैं, तो उनका मतलब "मजेदार, गैरकानूनी अनावश्यक और समझ से बाहर होने वाली आकस्मिकता" नहीं है। ***** अनिश्चित स्थिति के विरोध में, सार्त्र का दावा है कि "बिना किसी कारण के किसी कार्य की बात करना एक ऐसे कार्य की बात करना है जिसमें प्रत्येक कार्य की जानबूझकर संरचना की कमी होगी। ******

सार्त्र के लिए, हमारे चुने हुए अंत एक प्रकार के अंतिम कारण के रूप में कार्य करते हैं। अनिश्चित स्थिति नैतिक निर्णय लेने के लिए प्रासंगिक नहीं होगी क्योंकि यह कार्रवाई को संयोग से होने वाली घटना के रूप में देखेगा जो आवश्यक है; हालाँकि, एक एजेंट है जो अपने कार्यों के लिए जिम्मेदार है।

स्वतंत्रता का उनका सिद्धांत ऐसा करने की स्वतंत्रता से संबंधित नहीं है जैसा कि हम या तो एक कारण के विपरीत या इस अर्थ में चुनते हैं कि मनुष्य सर्वशक्तिमान हैं।

सार्त्र का स्वतंत्रता का सिद्धांत एक आदर्श स्व के चुनाव से जुड़ा है, लेकिन वह यह स्पष्ट करता है कि "स्वतंत्रता के लिए सफलता महत्वपूर्ण नहीं है" #, अर्थात, व्यक्ति अपनी पसंद में कम स्वतंत्र नहीं है यदि किसी ने पूरी तरह से महसूस नहीं किया है आदर्श स्व. जब वह कहता है "मनुष्य एक बेकार जुनून है"; सार्त्र इस बात पर जोर दे रहे हैं कि आदर्श आत्म वास्तव में अवास्तविक है। ##

व्यक्ति के कई पहलू निष्पक्ष रूप से दिए गए हैं और जैसे, हमारी पसंद के अधीन नहीं हैं, उदाहरण के लिए जाति, लिंग, वर्ग, राष्ट्रीयता शारीरिक संरचना। यह पसंद की बात नहीं है कि मैं अपंग हूं, लेकिन यह पसंद की बात है कि क्या मैं अपनी अक्षमता को असफलता का बहाना बनाता हूं या किसी चीज पर गर्व करता हूं, या अपमान करता हूं। ###

सार्त्र सोचते हैं कि हम स्वयं को चुनने के अर्थ में स्वयं को चुनने के लिए स्वतंत्र हैं जिसे हम बनना चाहते हैं। लेकिन दूसरे अर्थ में हम चुनने के लिए कम से कम स्वतंत्र नहीं हैं, हम क्या हैं, उन इंद्रियों के बीच अंतर करना चाहिए। यहां यह जोड़ा जाना चाहिए कि वह हमेशा इन भेदों को स्पष्ट नहीं करता है और वह कभी-कभी भ्रामक रूप से बोलता है जैसे कि स्वतंत्रता "कुल/total" थी।

हमने देखा है कि सार्त्र का पहले का स्वतंत्रता का सिद्धांत उस स्वतंत्रता पर आधारित नहीं है जैसा हमने चुना है, दोनों में से किसी एक में चर्चा की गई है, तो स्वतंत्रता क्या है?

सार्त्र "बीइंग एंड नथिंगनेस" में चर्चा करते हैं, वे कहते हैं, 'स्वतंत्रता का मौलिक कार्य है .... दुनिया में खुद की पसंद और उसी टोकन से यह दुनिया की खोज है"।

दूसरी ओर, सार्त्र का कहना है कि स्वतंत्रता मनुष्य की पसंद है, वह खुद को इसी दुनिया में चुनता है और इस तरह दुनिया को भी खोजता है। पुरुष इस अर्थ में स्वतंत्र हैं कि वे स्वयं को 'स्व' चुनने की सीमा तक स्वयं को चुन सकते हैं जो वे बनना चाहते हैं। दूसरे शब्दों में कहें तो मनुष्य आदर्श स्व को चुनने का प्रयास करता है; और जब तक कि उसने अपने आदर्श स्व को नहीं जान लिया हो; उसकी स्वतंत्रता पूर्ण नहीं है। उसकी स्वतंत्रता तभी पूर्ण होती है जब वह आदर्श आत्म की अनुभूति करने में सक्षम हो। यद्यपि मनुष्य आदर्श आत्म की प्राप्ति में सफलता प्राप्त नहीं कर सकता है, फिर भी वह इस अनुभूति का प्रयास नहीं करने का जोखिम नहीं उठा सकता है। लेकिन सच्चा आदर्श आत्म वास्तव में अवास्तविक है। दूसरी ओर सार्त्र का कहना है कि यद्यपि मनुष्य चुनाव करने में स्वतंत्र है, फिर भी वह यह चुनने के लिए इतना स्वतंत्र नहीं है कि वह क्या है। इसका अर्थ यह है कि स्वतंत्र रूप से यह चुनना मनुष्य के हाथ में नहीं है कि वह अपनी वर्तमान परिस्थितियों की स्थिति, जिसके तहत वह मौजूद है। दूसरे शब्दों में कहें तो मनुष्य को अपने वर्तमान अस्तित्व को उसी स्थिति में स्वीकार करना पड़ता है, जैसे वह बिना किसी विकल्प के और बिना किसी परिवर्तन के है।

संक्षेप में, यह कहा जा सकता है कि स्वतंत्रता अभी भी सार्त्र के संपूर्ण दर्शन की केंद्रीय चिंता बनी हुई है। मानव स्वतंत्रता पर केवल दो दृष्टिकोण हो सकते हैं जो आवश्यक हैं। (I) मनुष्य "स्व" को चुनने के अर्थ में स्वयं को चुनने के लिए स्वतंत्र हैं जो वे बनना चाहते हैं। (II) मनुष्य कुछ भी चुनने के लिए स्वतंत्र नहीं हैं कि वे क्या हैं।

इस प्रकार, यह कहा जा सकता है कि मनुष्य को स्वतंत्रता है और वे जो हैं उसके लिए जिम्मेदार हैं। निष्कर्ष निकालने के लिए यह कहा जा सकता है कि सार्त्र ने स्वतंत्रता और जिम्मेदारी के बारे में अपना विचार नहीं बदला है।

-- ----------------------------------

*संदर्भित करता है: (संभावना का साहित्य, हेज़ल ई. बर्न्स, टैविस्टॉक पब. 1959, पृ. 284)

** (बीइंग एंड नथिंगनेस, जेपी सार्त्र, पृ. 488)

*** (बीइंग एंड नथिंगनेस, जेपी सार्त्र, पी। 489),

**** (बीइंग एंड नथिंगनेस, जेपी सार्त्र, पृ. 437),

***** (बीइंग एंड नथिंगनेस, जेपी सार्त्र, पी। 453),

****** (बीइंग एंड नथिंगनेस, जेपी सार्त्र, पृ. 436-437)

(बीइंग एंड नथिंगनेस, जेपी सार्त्र, पृ. 483)

(बीइंग एंड नथिंगनेस, जेपी सार्त्र, पृ. 615)

(बीइंग एंड नथिंगनेस, जेपी सार्त्र, पी. 328)

50

सार्त्र की नास्तिकता

सार्त्र की नास्तिकता पर चर्चा करने से पहले, पहले ईश्वरवादी अस्तित्ववादी और अंतिम नास्तिक अस्तित्ववादी के बीच अंतर करने के लिए कीर्केगार्ड के विचारों को ईश्वर पर देना बेहतर होगा।

कीर्केगार्ड, आस्तिक अस्तित्ववादी होने के नाते पूरी तरह से ईश्वर के प्रति समर्पित थे। वह ईश्वर के अस्तित्व में बहुत विश्वास करता था और उस पर पूर्ण विश्वास रखता था। उनका मानना था कि मनुष्य में वह अंतर्निहित क्षमता है जिसके द्वारा वह ईश्वर के प्रति प्रतिबद्धता के बंधन में प्रवेश कर सकता है। जीवन ईश्वर की भक्ति में जिया और नैतिक जीवन की खोज में मानव अस्तित्व का नैतिक-धार्मिक चरण है। आदमी चुनाव करता है। और चुनने में वह नैतिक-धार्मिक अस्तित्व को चुनता है और ईश्वर के प्रति एक आंतरिक प्रतिबद्धता में प्रवेश करता है और इस तरह यह महसूस करता है कि वह एक 'मौजूदा' व्यक्ति है।

मनुष्य अपने अस्तित्व के नैतिक-धार्मिक चरण में निराशा का सामना करता है और उसे स्वीकार करता है। निराशा उसे ईश्वर से उसके अलगाव और अलगाव का खुलासा करती है। इसलिए निराशा से बाहर आकर वह ईश्वर में विश्वास करने के लिए एक अस्तित्वगत छलांग लगाता है, कम से कम उसे मृत्यु तक बीमारी का शिकार होना चाहिए। इस प्रकार ईश्वर में विश्वास एक "जीवन आवश्यकता" है। अस्तित्व के नैतिक-धार्मिक चरण में, मनुष्य ईमानदारी और जुनून के साथ आंतरिक निर्णय और जिम्मेदार कार्रवाई के लिए खुद को प्रतिबद्ध करता है और भगवान के प्रति प्रतिबद्धता के बंधन में प्रवेश करता है। लेकिन मनुष्य हमेशा ईश्वर-संबंध में खुद को बनाए रखने में सक्षम नहीं है, और इसलिए उसकी धार्मिक पीड़ा उत्पन्न होती है जो भगवान से अलग होने के अपरिहार्य क्षणों के कारण होती है। हालाँकि, पीड़ा केवल ईश्वर के लिए उसकी भावना को तीव्र करती है और उसे उसके साथ घनिष्ठ संबंध में ले जाती है।

सार्त्र का दर्शन नास्तिक है और प्रतिबद्धता के उनके विचार गैर-धार्मिक, सामाजिक और राजनीतिक हैं। वह "ईश्वर के अस्तित्व" में विश्वास नहीं करता है। वह अच्छे में विश्वास को मानव स्वतंत्रता और जिम्मेदारी के विपरीत भी मानता है।

हालांकि सार्त्र के विश्वास की हानि का विवरण काफी हल्का लगता है, उनका नास्तिकता कुछ ऐसा है जो उनके लिए बहुत गंभीर और महत्वपूर्ण है। जैसा कि उन्होंने कहा है, यह अत्यंत महत्वपूर्ण है कि ईश्वर का अस्तित्व नहीं है। * और वह उन लोगों से घृणा करता है जो विश्वास करना छोड़ देते हैं। ईश्वर की गैर-मौजूदगी मनुष्य को अपने आप छोड़ देती है और उसे यह भयानक लगता है, लेकिन यह मनुष्य को उसकी स्वतंत्रता के पूर्ण अधिकार में रखता है और उसे इस तथ्य का सामना करने के लिए मजबूर करता है कि वह स्वयं के लिए पूरी तरह से जिम्मेदार है।

यह वास्तव में सार्त्र के सबसे शक्तिशाली नाटक के मुख्य विषयों में से एक है, जिसे 1952 में "द डेविल एंड द गुड लॉर्ड" लिखा गया था। इसका मुख्य चरित्र, गोएट्ज़ यह महसूस करता है कि मानव अस्तित्व या तो शुद्ध बुराई या शुद्ध अच्छाई का मामला नहीं है, बल्कि अच्छाई और बुराई का एक अस्पष्ट मिश्रण है। यह भगवान या शैतान को चुनने की बात नहीं है, या तो स्वर्ग या नर्क। यह मनुष्य को वैसा ही चुनने की बात है जैसा वह है, और पृथ्वी जैसी है वैसी है। गोएट्ज़ रोता है, भगवान मौजूद नहीं है; खुशी, खुशी के आंसू; न अधिक स्वर्ग, न अधिक नरक; पृथ्वी के अलावा कुछ नहीं "।

निम्नलिखित पंक्तियाँ आगे परमेश्वर की मृत्यु को प्रकट करेंगी जैसा कि गोएट्ज़ द्वारा बुरे पुजारी हेनरिक को घोषित किया गया था। गोएट्ज़ बताता है कि "उसने स्वर्ग में संदेश भेजे लेकिन कोई जवाब नहीं आया। स्वर्ग ने उसके अस्तित्व को ही नज़रअंदाज़ कर दिया। अब जबकि वह उस उत्तर को जानता है और घोषणा करता है कि परमेश्वर उसे देखता, सुनता और जानता नहीं है, मौन, अनुपस्थिति और मनुष्य का अकेलापन ही परमेश्वर है। मनुष्य अकेले ही अच्छाई का आविष्कार करता है और बुराई का फैसला करता है। गोएट्ज़ आगे कहते हैं कि "मनुष्य कुछ भी नहीं है; अगर आदमी मौजूद है .... भगवान अब नहीं रहे। **

संक्षेप में, यह कहा जा सकता है कि सार्त्र की स्थिति के लिए जो महत्वपूर्ण है वह ईश्वर के अस्तित्व का खंडन नहीं है; और अधिक सरलता से, उसके अस्तित्व में किसी भी विश्वास की अनुपस्थिति। यह केवल एक का विश्वास है जो मायने रखता है; क्योंकि ईश्वर के अस्तित्व को सिद्ध करना लगभग असंभव है। अन्य आस्तिक अस्तित्ववादियों के साथ कीर्केगार्ड को ईश्वर में विश्वास था, इसलिए ईश्वर का अस्तित्व था, हालांकि उनमें से कोई भी ईश्वर के अस्तित्व को साबित नहीं कर सका। फिर भी उन्होंने उस पर अपना विश्वास बनाए रखा और धार्मिक-विश्वास का जीवन व्यतीत किया। किर्केगार्ड के लिए, यह केवल महान विश्वास का विषय था जिसने उन्हें इतना महान आस्तिक दार्शनिक बना दिया। उन्होंने या तो/या का एक सिद्धांत प्रतिपादित किया और चुनने में उन्होंने नैतिक-धार्मिक जीवन को चुना और जीवन भर ईश्वर के साथ संबंध में रहे।

दी गई, किसी भी आधार पर, पारंपरिक ईश्वर की तार्किक असंभवता; यानी किर्कगार्ड के लिए, उस पर हमारे विश्वास को बढ़ावा देने का सिर्फ एक कारण। तार्किक असंभवता विश्वास को जीत नहीं सकती, क्योंकि तार्किक संभावना इसे पैदा कर सकती है। *** तो क्या मायने रखता है, तर्क के लिए भगवान की दुर्गमता नहीं बल्कि वास्तविक तथ्य यह है कि मैं उस पर विश्वास नहीं करता।

---

* सार्त्र 'अस्तित्ववाद एक मानवतावाद है' में, नास्तिकता के सिद्धांत के रूप में "परित्याग" की अवधारणा की व्याख्या करता है। सार्त्र "परित्याग" से कहते हैं, उनके कहने का मतलब है कि ईश्वर का अस्तित्व नहीं है, और उनकी अनुपस्थिति के परिणामों को अंत तक सही ढंग से खींचना आवश्यक है ..."। (तर्कवाद से अस्तित्ववाद तक, सोलोमन रॉबर्ट सी, पृष्ठ. 284-286)

** संदर्भित करता है (अस्तित्ववादी और जेपी सार्त्र, मैक्स चार्ल स्वार्थ, पृष्ठ. 83)

*** अस्तित्ववाद का परिचय, ग्रेने मार्जोरी, पृष्ठ. 43)

आस्तिक और नास्तिक अस्तित्ववादियों के विचारों पर तुलनात्मक और मूल्यांकन अध्ययन

51

तुलना

अभी तक कीर्केगार्ड, जैस्पर्स, नीत्शे, मार्सेल, सार्त्र आदि जैसे कुछ महान आस्तिक और नास्तिक अस्तित्ववादी दार्शनिकों के विचारों की चर्चा की गई है। हमें उन पर वैसे ही चर्चा करनी थी जैसे वे अपनी विविधता और विशिष्टता में हैं, और हम में से कुछ लोग आश्चर्यचकित हो सकते हैं कि क्या वे मनुष्य के रूप में इतने भिन्न नहीं हैं, अपनी भाषा और विचार में इतने विशिष्ट हैं और कभी-कभी एक-दूसरे के इतने विरोधी हैं कि कोई नहीं कर सकता देखें कि उनमें समानता क्यों है, 'भले ही हम उन्हें अस्तित्ववादी कहने के लिए सहमत हों, किसी को आपत्ति हो सकती है'। हम यह देखने में विफल रहते हैं कि वह अस्तित्ववाद क्या है जिस पर वे सहमत हैं। एक ऐसा दर्शन नहीं है जिसे अस्तित्ववाद कहा जा सकता है, लेकिन व्यापक अंतर वाले कई दर्शन इस शीर्षक के अंतर्गत आते हैं। अस्तित्व के जर्मन दार्शनिकों और फ्रांसीसी अस्तित्ववादियों के बीच स्पष्ट अंतर करना भी संभव नहीं है। मार्सेल की तुलना में सार्त्र हाइडेगर के अधिक निकट है, और हाइडेगर 'अस्तित्ववादी' के रूप में अपना एक वर्ग बनाना चाहेंगे। उन सभी के लिए समान सिद्धांतों का कोई सेट नहीं है, और न ही वे हेगेलियन की बोली की तुलना में अच्छी तरह से परिभाषित विधियों को साझा करते हैं। फिर भी, वे एक साथ हैं। उन्हें उसी चुनौती का सामना करना पड़ता है जिसका उन्हें जवाब देना होता है, और वे उसी स्थिति में शामिल होते हैं। हालांकि उनके उत्तर समान नहीं हैं, वे समानांतर दिशाओं में चलते हैं और भले ही एक दूसरे के विपरीत हों, आंतरिक रूप से संबंधित हों। दूसरे शब्दों में, शब्द "अस्तित्ववाद" मन की एक निश्चित स्थिति की ओर इशारा करता है, एक आध्यात्मिक आंदोलन के लिए एक विशिष्ट दृष्टिकोण या दृष्टिकोण की ओर इशारा करता है जो वर्तमान परिस्थितियों में और विचार की एक विशिष्ट विधा के लिए महत्वपूर्ण है, किसी भी मामले में जो कुछ भी जीवित है। अस्तित्व का दर्शन स्वतंत्रता के दर्शन के बजाय मुक्ति का दर्शन है। अस्तित्ववादी मनुष्य को बाहरी शक्तियों, समाज, राज्य और तानाशाही शक्ति के प्रभुत्व से मुक्त करने का प्रयास करते हैं। वे मनुष्य के प्रामाणिक स्व को अप्रामाणिक स्वयं के बंधनों से मुक्त करना चाहते हैं।1

कीर्केगार्ड और कार्ल जसपर्स के दर्शन के बीच मुख्य अंतर यह है कि कीर्केगार्ड एक विकल्प बनाता है, एक ईसाई बनना चुनता है, और अपनी पसंद को पूरा करने के लिए, एक और कारक को पहचानता है- भगवान की कृपा। दूसरी ओर, कार्ल जसपर्स, हमारे सामने केवल परिवर्तनशील विकल्प, अलग-अलग लोगों के अलग-अलग दृष्टिकोण रखते हैं, और किसी विशेष विकल्प के लिए स्वयं को प्रतिबद्ध करने के बजाय, पसंद के संदर्भ में अस्तित्व को परिभाषित करते हैं। इस प्रकार, जहां कीर्केगार्ड और नीत्शे के निश्चित दृष्टिकोण हैं, जसपर्स उनके द्वारा प्रभावित हैं।, अपने स्वयं के विशेष के बजाय, सभी विभिन्न संभावित दृष्टिकोणों को हमारे सामने रखने का प्रयास करते हैं।

गेब्रियल मार्सेल विशेष रूप से कीर्केगार्ड से प्रभावित नहीं थे, हालांकि कुछ मामलों में उनकी स्थिति कीर्केगार्ड के समान थी। उनकी मुख्य चिंता विषय और वस्तु, विचार और अस्तित्व, शरीर और आत्मा के वैचारिक विरोधों-विरोधों को दूर करना है, ताकि एक ऐसे क्षेत्र पर पहुंचें, जिसे वे समस्याओं के क्षेत्र के विपरीत रहस्य के क्षेत्र को कहते हैं।

कीर्केगार्ड की मानव स्वतंत्रता की अवधारणा ईश्वर में उनके विश्वास और ईश्वर की प्रतिबद्धता के बंधन में प्रवेश करने के लिए मनुष्य की अंतर्निहित क्षमता में उनके विश्वास पर आधारित है। मानव अस्तित्व के नैतिक-धार्मिक चरण में ईश्वर की भक्ति और नैतिक जीवन की खोज में जीवन को पसंद किया जाता है। मानव अस्तित्व के इन स्तरों के बीच चुनाव एक अस्तित्वगत विकल्प है जो प्रत्येक व्यक्ति के सामने खुद को एक/या के रूप में प्रस्तुत करता है। इस चुनाव में मनुष्य का पूरा अस्तित्व शामिल है और वह जो चुनाव करता है वह उसके अस्तित्व के स्तर को तय करता है। या तो/या नैतिक-धार्मिक और अस्तित्व के सौंदर्य स्तरों के बीच अस्तित्व संबंधी संबंध को व्यक्त करता है, या तो वह नैतिक-धार्मिक अस्तित्व को चुनता है, भगवान के लिए एक आंतरिक प्रतिबद्धता में प्रवेश करता है और इस तरह यह महसूस करता है कि वह भगवान के लिए एक आंतरिक प्रतिबद्धता है और इस तरह यह महसूस करता है कि वह एक 'मौजूदा' व्यक्ति है, या वह पूरी तरह से वस्तुनिष्ठ सुखों या सैद्धांतिक अटकलों में खुद को खो देता है और इस तरह यह भूल जाता है कि वह एक 'मौजूदा' व्यक्ति है। इस 'अस्तित्ववादी' विकल्प में मनुष्य स्वयं के बाहर कुछ भी नहीं चुनता है, लेकिन खुद को चुनता है कि या तो एक अद्वितीय व्यक्ति के रूप में अस्तित्व में है या अस्तित्व में नहीं है। इसलिए, चूंकि मनुष्य स्वयं को अस्तित्वगत चुनाव में किसी न किसी तरह से चुनता है, अस्तित्वगत विकल्प अनिवार्य रूप से पसंद की वस्तु के बजाय पसंद के कार्य की वास्तविकता को जोड़ता है।

या तो मनुष्य को अस्तित्व के दो स्तरों के बीच चुनाव का सामना करना पड़ता है; या तो दुनिया में एक 'वस्तु' के रूप में उपस्थित होने के लिए या अपनी स्वतंत्रता और जिम्मेदारी के प्रति जागरूक व्यक्ति के रूप में मौजूद रहने के लिए। अस्तित्व का पूर्व स्तर अस्तित्व का अप्रामाणिक तरीका है - जिसमें मनुष्य ज्यादातर इस तरह का खुलासा करता है कि वह एक जीवित वस्तु, चेतना और मन के रूप में है। अस्तित्व का बाद का स्तर स्वयं होने का

प्रामाणिक तरीका है जिसमें मनुष्य अपने अस्तित्व, व्यक्तिपरकता और स्वतंत्रता को प्रकट करता है। यह उस व्यक्ति का प्रामाणिक व्यक्तिगत अस्तित्व है जो सचेत रूप से खुद को बाकी दुनिया से अलग करता है, खुद को पसंद और गतिविधि में सक्षम 'स्वतंत्रता' के रूप में महसूस करता है, और एक के लिए जिम्मेदारी स्वीकार करता है उसके निर्णय, कार्य और दृढ़ विश्वास।

कीर्केगार्ड का जीवन के प्रति नकारात्मक दृष्टिकोण और ईश्वर के प्रति मनुष्य की प्रतिबद्धता पर उनका जोर, अपने साथी-प्राणियों के प्रति मनुष्य की प्रतिबद्धता की तुलना में प्रामाणिक अस्तित्व के लिए अधिक आवश्यक है, कीर्केगार्ड के दर्शन के लिए विशिष्ट है और मार्सेल और जैस्पर द्वारा साझा नहीं किया जाता है, बावजूद इसके किर्केगार्ड के लिए उनकी सामान्य ऋणी है। . वे ईश्वर और मनुष्य दोनों के प्रति मनुष्य की प्रतिबद्धता पर समान रूप से जोर देते हैं और इस बात को बनाए रखते हैं कि दुनिया में दूसरों के साथ मनुष्य के नैतिक संबंध ईश्वर प्राप्ति या श्रेष्ठता की दिशा में आध्यात्मिक प्रयासों का आधार हैं।

स्वतंत्रता के जीवन को ईश्वर में विश्वास पर आधारित करने में, कीर्केगार्ड सार्त्र और हाइडेगर से अलग है। सार्त्र और हाइडेगर के लिए, मानव अस्तित्व की स्वतंत्रता का तात्पर्य व्यक्ति के जीवन से है जो व्यक्तिगत विकल्पों के माध्यम से अपनी अंतर्निहित क्षमता की प्राप्ति की ओर उन्मुख होता है; उनकी स्वतंत्रता और श्रेष्ठता की एक पृथ्वी-बंधी अवधारणा है, इसका अर्थ है, इस प्रक्रिया में अपने स्वयं के व्यक्तिगत निर्णय का प्रयोग करके मनुष्य का अपने विश्व में होने की वर्तमान स्थिति से उसकी भविष्य की स्थिति में जाना। सार्त्र और हाइडेगर दोनों ने ही मानवीय परिमितता के दर्शन को प्रतिपादित किया और स्वतंत्रता के जीवन के महत्व को एक ऐसे अस्तित्व तक सीमित कर दिया जो अस्थायी और सीमित है। लेकिन कीर्केगार्ड स्वयं को परिमित और अनंत, लौकिक और शाश्वत के संश्लेषण के रूप में मानता है, और स्वतंत्रता के जीवन को अपनी अहंकारी सीमाओं को पार करके अनंत प्रेम और शाश्वत सुख के लिए अपनी क्षमता के प्रकटीकरण के रूप में मानता है। स्वतंत्रता का जीवन ईश्वर के साथ एक आंतरिक व्यक्तिगत संबंध की ओर उन्मुख है, जो पारलौकिक और शाश्वत है और किसी की सांसारिक संभावनाओं की प्राप्ति की ओर नहीं है।

सार्त्र और हाइडेगर के विपरीत, कीर्केगार्ड का कहना है कि 'निराशा' जो कि अप्रामाणिक अस्तित्व का परिणाम है, केवल ईश्वर की ओर मुड़कर और उसमें विश्वास पैदा करके ही व्यक्ति द्वारा स्वीकार और सामना किया जा सकता है, अन्यथा वह मृत्यु के लिए बीमारी का शिकार होगा। सार्त्र, एक नास्तिक अस्तित्ववादी, ईश्वर में विश्वास को मानव स्वतंत्रता और जिम्मेदारी के विरोधाभासी मानते हैं। कीरकेगार्ड इसे मानव स्वतंत्रता की शर्तों और समर्थन के रूप में मानते हैं। इस संबंध में, कीर्केगार्ड का दृष्टिकोण एक अन्य आस्तिक अस्तित्ववादी जसपर्स के दृष्टिकोण से मिलता-जुलता है, जो यह भी कहता है कि स्वतंत्रता का जीवन केवल किसी की आशा और श्रेष्ठता में विश्वास के द्वारा ही कायम रखा जा सकता है।

सार्त्र और हाइडेगर की तरह, कीर्केगार्ड व्यक्ति की मृत्यु की अवधारणा के स्वतंत्रता के जीवन के साथ घनिष्ठ संबंध को पहचानता है। मृत्यु की प्रत्याशा से उसके सभी निर्णयों पर फर्क पड़ता है और उसके जीवन को अप्रामाणिक से प्रामाणिक अस्तित्व में बदल देता है। लेकिन कीर्केगार्ड नास्तिक अस्तित्ववादियों, हाइडेगर और सार्त्र की तरह यह नहीं मानते हैं कि मानव अस्तित्व 'शून्यता' में कम हो जाता है और मृत्यु में इसके विनाश के सामने बेकार हो जाता है। उनका कहना है कि यह एक अनंत मूल्य प्राप्त करता है, जितना वह एक आंतरिक ईश्वर-संबंध में भाग लेता है। व्यक्ति का प्रामाणिक जीवन अंततः उद्देश्यहीन होता है, जैसा कि सार्त्र का मानना है, लेकिन ईश्वर के साथ संबंध बनाने का सर्वोच्च उद्देश्य है, और यह कीर्केगार्ड की मानव स्वतंत्रता की ईश्वरवादी और उद्देश्यपूर्ण अवधारणा है।

गेब्रियल मार्सेल स्वतंत्रता की अपनी अवधारणा को कीर्केगार्ड की स्वतंत्रता की ईश्वरवादी अवधारणा के साथ घनिष्ठ समझौते में विकसित करता है। लेकिन वह जीवन के प्रति कीर्केगार्ड के नकारात्मक रवैये, अनन्य 'व्यक्तिपरकता' पर उनके जोर और ईश्वर के प्रति मनुष्य की प्रतिबद्धता को अपने प्रामाणिक अस्तित्व के लिए और अन्य व्यक्ति के प्रति अपनी प्रतिबद्धता के रूप में साझा नहीं करता है। मार्सेल का मानना है कि मनुष्य की प्रतिबद्धता केवल ईश्वर के प्रति ही नहीं बल्कि दूसरे व्यक्ति के प्रति भी है और यह कि दोनों प्रतिबद्धताएं परस्पर संबंधित हैं।

दूसरों के साथ मनुष्य के नैतिक संबंध उसे अस्तित्व की पूर्णता प्रदान करते हैं जिसका उसके पास अन्यथा अभाव होता है और यह उस माध्यम के रूप में भी कार्य करता है जिसके माध्यम से वह ईश्वर के साथ संबंध स्थापित कर सकता है। दूसरी ओर, ईश्वर में मनुष्य का विश्वास, अपने साथियों के प्रति प्रेम, निष्ठा और सेवा की भावना को बनाए रखता है और समर्थन करता है और प्रतिबद्धता के इस मार्ग से विचलन उसे देशद्रोह में डाल देगा। ईश्वर के साथ मनुष्य की प्रतिबद्धता उस पर विश्वास करने का विषय है, उस पर मनुष्य के विश्वास की अभिव्यक्ति है।

अन्य अस्तित्ववादियों द्वारा तैयार किए गए अप्रमाणिक और प्रामाणिक अस्तित्व के बीच के अंतर के अनुरूप, मार्सेल दो प्रकार के व्यक्तियों के बीच अंतर करता है।

1. आसान और उपलब्ध
2. अनुपयोगी और अनुपलब्ध।

अनुपयोगी और अनुपलब्ध वे हैं जो आत्मकेंद्रित हैं और जिनका अस्तित्व अपनी व्यक्तिगत इच्छाओं और सुखों की खोज में 'खो गया' है। अपने स्वार्थ के कारण, वे दूसरों के लिए प्रेम, करुणा और त्याग करने में असमर्थ हैं।

इनमें से विशिष्ट 'आसान' और 'उपलब्ध' हैं जो अपने क्षुद्र अहंकार की सीमाओं को पार करते हैं और गतिविधि दूसरों के साथ प्रेम, सहानुभूति और सेवा के संबंधों में प्रवेश करती है, जिससे खुद को दूसरों के लिए 'आसान' और 'उपलब्ध' बनाती है।

मनुष्य की संरचना दूसरों के साथ रहने के रूप में होती है और वह इस संरचना के हिस्से के रूप में ही अपनी स्वतंत्रता की खोज करता है। मनुष्य की अपनी अवधारणा में हमेशा की तरह 'दुनिया' में शामिल है और इससे 'सार' नहीं है। मार्सेल सहमत हैं सार्त्र, जैस्पर्स और मार्टिन हाइडेगर।

लेकिन मार्सेल मानव अस्तित्व के संपूर्ण सत्य को व्यक्त करने के रूप में मनुष्य के साथ-साथ होने पर विशेष जोर देकर खुद को अन्य अस्तित्ववादियों से अलग करता है। सार्त्र का मानव अस्तित्व को मूल रूप से 'शून्यता' और अलगाव के रूप में देखना; मानवीय भागीदारी और सक्रियता के उनके दर्शन को रेखांकित करता है और इसे अंतिम उद्देश्यहीनता के साथ निवेश करता है। लेकिन मार्सेल चेतना के 'पृथक' दृष्टिकोण को एक अमूर्तता से उत्पन्न होने के रूप में मानते हैं और इसलिए गलत है, मानव अस्तित्व का एकमात्र मूल सत्य इसकी भागीदारी है।

सार्त्र और हाइडेगर के विपरीत, मार्सेल का मानना है कि मानव पारगमन केवल 'क्षैतिज' नहीं है, जो समय के क्रम में वर्तमान से भविष्य में गुजरता है, बल्कि 'ऊर्ध्वाधर' है और परिमित और लौकिक से पारलौकिक और शाश्वत है। सीमित और लौकिक मानव अस्तित्व का आत्म-उत्थान तभी होता है जब वह ईश्वर के साथ प्रतिबद्धता के बंधन में प्रवेश करता है, जो पारलौकिक और शाश्वत है, और उसके संबंध में अपना 'अस्तित्व' स्थापित करता है। मार्सेल कीर्केगार्ड से सहमत हैं, इस प्रकार इस बात पर जोर देते हुए कि मनुष्य को ईश्वर के प्रति प्रतिबद्धता के एक व्यक्तिगत संबंध में प्रवेश करना होगा, यदि उसे एक प्रामाणिक मानव अस्तित्व जीना है, लेकिन मनुष्य उसी कार्य में अपने साथी-प्राणियों के लिए खुद को प्रतिबद्ध किए बिना खुद को भगवान के लिए प्रतिबद्ध नहीं कर सकता है। भगवान के प्रति अपनी प्रतिबद्धता के हिस्से के रूप में विश्वास, प्रेम और सहानुभूति के संबंधों में प्रवेश करके अपने साथी के प्रति मनुष्य की प्रतिबद्धता की आवश्यकता मार्सेल के दर्शन में विशेष जोर देती है।

जैसा कि पहले उल्लेख किया गया है, स्वतंत्रता और जिम्मेदारी अस्तित्ववाद का मूल है। अस्तित्ववाद के जनक कीर्केगार्ड कहते हैं कि यह स्वतंत्रता का प्रश्न है जो मुझे हेगेल के साथ संघर्ष में लाता है। कीर्केगार्ड कहते हैं कि स्वतंत्रता मनुष्य की महानता और भव्यता है। हेगेल के खिलाफ उनका आरोप यह है कि उन्होंने हमारी स्वतंत्रता की भावना के लिए अपने सिस्टम में कोई जगह नहीं छोड़ी है।

स्वतंत्रता का यह विचार जसपर्स विचार के केंद्र में भी पाया जाता है। यह कैसा है? वह पूछता है कि हम स्वतंत्र हैं, यह कैसे है कि अस्तित्व अनिवार्य रूप से स्वतंत्रता है? ऐसा इसलिए है क्योंकि अतिक्रमण हमसे छिपा है। यदि अतिक्रमण सीधे हमारे सामने प्रकट हुआ था, तो हमें यह नहीं कहना चाहिए कि जसपर्स मुक्त होने में सक्षम हैं। अतिक्रमण हम पर हावी रहेगा। अतिक्रमण खुद को छुपाता है या ढक लेता है। ट्रान्सेंडेंस, जैस्पर्स द्वारा ली गई किर्केगार्डियन अभिव्यक्ति का उपयोग करने के लिए, परोक्ष रूप से खुद को प्रकट करने

से रोकता है ताकि हमारी स्वतंत्रता को परीक्षण में रखा जा सके। तदनुसार, अस्तित्व का क्षेत्र स्वतंत्रता का क्षेत्र है, और इसलिए संभावना परियोजना और पसंद का है। कार्ल जैस्पर्स ने "REASON AND EXISTENCE" में लिखा है कि 'दोनों ने ट्रान्सेंडेंस की ओर छलांग लगाई, लेकिन एक ऐसे ट्रान्सेंडेंस के रूप में जहाँ व्यावहारिक रूप से कोई भी अनुसरण नहीं कर सकता था। कीर्केगार्ड ने ईसाई धर्म की ओर छलांग लगा दी, जिसकी कल्पना एक बेतुके विरोधाभास के रूप में की गई थी, जो पूरी तरह से विश्व नकार और शहादत के निर्णय के रूप में था। नीत्शे ने अनन्त वापसी और सुपरमैन की ओर छलांग लगाई।

उनके विचारों की समानता उनके स्पष्ट मतभेदों की तुलना में और भी अधिक सटीक है, एक पर ईसाई विश्वास, और दूसरे द्वारा नास्तिकता पर जोर दिया गया। चिंतन के एक ऐसे युग में, जहां हाल ही में जो बीत गया था वह अभी भी सहन करना प्रतीत होता है, लेकिन जो वास्तव में विश्वास-अस्वीकार विश्वास की अनुपस्थिति में रहता है और खुद को एक साथ विश्वास करने के लिए मजबूर करता है। ईश्वरविहीन आस्तिक प्रतीत हो सकता है, आस्तिक ईश्वरविहीन के रूप में प्रकट हो सकता है, दोनों एक ही द्वंद्वात्मकता में खड़े हैं।

जीन पॉल सार्त्र के दर्शन में मार्टिन हाइडेगर के साथ कई बिंदु समान हैं, इस तथ्य के बावजूद कि सार्त्र ने "बीइंग एंड नथिंगनेस" में हाइडेगर की आलोचना की है और हाइडेगर ने अपने "लेटर ऑफ ह्यूमैनिज्म" में कुछ बुनियादी अंतरों को विस्तृत किया है, जो उनका मानना है, उसे सार्त्र से अलग करो।

पसंद का विचार, जैसा कि जसपर्स और कीर्केगार्ड के दर्शन में है, सार्त्र के दर्शन में भी पाया जा सकता है। सार्त्र इस बात पर सबसे ऊपर जोर देते हैं कि यह मेरी अपनी पसंद से है कि मैं मूल्यों का निर्माण करता हूं; मैं सभी मूल्यों का निराधार आधार हूं; क्योंकि मैं वह हूं जो सब कुछ पाता है। मैं खुद नींव के बिना। हूँ; मैं वह प्राणी हूं जो दुनिया में मूल्यों को लाता है और इसी कारण से मैं स्वयं अनुचित हूं। सार्त्र, कीर्केगार्ड की तरह, जोर देकर कहते हैं कि मेरा मार्गदर्शन करने के लिए कोई बाहरी संकेत नहीं हैं; मुझे अपने नियम खुद बनाने होंगे और उन्हें अकेले बनाना होगा।2

सार्त्र का पूरा विचार स्वतंत्रता के विचार के इर्द-गिर्द घूमता है। सार्त्र कहते हैं कि स्वतंत्रता मूल्यों का मुख्य आधार है; यह सच है कि वह मूल्यों के सार्वभौमीकरण का एक प्रकार निर्धारित करता है। मेरी स्वतंत्रता अन्य सभी की स्वतंत्रता के साथ अन्योन्याश्रित है; फिर भी, मेरी स्वतंत्रता मूल रूप से मेरी स्वतंत्रता है। मेरे द्वारा अनुसरण किए गए मार्ग का अनुसरण किसी अन्य को नहीं करना है।

सार्त्र के स्वतंत्रता के सिद्धांत में कई विशिष्ट विशेषताएं हैं। सबसे पहले, सार्त्र का कहना है कि यदि कोई प्राणी स्वतंत्र है, तो वह हमेशा, सभी स्थितियों में, सभी परिस्थितियों में स्वतंत्र है। स्वतंत्रता के अधिकांश शास्त्रीय सिद्धांतों में, हमें कुछ क्षणों के लिए स्वतंत्र कहा जाता है और कुछ अन्य में स्वतंत्र नहीं कहा जाता है। लेकिन सार्त्र हमें बताते हैं कि अगर मनुष्य स्वतंत्र है तो वह हमेशा स्वतंत्र है। यह समझ से बाहर होगा, उनका तर्क है कि

स्वतंत्रता गायब हो जानी चाहिए और कुछ बाद में फिर से प्रकट होनी चाहिए। फलस्वरूप , हम समान रूप से स्वतंत्र हैं चाहे हम कायर होने का निर्णय लें या साहसी; चाहे जो भी हो, हमारी जिम्मेदारी किसी भी तरह से कम नहीं होती है, इसके विपरीत क्योंकि दोनों ही मामलों में एक विकल्प होता है, दोनों ही मामलों में निर्णय और स्वतंत्रता और परिणामी जिम्मेदारी होती है।

यह विचार कि मनुष्य हर समय समान रूप से स्वतंत्र है, वह है जिसे पहले कायम नहीं रखा गया था। सार्त्र ने इस विचार को सामने रखा है, जो स्वतंत्रता की भावना को नष्ट करने की प्रवृत्ति रखते हुए, सार्त्र का मतलब सुरक्षित सुरक्षा के लिए है, प्रतिबिंब के लिए एक नया विषय प्रस्तुत करता है। इसके अलावा, स्वतंत्रता हमेशा सार्त्र में और जैस्पर्स और हाइडेगर में भी सीमा और परिमितता के रूप में प्रकट होती है। स्वतंत्रता का कार्य हमेशा एक ऐसा कार्य होता है जिसके द्वारा हम किसी विशिष्ट वस्तु का चयन करते हैं। सार्त्र और भी आगे जाता है; स्वतंत्रता एक अर्थ में एक निम्नतर प्रकार की सत्ता है; यह एक कमी है, एक कमी है, एक प्रकार का अंतराल है, अस्तित्व के भीतर एक प्रकार की शून्यता है। यहाँ जो शामिल है वह है सार्त्र का स्वयं के लिए संपूर्ण सिद्धांत, शून्यता का उनका संपूर्ण सिद्धांत। मैं वह हूं जो मैं नहीं हूं और मैं वह नहीं हूं जो मैं हूं। स्वतंत्रता मेरी आवश्यक नकारात्मकता (शब्द के हेगेलियन और द्वंद्वात्मक अर्थों के साथ-साथ सारट्रियन अर्थ में) से जुड़ी हुई है।

हमारी स्वतंत्रता एक सच्चाई है; हाइडेगर द्वारा और उसके बाद सार्त्र द्वारा इस्तेमाल किए गए शब्द का उपयोग करना हमारी सच्चाई का हिस्सा है। स्वतंत्रता शुरू में स्व-निर्धारित नहीं होती है; और चूंकि यह हमारी वास्तविकता का हिस्सा है, हम चुनने के लिए स्वतंत्र नहीं हैं, हम चुनने के लिए स्वतंत्र नहीं हैं, हम स्वतंत्र नहीं होने के लिए स्वतंत्र नहीं हैं। यह सार्त्र के इस कथन का आयात है कि हम स्वतंत्र होने की निंदा करते हैं। इस प्रकार, न केवल एक तथ्य है, बल्कि हमारी आकस्मिकता की भी आवश्यकता है। हम कह सकते हैं और यह सार्त्र के विचार में एक आंतरिक कठिनाई का संकेत देगा कि स्वतंत्र होना मनुष्य का स्वभाव है, लेकिन सार्त्र ने प्रकृति के विचार को सही ढंग से खारिज कर दिया और स्वतंत्रता वास्तव में एक प्रकृति नहीं है, क्योंकि यह हमें हमेशा कुछ और होने की संभावना प्रदान करती है। हम क्या हैं की तुलना में।

सभी अस्तित्ववादी एक बिंदु से शुरू होते हैं और उसी पर लौट आते हैं। क्योंकि इस पृथ्वी पर मनुष्य का अस्तित्व ही खतरे में है, क्योंकि मनुष्य का विनाश, उसका अमानवीयकरण और उसकी मानवता और सभी नैतिक मूल्यों का विनाश एक वास्तविक खतरा है, इसलिए मानव अस्तित्व का अर्थ हमारी समस्या बन जाता है। हमें मनुष्य, ब्रह्मांड में उसकी स्थिति, अपने साथियों और ईश्वर से उसके संबंध की पुनर्व्याख्या करनी होगी।

ब्रह्मांड में मनुष्य की स्थिति इस मायने में अद्वितीय है कि वह; एक प्रत्युत्तर देने वाले प्राणी के रूप में, अपने कार्यों के लिए उत्तरदायी हो जाता है। यह उसकी स्वतंत्रता का नैतिक पहलू है। उत्तर, एर्गो योग का अर्थ है कि अब तक मैं अपने कार्य के लिए जिम्मेदारी स्वीकार

करता हूं। कानूनी, नैतिक और धार्मिक पहलू में जिम्मेदारी की जटिल समस्या पर चर्चा करना यहां असंभव है। मैं केवल इस बात पर जोर दे सकता हूं कि जवाबदेही के बिना कोई जिम्मेदारी नहीं होगी। बाद में, संक्षिप्तता के लिए, एक स्वतंत्र एजेंट की शर्तों के रूप में परिभाषित किया जा सकता है, जो एक निश्चित तरीके से कार्य करने के लिए सचेत है और अपने उद्‌देश्यों के लिए जिम्मेदार है। उत्तरदायित्व का अर्थ है किसी के प्रति किसी चीज़ के लिए जवाबदेह होने की भावना, अर्थात, किसी ऐसे कार्य के लिए जो या तो किसी विशिष्ट नियम के अनुरूप है या नहीं। यह उत्पन्न होता है, संपूर्ण एकांत में संपूर्ण उत्तरदायित्व के रूप में नहीं, बल्कि विशिष्ट परिस्थितियों में सीमित-जिम्मेदारी के रूप में या ईश्वर के समक्ष पूर्ण उत्तरदायित्व के रूप में।

सार्त्र अकेले निर्णय में भी दूसरों के लिए जिम्मेदारी पर जोर देने में सही है, लेकिन वह पुरुषों को उन कार्यों के लिए जिम्मेदार बनाने में गलत है जो उन्होंने नहीं किए और उन स्थितियों के लिए जो उन्होंने नहीं लाए, और उन्हें पूरी जिम्मेदारी के साथ ओवरलोड करने के लिए। वह उन्हें अनंत स्वतंत्रता की निंदा करता है जिसे वे सहन करने में असमर्थ हैं।

वह पूर्ण और अनंत स्वतंत्रता का दावा करता है। जहां वास्तव में लोग अपनी भावनाओं और जुनूनों पर हावी होते हैं, वह हमें यह समझाने की कोशिश करता है कि हमने खुद ईर्ष्या या दुखी होना चुना है; कि हमने अपने अस्तित्व को चुना है और, एक निश्चित अर्थ में, यहां तक कि इस दुनिया में आने के लिए भी। वास्तव में, उन्होंने नैतिक स्वतंत्रता के लिए प्राकृतिक सहजता को गलत समझा है और इस सहजता को कुछ भी नहीं समझते हैं। यदि हम आपत्ति करते हैं कि उन्होंने स्वयं मनुष्य को 'मुक्त, एन स्थिति' के रूप में परिभाषित करने में पहल की और यह स्थिति स्वतंत्रता और कभी-कभी आवश्यकता को दर्शाती है। वह पूरे विश्वास के साथ जवाब देता है कि जेल में, युद्ध में, या यातना देने वाले के हाथ में भी कोई मुक्त रहता है, क्योंकि उसने उस स्थिति में रहना चुना है। यह तथाकथित स्वतंत्रता, जो वास्तविकता है, स्वतंत्रता बिल्कुल नहीं है, यह बेतुका है और हास्यास्पद लगता है।

कीरकेगार्ड और जसपर्स ने भी अपने और दूसरों के लिए जिम्मेदारी के विषय पर जोर दिया है। कीर्केगार्ड का कहना है कि "स्वयं का अस्तित्व प्रामाणिक रूप से तब होता है जब वह अपनी जिम्मेदारी निभाने के लिए स्वतंत्र हो जाता है और खुद को एक प्रतिबद्धता के लिए खोलता है, जिसे धार्मिक रूप से ईश्वर के प्रति प्रतिबद्धता के रूप में परिभाषित किया जाता है जो अपने पड़ोसी के लिए एक दृढ़ प्रेम का आदेश देता है।3

कार्ल जसपर्स लिखते हैं कि संचार में "मैं न केवल अपने लिए बल्कि दूसरे स्वयं के लिए भी जिम्मेदारी महसूस करता हूं। **

हाइडेगर, उस विशेष स्थिति में अपने कार्यों के लिए अपने DASEIN (बीइंग) को जिम्मेदार बनाता है। वह कहता है कि "दासीन (होने) का सामना जवाबों से होता है यह निर्धारित करने की क्षमता कि उसके भविष्य के निर्णयों में इस स्थिति का क्या महत्व होगा; उसके वह बनने की परियोजना में जो वह अभी तक नहीं है, उसकी क्या भूमिका होगी।

लेकिन इसका तात्पर्य यह है कि अस्तित्व इस स्थिति से परे एक वास्तविक अर्थ में है। वह इसे स्वतंत्रता में पार कर सकता है। होना उसकी अपनी स्वतंत्रता है, इस प्रकार उसकी स्थिति के लिए जिम्मेदार हो जाता है, लेकिन साथ ही उसकी स्वतंत्रता हमेशा के लिए एक स्थिति-स्वतंत्रता बनी रहती है। होने की स्वतंत्रता सीमित और सीमित है।4

नीत्शे स्पष्ट रूप से "मानव स्वतंत्रता को नकारता है और मनुष्य के "ठोस सांसारिक अस्तित्व" के लिए एक वास्तविक-यदि दार्शनिक अरुचि प्रदर्शित करता है। #

यहाँ नीत्शे कीर्केगार्ड से इस अर्थ में संबंधित हो सकता है कि "यदि कीर्केगार्ड समकालीन अस्तित्ववाद के जनक हैं, नीत्शे इसके शिक्षक हैं, जहाँ कीर्केगार्ड अस्तित्व के दार्शनिक हैं, नीत्शे जीवन और दुनिया के दार्शनिक हैं"।

ईश्वर के अस्तित्व और उनके प्रति जिम्मेदारी के बारे में, नीत्शे लिखते हैं, "हम ईश्वर को नकारते हैं, हम ईश्वर में जिम्मेदारी से इनकार करते हैं"। ##

नीत्शे ईश्वर को मानव स्वतंत्रता की प्राप्ति की प्रक्रिया में एक बाधा मानता है। वे लिखते हैं "जब तक ईश्वर मरा नहीं है, मानव स्वतंत्रता पूर्ण नहीं है"। वह आगे कहते हैं कि "भगवान की मृत्यु अकेले मनुष्य को उन मूल्यों के लिए जिम्मेदार बनाती है जिनके साथ वह पृथ्वी को प्रदान करता है।5

जेपी सार्त्र स्वतंत्रता को जिम्मेदारी से जोड़ने और हमें हमारे अस्तित्व, हमारे कार्य और ब्रह्मांड के लिए जिम्मेदार बनाने में भी सही हैं। वह "बीइंग एंड नॉटिंगनेस" में जिम्मेदारी के विषय पर चर्चा करता है और कहता है कि "... स्वयं के लिए जिम्मेदारी पूरी दुनिया के लिए लोगों की दुनिया के रूप में फैली हुई है"। ### वह विश्व युद्ध के लिए मनुष्य को भी जिम्मेदार मानते हैं और चौंकाने वाले निष्कर्ष पर पहुंचते हैं कि "स्वतंत्र होने की निंदा करने वाले व्यक्ति ने पूरी दुनिया का भार अपने कंधों पर ढोया और दुनिया के लिए और अपने विशिष्ट होने के लिए खुद के लिए जिम्मेदार है। यह बहुत अच्छा लगता है, लेकिन इसका क्या मतलब है?

यहां "जिम्मेदारी" की केवल एक प्राकृतिक अवधारणा है, जिसका नाम है "किसी घटना या वस्तु के निर्विवाद लेखक होने की चेतना"। इसका सीधा सा मतलब है कि होमो-क्रिएटर या यूं कहें कि मैन द-बी-क्रिएटर, खुद को चीजों का लेखक मानता है। इस अर्थ में वह स्वाभाविक रूप से जिम्मेदार है लेकिन वह "नैतिक रूप से जिम्मेदार" नहीं है; वह या तो ईश्वर के प्रति जवाबदेह नहीं है जो अस्तित्व में नहीं है, न ही नैतिक कानून या उन मूल्यों के लिए जो वस्तुनिष्ठ वैधता से वंचित हैं और व्यक्ति पर उनके निर्माता के रूप में निर्भर हैं। सार्त्र का कहना है कि जो कुछ भी होता है वह "मेरा" होता है और जो कुछ भी नहीं होता वह "अमानवीय" होता है।

---

*संदर्भित करता है (बीइंग एंड नॉटिंगनेस, जेपी सार्त्र, पृष्ठ. 558, 59)

**संदर्भित करता है (फिलोसॉफी, कार्ल जैस्पर्स, खंड II पृष्ठ 334)

संदर्भित करता है (दर्शनशास्त्र के रूप में अस्तित्ववाद, फर्नाडो मोलिना, प्रेंटिस हॉल, आईएन, 1962, पृष्ठ.2)

संदर्भित करता है (एक ट्रोची के "द आउटसाइडर्स", पृष्ठ 501, इटैलिक माइन)

संदर्भित करता है (बीइंग एंड नॉटिंगनेस, जेपी सार्त्र, हेज़ल बार्न्स द्वारा टीआर, न्यूयॉर्क 1956, पृष्ठ. 556)

52

समीक्षा

वर्तमान में अस्तित्ववाद के रूप में जाना जाने वाला दर्शन मुख्य रूप से कीर्केगार्ड, कार्ल जसपर्स, एम. गेब्रियल, हाइडेगर और सार्त्र आदि के नामों से पहचाना जाता है। यह मौलिक रूप से निराशावादी-शून्यवादी भी है और इसके विकास में एक सीमा तक पहुंच गई है। काफी वर्षों से, कोई नया योगदान नहीं दिया गया है। कीर्केगार्ड की "अवैज्ञानिक पोस्टस्क्रिप्ट", हाइडेगर की "बीइंग एंड टाइम" और सार्त्र की "बीइंग एंड नथिंगनेस" मानक कार्य हैं जिन्हें प्रतिस्थापित नहीं किया गया है। ऐसा लगता है कि अस्तित्ववाद चरमरा गया है।

ऐसा लगता है कि आम तौर पर स्वीकार किया जाता है कि अस्तित्ववाद निराशावाद का दर्शन आवश्यक है-या कम से कम, बहुत सीमित, कठोर प्रकार के आशावाद का।

आमतौर पर अस्तित्ववाद का क्या अर्थ है- कीर्केगार्ड के साथ शुरू हुआ दर्शन और बाद में कार्ल जसपर्स, मार्टिन हाइडेगर, मार्सेल, नीत्शे और जेपी सार्त्र द्वारा प्रतिनिधित्व किया गया - अब एक जीवित दर्शन नहीं है। यह खुद को एक "कुल डे सैक/cul de sac" (संतृप्ति/saturation) में चला गया है, और आगे विकास की कोई संभावना नहीं है। लेकिन इसका मतलब यह नहीं है कि अस्तित्ववाद मर चुका है; केवल इतना कि अपने कीर्केगार्ड-सार्त्र रूप में यह एक ऐसे बिंदु पर पहुंच गया है जहां से यह न तो आगे बढ़ सकता है और न ही पीछे हट सकता है। लेकिन अस्तित्ववाद का एक और अधिक दिलचस्प रूप विकसित किया जा सकता है जो इस अपराध से बचा जाता है, और जो विकसित हो सकता है।

अब कीर्केगार्ड से सार्त्र तक एक-एक करके हम आलोचनात्मक परीक्षण करेंगे और देखेंगे कि अस्तित्ववाद के विकास में इनका कितना योगदान है।

कीर्केगार्ड को बड़े पैमाने पर विद्रोह में एक दार्शनिक के रूप में समझा जाना चाहिए। कीर्केगार्ड को जो कुछ कहना था, वह बीसवीं सदी के लिए अप्रासंगिक है। वह बहुत धार्मिक था, लेकिन कीर्केगार्ड के दर्शन की बेरुखी और अधिकता उनके पीछे के आग्रह से कम महत्वपूर्ण नहीं है, अर्थ के लिए तड़पती प्यास जो केवल आंशिक रूप से विक्षिप्त माला-समायोजन और यौन हताशा का परिणाम थी, यह अर्थ की प्यास है और बनाता है कीर्केगार्ड

हमारे अपने समय के लिए प्रासंगिक है।

कार्ल जसपर्स को भी आसानी से सारांशित नहीं किया जा सकता है, उनके विचार बहुत व्यापक रूप से आगे बढ़ते हैं, और उनके अर्थ केवल सौ पृष्ठों को पढ़ने के बाद ही उभरने लगते हैं। लेकिन जो स्पष्ट है वह है उनके विचार का निराशावादी स्वर। मनुष्य केवल अस्तित्व, मृत्यु, पीड़ा, अपराधबोध और अचानक हिंसक दुर्घटनाओं की सीमा स्थितियों में अपने सच्चे स्व का सामना करता है।

जैस्पर्स के बारे में अंततः महसूस होता है कि उसने स्पष्ट रूप से एक नए प्रकार के दर्शन की आवश्यकता को समझ लिया है, मनुष्य के लिए अपने ज्ञान को समझने का एक नया तरीका, लेकिन उसने अपना अधिकांश समय और शक्ति यह समझाने में लगा दी है कि स्थिति कैसे बनी है। उनके विचार अस्तित्वगत विरोधाभास की फिसलन भरी जमीन पर चलते प्रतीत होते हैं; कि जीने के लिए जानने के विपरीत है; इसलिए मानव ज्ञान मानव अस्तित्व को कभी नहीं समझ सकता। इसे हमेशा झूठा साबित करना चाहिए। यह वह विरोधाभास है जिसने कीर्केगार्ड को हराया, जैस्पर्स की कठिन शब्दावली मानव अस्तित्व के जीवित, जटिल सामान को व्यक्त करने के लिए अपर्याप्त है, कार्ल जसपर्स को एक विफलता का आंकलन किया जाना चाहिए।

इस मानदंड से, मार्टिन हाइडेगर के बारे में भी यही कहा जाना चाहिए। हाइडेगर को पढ़ने में उनका स्वभाव कीर्केगार्ड के करीब है, उनके 'कठिन' को अस्वीकार करने के बारे में लगातार पता चल रहा है। जसपर्स का मूल जुनून सभी मानवीय विचारों का महान स्वीप है। हाइडेगर कवि हैं, जो समाज से अलग खड़े हैं, और मानव अस्तित्व की वास्तविक प्रकृति में अंतर्दृष्टि की अचानक चमक प्राप्त कर रहे हैं। झुंड की प्रकृति के कारण वह इन अंतर्दृष्टि को झुंड में कभी नहीं बता सकता है। बाकी झुंड में लगातार चारों ओर देखने और अन्य लोगों की आंखों में रहने की प्रवृत्ति है। सभ्यता के पीछे प्रेरक शक्ति महत्वपूर्ण आवेग या अकेले खड़े पुरुष हैं।

कुछ भी महत्वपूर्ण कहने की अत्यधिक कठिनाई की इस भावना के कारण, हाइडेगर, जैस्पर्स की तरह, संचार के व्यवसाय का बहुत भारी मौसम बनाता है; वास्तव में, वह आधुनिक दार्शनिकों में सबसे अस्पष्ट है।

फिर भी, उनकी केंद्रीय अंतर्दृष्टि व्यक्त करना आसान है। मनुष्य एक विचित्र, अप्रामाणिक प्राणी है जिसका वास्तविक अस्तित्व से बहुत कम संपर्क है। बुद्धिजीवियों ने खुद को वास्तविकता से अलग करके खुद को अवधारणाओं की दुनिया में फँसाकर वास्तविकता से काट दिया, आम आदमी वास्तविकता से कटे हुए हैं क्योंकि वे इतने आत्म-अवशोषित हैं, इसलिए रोजमर्रा के अस्तित्व की क्षुद्रता में शामिल हैं। वे एक अर्थहीन दुनिया में रहते हैं क्योंकि उन्हें कुछ भी मतलब करना बहुत मुश्किल लगता है। यह परेशानी है "अस्तित्व की विस्मृति"। समस्या किसी तरह अस्तित्व में वापस आने की है। जैस्पर्स की तरह, हाइडेगर बहुत निश्चित नहीं हैं। वह झुंड की प्रामाणिकता और उसके हर दिन के

अस्तित्व के लिए बहुत अधिक विश्लेषण समर्पित करता है। वह मानता है कि मृत्यु का सामना करने पर मनुष्य अक्सर 'प्रामाणिक अस्तित्व' में आ जाता है, और कवि अक्सर इस उत्तेजना के बिना इसके बारे में जागरूक हो जाते हैं।

लेकिन जैसा कि कीर्केगार्ड के साथ होता है, हमें लगता है कि हाइडेगर उस चीज़ के कारण महत्वपूर्ण है जिसे उसने महसूस किया, न कि वह जो कुछ भी उसने सोचा था। काम के पीछे की ड्राइव अर्थ की वही भूख है, जिसे वह अस्तित्व से पहचानता है। वह अजीब तरह से रुके हुए, अनाड़ी तरीके से भाषा का इस्तेमाल करने की कोशिश करता है। इस प्रकार, वह भी जैस्पर की श्रेणी में आता है।

गेब्रियल मार्सेल ने एक आस्तिक अस्तित्ववादी को अमूर्त और अस्तित्व के रहस्य पर ठोस बल दिया। उनका दर्शन महाद्वीपीय अस्तित्ववाद की सामान्य प्रवृत्ति से एक प्रस्थान है, जैसा कि विशेष रूप से मार्टिन हाइडेगर, जेपी सार्त्र के कार्यों द्वारा दर्शाया गया है, मानव अस्तित्व को परिमितता और देखभाल और दूसरों की दुश्मनी से बोझिल होने की एक निरर्थक विधा के रूप में चित्रित करता है। मार्सेल का अस्तित्ववाद एक अनुभवात्मक दर्शन है जिसमें व्यक्ति के ईश्वर के आह्वान से मानव होने की अनिवार्यता कम हो जाती है। मार्सेल के दर्शन की मुख्य थीसिस दूसरों के होने के लिए 'सबसे आसान कोसे' है। इस थीसिस की ठोस अभिव्यक्ति अंतर-व्यक्तिपरक गठजोड़, मानव और दिव्य है।

अस्तित्ववाद के अन्य रूपों के साथ-साथ मार्सेल का दर्शन आंतरिक रूप से घटनात्मक पद्धति पर निर्भरता से सीमित है। यह केवल घटना-वस्तुओं का वर्णन है और चेतना के बारे में कहा गया है क्योंकि वे आशंकित विषय को दिखाई देते हैं। इस तरह की विधि में कटौती और एक प्राथमिक तर्क शामिल नहीं है, होने और जानने के घनिष्ठ गठबंधन की गारंटी देने के लिए बेहतर है।

यह अनिवार्य रूप से सभी मानव जाति के सार्वभौमिक अनुभवों में पर्यवेक्षक को अपने व्यक्तिगत अनुभवों तक सीमित करता है।

सत्ता की इच्छा पर नीत्शे के विचारों और सुपरमैन की उनकी अवधारणाओं ने विभिन्न क्षेत्रों से आलोचना को आकर्षित किया है। नीत्शे का संपूर्ण नैतिक दर्शन शक्ति की इच्छा के रूप में संदर्भित मनोवैज्ञानिक सिद्धांत पर आधारित है। नीत्शे का अर्थ "डेर विलेज़ुमाच्ट" (इच्छा शक्ति) से क्या है, यह आसानी से समझ में नहीं आता है, पहला क्योंकि 'शक्ति' की धारणा को अक्सर भौतिक या सैन्य शक्ति के अर्थ में लिया जाता है, नीत्शे की लगातार अपील द्वारा अक्सर लिया और प्रोत्साहित किया जाता है। उनके लेखन में सैन्य रूपक, दूसरे, क्योंकि नीत्शे के करियर के दौरान सत्ता की इच्छा की भूमिका और अर्थ महत्वपूर्ण रूप से बदल गए। नीत्शे की इच्छा शक्ति की अवधारणा में कई बदलावों के परिणामस्वरूप उत्पन्न भ्रम ने कई टिप्पणीकारों को नीत्शे के विचार से इस धारणा को खारिज करने के लिए प्रेरित किया है।

विशुद्ध रूप से राजनीतिक धारणा के रूप में सत्ता की इच्छा की व्याख्या नीत्शे द्वारा अपने पूरे कार्यों में की गई मांगों के साथ असंगत है। वाक्यांश "इच्छा शक्ति" नीत्शे के लेखन में देर से प्रकट होता है, और फिर सबसे पहले उनके दर्शन के सबसे प्रसिद्ध सिद्धांत के रूप में नहीं।

अंत में, हम कह सकते हैं कि नीत्शे के दर्शन का उत्साह अंततः अनिवार्य रूप से नकारात्मक है; सत्ता की इच्छा हमें एक नया मानक नहीं देती है, लेकिन मानक को स्पष्ट करती है; हमने हमेशा इस्तेमाल किया है। नीत्शे के दर्शन के आमूल-चूल निष्कर्ष उनके द्वारा हमें पारंपरिक मूल्यों के प्रतिस्थापन की पेशकश का परिणाम नहीं हैं, बल्कि वह हमें यह दिखाने की कोशिश करते हैं कि ये पारंपरिक मूल्य असंगत हैं।

नीत्शे की सत्ता की इच्छा सैन्य शक्ति की सामान्य कल्पना से बहुत दूर है, सबसे शक्तिशाली राजनेता और सैनिक नहीं हैं, बल्कि कलाकार, दार्शनिक और सौंदर्यशास्त्र हैं। सत्ता की इच्छा स्वयं पर नियंत्रण है; यह लाइसेंस नहीं है लेकिन इसे रोकें; चोट या नष्ट करने की शक्ति नहीं बल्कि बनाने की शक्ति।

अब सुपरमैन पर उनके विचारों का आकलन करते हुए, हम जोर देकर कह सकते हैं कि नीत्शे की सुपरमैन की दृष्टि उनके दर्शन के सबसे आकर्षक पहलुओं में से एक है, साथ ही सबसे गलत व्याख्या भी की गई है। सुपरमैन के सिद्धांत के साथ, हम नीत्शे के मानव-मनुष्य के सिद्धांत के दूसरे आधे हिस्से को संभावना के रूप में समझते हैं।

प्रारंभ में, नीत्शे निश्चित रूप से मानते थे कि सुपरमैन की उनकी नई शिक्षा शून्य को भर सकती है, कि वह मनुष्य को एक पंथ प्रदान कर रहा था जो पुराने धर्म को बदल सकता था। धीरे-धीरे, हालांकि उन्होंने महसूस किया कि उनकी शिक्षाएं एक उपाय नहीं हैं, बल्कि पतन और विनाश के लिए एक और सहायक शक्ति हैं।

नीत्शे के सुपरमैन पर टिप्पणी करते हुए, कार्ल जसपर्स इस बात पर जोर देते हैं कि इतिहास में पहले से ही श्रेष्ठ पुरुषों के बीच अंतर दिखाई दे चुका है, लेकिन सुपरमैन अभी तक नहीं आया है।

सुपरमैन की नीत्शे की अवधारणा को सुपरमैन की अरबिंदो अवधारणा से अलग किया जा सकता है। अरबिंदो का मानना है कि आध्यात्मिक रूप से रूपांतरित पुरुषों या सुपरमैन द्वारा एक नया मानव समाज विकसित किया जाएगा, जो अपनी इच्छा को पूरी तरह से ईश्वरीय इच्छा के लिए आत्मसमर्पण कर देगा, प्रेम और घृणा को त्याग देगा, अहंकार से ऊपर उठेगा, बुद्धि और बौद्धिक नैतिकता से ऊपर उठेगा, मानव जाति के साथ अपनी पहचान बनाएगा और जागरूक बनेगा ईश्वर की इच्छा और ऊर्जा के उपकरण। वे अतिमानस के साथ काम करेंगे, और पृथ्वी पर परमेश्वर के राज्य को नीचे लाएंगे। यह अवधारणा यूटोपियन और अवास्तविक लग सकती है, लेकिन अरबिंदो का मानना है कि यह अपरिहार्य और अनूठा है।

नीत्शे ने खुद को पहले नास्तिक अस्तित्ववादी होने का श्रेय दिया और मानव जीवन में ईश्वर की भूमिका को पूरी तरह से नकार दिया। उन्होंने कहा, "हम ईश्वर से इनकार करते हैं, हम ईश्वर में जिम्मेदारी से इनकार करते हैं" और अन्य स्थानों पर वे कहते हैं, "जब तक ईश्वर मर नहीं जाता, मानव स्वतंत्रता पूर्ण नहीं है"। इस प्रकार, हम देखते हैं कि नीत्शे के लिए ईश्वर की मृत्यु अकेले मनुष्य को उन मूल्यों के लिए जिम्मेदार बनाती है जिनके साथ वह पृथ्वी का समर्थन करता है। बेशक, "ईश्वर मर चुका है, ईश्वर मर गया है" स्पष्ट रूप से एक सीधे-सादे के कथन नहीं हैं कहने का तात्पर्य यह है कि कोई ईश्वर नहीं है, उस पर विश्वास करना एक निरर्थक अंधविश्वास है और इसका कोई आधार नहीं है; लेकिन वाक्यांश "गॉड आईडी डेड" विश्वास के नुकसान को दर्शाता है।

सार्त्र, प्रदर्शनी के उद्देश्य से, आधुनिक अस्तित्ववादी परंपरा का सबसे अच्छा प्रतिनिधि बना हुआ है। उनकी सभी समस्याओं और दोषों को उनके कार्यों में सबसे स्पष्ट रूप से देखा जा सकता है। उनका काम यह भी स्पष्ट करता है कि कीर्केगार्ड के बाद अस्तित्ववाद इतना कम क्यों विकसित हुआ है।

सार्त्र के बारे में ध्यान देने वाली पहली बात यह है कि उनका स्वभाव स्वाभाविक रूप से उदास और निराशावादी है। हाइडेगर की तरह, वह इस तथ्य में व्यस्त है कि दुनिया हमारे दिमाग से काफी अलग है, लेकिन वह इस अलग अस्तित्व को बेचैन करने वाला या यहां तक कि मिचली करने वाला लगता है।

सार्त्र एक सामाजिक प्राणी के रूप में मनुष्य की प्रामाणिकता के साथ हाइडेगर जितना ही पूर्व-व्यस्त है, अन्य लोगों की दृष्टि में जीवन की सामान्यता के साथ, कवि और एकांत के बारे में हाइडेगर की टिप्पणियों का उल्टा पक्ष है। वह दोस्तोवस्की के साथ दिल से सहमत है कि यदि आप उसके साथ अधिक संपर्क रखते हैं तो आप साथी पुरुषों से प्यार करना असंभव है; लेकिन एकांत कोई जवाब नहीं है; यह मतली का कारण बनने की संभावना है।

हाइडेगर के रूप में, अस्तित्ववाद अभी भी आशावादी हो सकता है, मनुष्य जानबूझकर वास्तविकता को दूर करने के लिए खुद को अलग कर लेता है, इसे एक अमूर्तता में बदल देता है, जो उसकी इच्छा का एक मात्र साधन है; फिर कविता या मृत्यु पर ध्यान के माध्यम से, वह फिर से अस्तित्व में लौट आता है, और पुनर्जीवित हो जाता है। वह दोनों दुनिया के सर्वश्रेष्ठ प्राप्त करता है। सार्त्र के लिए, कोई बच नहीं सकता था; चुनाव लोगों की प्रामाणिकता और चीजों की मिचली के बीच था।

हम निम्नलिखित अनुच्छेदों से अच्छी तरह समझ सकते हैं कि अस्तित्ववाद एक विफलता क्यों है?

अस्तित्ववाद एक संगठित धर्म के बिना मनुष्य का दर्शन था। यह ईश्वर के बिना मनुष्य का दर्शन नहीं कहना है। कई अस्तित्ववादियों ने ईश्वर में विश्वास किया है। लेकिन कोई विरोध करने वाला मध्यस्थ या उद्धारकर्ता नहीं हो सकता था। मनुष्य अकेला खड़ा था यदि ईश्वर अस्तित्व में था, तो अकेला व्यक्ति उसे बिना मदद के खोजने के लिए सिर। इसकी

शुरुआत रूमानियत से हुई; कीर्केगार्ड और नीत्शे अस्तित्ववादी के रूप में उतने ही रोमांटिक थे, लेकिन जसपर्स, हाइडेगर, और सार्त्र और बाकी ने कवियों के बजाय विचारकों के रूप में लिखा। उनके साथ, अस्तित्ववाद एक बौद्धिक रूमानियत बन गया। यह अपने उन्नीसवीं सदी के पूर्ववर्ती की तुलना में एक कठिन गुण था और उदासीनता और हार में समाप्त होने के बजाय, यह रूढ़िवाद और हार में समाप्त हो गया है।

रूमानियत की तरह अस्तित्ववाद भी स्वतंत्रता और जिम्मेदारी का दर्शन है। यह एक स्थिर स्थिति में पहुंच गया है क्योंकि कोई अस्तित्ववादी विचारक इस बात से सहमत नहीं हो सकता कि मनुष्य के बाहर कोई मूल्य है- जो मनुष्य की सामान्य, रोजमर्रा की चेतना से बाहर है। सार्त्र कहते हैं, मनुष्य स्वतंत्र है। लेकिन उसे अपनी आजादी से क्या लेना-देना? वह कुछ भी कर सकता है जो उसे पसंद है, सार्त्र उत्तर देते हैं, लेकिन फिर, जिस तरह हर शरीर का व्यवसाय शरीर का व्यवसाय नहीं है, उसी तरह किसी भी चीज़ के लिए स्वतंत्रता शून्य के लिए स्वतंत्रता है। मनुष्य स्वतंत्र है, लेकिन संसार खाली और अर्थहीन है। यह समस्या है, जबकि यह वाक्य अस्तित्ववाद का सारांश बना हुआ है, और कुछ नहीं किया जाना है।

संक्षेप में, यह कहा जा सकता है कि अस्तित्ववाद ने समस्याओं की एक श्रृंखला की ओर इशारा किया है, लेकिन कोई समाधान नहीं दिया है, आंशिक रूप से क्योंकि समस्याएं जटिल और बहुपक्षीय हैं कि कोई भी सरल समाधान संभव नहीं है और आंशिक रूप से क्योंकि वे एक निश्चित सीमा तक हैं, सिद्धांत अघुलनशील। अब हम स्पष्ट रूप से देखते हैं कि "अस्तित्ववादी प्रणाली", अस्तित्ववादी तर्क" और "अस्तित्ववादी ऑटोलॉजी" का वर्तमान परिप्रेक्ष्य में कोई अर्थ नहीं है। दूसरे शब्दों में, हम कह सकते हैं कि वे मर चुके हैं। इसके अलावा, अस्तित्ववादी भी नैतिकता और मूल्य के सिद्धांत के लिए एक नया आधार प्रदान करने में विफल रहे हैं। और यहाँ यह उल्लेख करना अनुचित नहीं होगा कि अस्तित्ववाद ने एक नए मानवतावाद के लिए एक आधार भी प्रदान नहीं किया है (हालाँकि, सार्त्र कभी-कभी दावा कर सकते हैं कि अस्तित्ववाद एक आधार प्रदान करता है)। लेकिन बाकी सब चीजों के अलावा, अस्तित्ववाद अभी भी मानव स्वतंत्रता और जिम्मेदारी का मूल है और यह किसी को इसके बारे में सोचने के लिए उकसाता है।

53

निष्कर्ष

मानव अस्तित्व की आवश्यक संरचनाओं के अस्तित्ववादियों द्वारा किए गए वास्तविक विवरणों द्वारा गठित स्वतंत्रता और जिम्मेदारी पर चर्चा करके, मैंने अस्तित्ववाद के मूल को प्रस्तुत करने का प्रयास किया है। इसने हमारा ध्यान मानव प्रकृति और अस्तित्व पर केंद्रित किया था।

निष्कर्ष निकालने के लिए, अस्तित्ववादी सोच का केंद्र मनुष्य बना हुआ है और वे मानव अस्तित्व को इस दुनिया में अपने विचार के विषय के रूप में मानते हैं।

अधिकांश अस्तित्ववादियों ने अपनी चर्चाओं में कहा है कि अतीत के दार्शनिकों ने मनुष्य और मानव अस्तित्व की सबसे अधिक गुजरने वाली समस्याओं की अनदेखी की।

अस्तित्ववाद एक आंदोलन के रूप में शुरू हुआ और ऐसा लगता है जैसे 1980 में अंतिम अस्तित्ववादी, जेपी सार्त्र की मृत्यु के बाद; ऐसा लगता है कि इस आंदोलन ने वह उत्साह और जोश खो दिया है जिसके साथ इसे चालीस के दशक में शुरू किया गया था। अब, इसे जीवित रखने के लिए पूरे जोश के साथ फिर से शुरू करने की आवश्यकता है क्योंकि यह आंदोलन मानव जीवन के मूल तत्वों, यानी स्वतंत्रता और जिम्मेदारी से संबंधित है। मेरी कोशिश रही है कि पूरी बात का पुनर्मूल्यांकन किया जाए और मानवीय स्वतंत्रता और जिम्मेदारी को बिना किसी पूर्वाग्रह के पेश किया जाए।

वर्तमान परिस्थितियों में, अस्तित्ववाद का कार्य समस्याओं का पुनर्मूल्यांकन करना और हमें कुछ पारंपरिक समस्याओं से मुक्त करना होना चाहिए; चाहे वे भौतिक हों या विशुद्ध रूप से औपचारिक और तकनीकी।

इन दार्शनिकों द्वारा प्रस्तुत मानव आकृति (कीरकेगार्ड से जेपी सार्त्र तक) काफी हद तक, हालांकि कुछ बुनियादी अंतरों के साथ, प्रामाणिक और अप्रमाणिक अस्तित्व के इर्द-गिर्द घूमती है। अधिक हद तक यह देखना तर्कसंगत नहीं लगता कि संपूर्ण मानव अस्तित्व या मानवता को केवल दो श्रेणियों में विभाजित किया जा रहा है, अर्थात, "प्रामाणिक और अप्रमाणिक"। इस प्रकार, असावधान व्यक्तियों को उनके जीवन काल में प्रामाणिकता

से वंचित करना। यहां तक कि प्रामाणिक पुरुष भी समय के साथ और इसके विपरीत अप्रमाणिक हो सकते हैं। यहाँ, प्रामाणिक को अप्रामाणिक से अलग करना और अस्तित्व की एक तीसरी श्रेणी को सामने लाना, अर्थात, "अर्ध-प्रामाणिक अस्तित्व" जहाँ मनुष्य के दोनों ओर बहने की तार्किक संभावना का एक निश्चित प्रतिशत है। एक नवजात शिशु (इस समय जो स्वतंत्रता और जिम्मेदारी से बिल्कुल भी चिंतित नहीं है) को सीधे अस्तित्व की प्रामाणिक श्रेणी में रखना तर्कहीन लगता है। यदि वह मानव अस्तित्व के प्रामाणिक तरीके से शुरू होता है, अर्थात, दुनिया में फेंक दिया जाता है (जैसा कि कीर्केगार्ड इसे बनाए रखता है) और एक मानव के रूप में अपने पूरे जीवन में एक असावधान व्यक्ति के रूप में मौजूद है, या "अर्ध-प्रामाणिक अस्तित्व" को चुनने या प्रवेश करने की दूसरी संभावना है। मानव अस्तित्व की श्रेणी में रहना और स्वतंत्रता और जिम्मेदारी को महसूस करने वाले प्रामाणिक मानव बनना या बनना। मानव अस्तित्व की इस तीसरी श्रेणी पर बल देने का कारण यह है कि एक अप्रामाणिक मनुष्य के लिए सीधे मानव अस्तित्व की प्रामाणिक श्रेणी में प्रवेश करना बहुत कठिन है। इसे एक चैनल का पालन करना होता है, अर्थात, "मानव अस्तित्व की अप्रमाणिक-अर्ध-प्रामाणिक-प्रामाणिक विधा।

इस प्रकार प्रत्येक व्यक्ति को अस्तित्व के तीन स्तरों में से चुनाव का सामना करना पड़ता है; या तो दुनिया में मौजूद एक चीज के रूप में मौजूद होना या प्रामाणिक बनने के रास्ते पर आगे बढ़ना या अपनी स्वतंत्रता और जिम्मेदारी के प्रति जागरूक होने के रूप में अस्तित्व में होना।

अस्तित्व का पहला स्तर वहाँ होने का अप्रामाणिक तरीका है जिसमें मनुष्य अधिकतर प्रकट करता है कि वह एक जीवित वस्तु के रूप में है और दूसरे स्तर पर अर्थात्, अस्तित्व का अर्ध-प्रामाणिक स्तर; वह प्रामाणिक होने और मन रखने के प्रति सचेत है, जिसका अर्थ है कि वह एक ऐसा व्यक्ति है जो चेतना और मन के साथ स्वयं को प्रकट कर सकता है; और अस्तित्व का तीसरा स्तर एक-स्व होने का प्रामाणिक तरीका है जिसमें मनुष्य अपने अस्तित्व, व्यक्तिपरकता और स्वतंत्रता को प्रकट करता है। यह उस व्यक्ति का प्रामाणिक व्यक्तिगत अस्तित्व है जो सचेत रूप से खुद को बाकी दुनिया से अलग करता है, अपनी "स्वतंत्रता" का एहसास करता है। मनुष्य चुनाव और गतिविधि में सक्षम हो जाता है, और अपने सभी निर्णयों, कार्यों और विश्वासों के लिए जिम्मेदारी स्वीकार करता है।

आम तौर पर, यह माना जाता है कि अस्तित्ववाद अपने दृष्टिकोण में निराशावादी है; लेकिन इस निराशावाद का स्रोत क्या है? मुझे लगता है कि मानव चेतना की सीमा सभी निराशावाद का स्रोत है। चेतना स्वतंत्रता है जो अपने स्वभाव में जानबूझकर है। स्वतंत्रता अपने आप में कोई महत्व नहीं है केवल स्वतंत्रता की भावना या स्वतंत्रता की चेतना का मानव जीवन में बहुत महत्व है। हमारा जीवन पसंद का एक निरंतर कार्य है। चुनाव कुछ और नहीं बल्कि किसी की मनोदशा, मूल्यों और आदर्शों के अनुसार कुछ चुनिंदा तथ्यों का एक कार्य है। अपने दैनिक जीवन में हम चुनाव करते हैं। अस्तित्ववाद हमें सही चुनाव करने

में मदद करता है। आज हमें एक मजबूत दर्शन के रूप में विकसित होने के लिए अस्तित्ववाद की आवश्यकता है जो अधिक तात्कालिक और व्यक्तिगत हो। इस प्रकार, अस्तित्ववाद को मुख्य रूप से "सभी पुरुषों" से सामूहिक रूप से नहीं बल्कि "प्रत्येक व्यक्ति" के साथ वितरित किया जाना चाहिए। अस्तित्ववाद को व्यक्तिगत स्वतंत्रता और जिम्मेदारी पर जोर देना जारी रखना चाहिए।

आधुनिक संदर्भ में, अस्तित्ववादी विचारकों द्वारा प्रस्तुत मानव स्वतंत्रता केवल उस सीमा तक तार्किक है, जब तक वे मनुष्य को एक संवेदनशील प्राणी के रूप में धारण करें।

मनुष्य को उत्तरदायी जानवर के रूप में परिभाषित किया जा सकता है, अर्थात वह प्राणी जिसमें जैविक प्राणियों की प्रतिक्रिया अपने उच्चतम शिखर और उसके व्यापक अनुप्रयोगों तक पहुँचती है। उसके पास स्वचालित, सहज, अचेतन, अनैच्छिक, वातानुकूलित, विचारधारात्मक और स्वैच्छिक इकाई प्रतिक्रियाओं से प्रतिक्रियाओं की पूरी श्रृंखला है। वह अपनी प्रतिक्रिया के तरीकों को बदलने में सक्षम होने के कारण जानवर को हरा देता है, सीखने से, संकेत का जवाब देकर, और उनकी मदद से काल्पनिक या गैर-मौजूद वस्तुओं की मदद से, और जवाबों में अपनी सचेत प्रतिक्रियाओं को तैयार करके, यानी भाषण द्वारा।

ब्रह्मांड में मनुष्य की स्थिति इस मायने में अद्वितीय है कि वह; एक प्रत्युत्तर देने वाले प्राणी के रूप में, अपने कार्यों के लिए उत्तरदायी हो जाता है। यह उसकी स्वतंत्रता का नैतिक पहलू है, और स्वतंत्रता का तात्पर्य जिम्मेदारी से है। अकेले मनुष्य को उसके कृत्यों के लिए जिम्मेदार ठहराया जा सकता है। किसी भी परिस्थिति में उसे उसके द्वारा किए गए कार्यों के लिए जिम्मेदार नहीं ठहराया जा सकता है जो उसने नहीं किया। एक आदमी अपने कार्यों के लिए जिम्मेदार है क्योंकि अभिनय में वह अपनी अनूठी स्थिति में कार्य करता है, जिसमें वह अपने साथियों के हितों को ला सकता है या नहीं। वह चाहे तो समाज में अपने स्थान से हट सकता है, और इस प्रकार समाज में वह जो करता है उसके लिए उसकी जिम्मेदारी उसकी अपनी स्थिति और उसके कार्यों से प्रभावित अन्य लोगों के बीच संबंध है।

यदि कोई व्यक्ति यह मानता है कि वह जो करता है उसके लिए वह जिम्मेदार है, कि वह दूसरों के साथ संबंध रखता है, और यह कि वह अपनी स्थिति को अपने तरीके से बना सकता है, और यदि वह जो करता है उसके लिए उसकी जिम्मेदारी को मान्यता दी जाती है और दूसरों द्वारा इसकी अनुमति दी जाती है, तो वह यह चुनने के लिए स्वतंत्र है कि परिस्थितियों में जो भी कार्रवाई संभव है।

एक आदमी अपने कार्यों के लिए जिम्मेदार है क्योंकि यह वह है और कोई अन्य नहीं जो उस स्थिति का निर्माण करता है जिसमें कार्रवाई होती है, और जिसके संदर्भ में इसका महत्व होता है।

मनुष्य को उसके कार्यों के लिए जिम्मेदार ठहराने में लगभग सभी अस्तित्ववादी एकमत हैं। वे सही हैं, सार्त्र सहित, एकान्त निर्णय में भी दूसरों के लिए जिम्मेदारी पर जोर देने में, लेकिन सार्त्र ने उन कार्यों के लिए पुरुषों को जिम्मेदार बनाने में गलत है जो उन्होंने

नहीं किए और उन स्थितियों के लिए जिन्हें उन्होंने बनाया या नहीं लाया, और उन्हें पूरी तरह से ओवरलोड करने के लिए ज़िम्मेदारी। यह चरम, अतार्किक और गैर-मनोवैज्ञानिक है।

मेरी राय में, व्यक्ति को अपने समाज की जिम्मेदारी लेनी चाहिए और इसके सुधार के लिए काम करना भी उसका कर्तव्य है। कोई भी सामाजिक स्थिति प्राथमिकता के योग्य नहीं है; सभी समाजों में सुधार की जरूरत है और मुझे हमेशा लगता है कि सुधार की गुंजाइश है; स्थिर पूर्णता की सामाजिक स्थिति भ्रामक है।

जिम्मेदारी की व्यावहारिक अवधारणा किसी के कार्यों के परिणामों के बारे में जागरूकता है और उन विकल्पों का चुनाव है जो समस्या समाधान परिणामों का वादा करते हैं।

मेरी राय में, इस तथ्य पर विस्तार करने की आवश्यकता नहीं है कि मानवीय जिम्मेदारी का प्रश्न अर्थात, यह प्रश्न कि क्या मनुष्य अपने कार्यों के सच्चे लेखक हैं और उनके लिए नैतिक रूप से जवाबदेह ठहराया जा सकता है, एक ऐसा प्रश्न है जिसमें संपूर्ण संरचना शामिल है मानव व्यक्तित्व और बाहरी दुनिया से उसका संबंध।

व्यक्तित्व शब्द उसका वर्णन करता है जो व्यक्तिगत है; जो एक इंसान का हो। व्यक्तित्व पूरी तरह से जीवन के प्रति उसके दृष्टिकोण पर निर्भर करता है, जिसे उसकी "जीवन शैली" कहा जाता है। आनुवंशिकता के माध्यम से प्राप्त क्षमताओं और किसी के पर्यावरण से प्राप्त छापों का उपयोग करके ही व्यक्ति की जीवन शैली का निर्माण होता है।

एक आदमी वह व्यक्ति नहीं बन सकता जो वह बनना चाहता है, केवल अपने बारे में सोचकर, लेकिन केवल अपने साथ कुछ करके। इसके लिए खुद को दूसरों के मामलों में शामिल करने, सामाजिक दबावों के अनुकूल खुद को ढालने, अपने परिवेश को बदलने की आवश्यकता है।

इस प्रकार, एक अच्छा व्यक्तित्व वह है जिसमें व्यक्ति की सभी संभावनाओं को पूरी तरह से महसूस किया जाता है। इसे प्राप्त करने के लिए व्यक्ति को अपने साथी पुरुषों के साथ स्वतंत्र रूप से जुड़ना चाहिए और उनके साथ पूरे दिल से सहयोग करना चाहिए।

एक व्यक्ति जो अपने साथी से अलग जीवन जीता है, वह प्रेम के गर्मजोशी और रचनात्मक प्रभाव से प्रभावित नहीं हो सकता है, जो किसी भी प्रकार के अच्छे व्यक्तित्व के लिए आवश्यक है, सहानुभूतिपूर्ण नहीं हो सकता है, न ही किसी में दिलचस्पी ले सकता है और न ही खुद के लिए दिलचस्प हो सकता है।

जो व्यक्ति अपने कार्यों के लिए व्यक्तिगत रूप से जिम्मेदार होता है, वह परिवार के सामाजिक जीवन में अपने व्यक्तित्व में विकसित होता है और केवल एक साथ कर्तव्य के दायित्व का विषय बनने के लिए कार्य करने के लिए स्वतंत्र हो जाता है।

व्यक्तित्व, वह रूप है जिसमें इसे सबसे अधिक तीव्रता से माना जाता है, इच्छा और चरित्र का मिलन, बुद्धि और मन का मिलन, प्रेम का मिलन, जिसका अर्थ है कि प्रत्येक व्यक्ति व्यक्तिगत जीवन के इन विभिन्न चरणों या पहलुओं में दूसरों के साथ पूर्ण संवाद

करने में सक्षम है।

व्यक्ति में व्यक्तित्व समाज, संगति और सहभागिता की क्षमता है; लेकिन व्यक्तित्व समाज का हिस्सा नहीं है, क्योंकि यह जाति का हिस्सा नहीं है। मनुष्य की समस्या, अर्थात् व्यक्तित्व की समस्या, समाज की समस्या से अधिक प्राथमिक है। मनुष्य के बारे में सभी समाजशास्त्रीय सिद्धांत गलत हैं, वे मनुष्य में केवल सतही, वस्तुनिष्ठ स्तर को जानते हैं, लेकिन केवल एक अस्तित्ववादी दर्शन है, न कि समाजशास्त्रीय दर्शन, एक जीव से अधिक तार्किक दर्शन मनुष्य के व्यक्तित्व के सच्चे सिद्धांत का निर्माण कर सकता है।

इस प्रकार, यह कहा जा सकता है कि अस्तित्ववाद मनुष्य को उसके वास्तविक व्यक्तित्व के निर्माण में सहायता करता है। यह केवल उन मनुष्यों के लिए संभव है जो प्रामाणिक हैं और साथ ही अपनी स्वतंत्रता और जिम्मेदारी के प्रति जागरूक हैं।

अस्तित्ववादी का दर्शन इस प्रकार, कुछ करने और कुछ बनने के लिए बहुत दृढ़ता से प्रेरित करता है।

ग्रन्थसूची

ग्रन्थसूची

ग्रन्थसूची

अध्याय एक

1. अस्तित्ववाद और मानवतावाद, कार्ल जसपर्स, पृष्ठ.7

2. अस्तित्ववादी और जेपी सार्त्र, मैक्स चार्ल्स वर्थ, पृष्ठ. 8, 71

3. हेगेल से अस्तित्ववाद तक, सोलोमन रॉबर्ट सी, पृष्ठ. 243-244

4. अस्तित्ववाद, जेपी सार्त्र, पृष्ठ. 15

5. अस्तित्ववाद, पॉल फॉल्की, पृष्ठ. 62-65

6. ए डिक्शनरी ऑफ फिलॉसफी, ए.आर. लेसी, पृष्ठ. 79

7. दर्शनशास्त्र का एक शब्दकोश, एंटनी फ्लेव, पृष्ठ.125

8. डायलेक्टिकल भौतिकवाद, अलेक्जेंडर स्पिर्किन, प्रोग्रेस पब्लिशर्स, मॉस्को, पृष्ठ. 306-313

9. डायलेक्टिकल भौतिकवाद, अलेक्जेंडर स्पिर्किन, प्रोग्रेस पब्लिशर्स, मॉस्को, पृष्ठ. 314-318

अध्याय दो

1. अस्तित्ववाद, मैरी वार्नॉक, ऑक्सफोर्ड यूनिवर्सिटी प्रेस, पृष्ठ. 6-8

2. अस्तित्ववाद- पॉल रूबिकजेक के पक्ष और विपक्ष में, बीकेएस डिमांड यूएमआई, पृष्ठ. 99-100

3. अस्तित्ववाद, मैरी वार्नॉक, ऑक्सफोर्ड यूनिवर्सिटी प्रेस, पृष्ठ. 11

4. अस्तित्ववाद- पॉल रूबिकजेक के पक्ष और विपक्ष में, बीकेएस डिमांड यूएमआई, पृष्ठ. 100-106

5. कीर्केगार्ड, हन्ने एलेस्टेयर, पृष्ठ. 99-100

6. छह अस्तित्ववादी विचारक, एचजे ब्लैकहैम, लंदन, रूटलेज और केगन पॉल, पृष्ठ. 4-5

7. अस्तित्ववाद- पॉल रूबिकजेक के पक्ष और विपक्ष में, बीकेएस डिमांड यूएमआई, पृष्ठ. 106

8. कीर्केगार्ड जर्नल्स एंड पेपर्स, हॉवर्ड वी. होंग एंड एडना, एच. होंग, पृष्ठ. 463

9. अस्तित्ववाद- मनुष्य का एक सिद्धांत, कैम्ब्रिज, मास हार्वर्ड विश्वविद्यालय, 1949, राल्फ हार्पर, पृष्ठ. 53-54

10. अस्तित्ववाद, मैरी वार्नॉक, ऑक्सफोर्ड यूनिवर्सिटी प्रेस, पृष्ठ. 12-13

11. तर्कवाद से अस्तित्ववाद तक, अस्तित्ववादी और उनकी 19वीं सदी की पृष्ठभूमि, सोलोमन रॉबर्ट सी. पृष्ठ. 102

12. तर्कवाद से अस्तित्ववाद तक, अस्तित्ववादी और उनकी 19वीं सदी की पृष्ठभूमि, सोलोमन रॉबर्ट सी. पृष्ठ. 89-92

13. तर्कवाद से अस्तित्ववाद तक, अस्तित्ववादी और उनकी 19वीं सदी की पृष्ठभूमि, सोलोमन रॉबर्ट सी. पृष्ठ. 98-99

14. कीर्केगार्ड विचार, ग्रेगर मालंत्सचुक, पृष्ठ. 269

15. अस्तित्ववाद - के लिए और खिलाफ, पॉल रूबिकजेक, बीकेएस डिमांड यूएमआई, पृष्ठ. 105

16. कारण और अस्तित्व Tr। विलियम अर्ले, कार्ल जैस्पर, पृष्ठ. 35

17. अस्तित्ववाद, पॉल फॉल्की, पृष्ठ. 104-105

अध्याय तीन

1. छह अस्तित्ववादी विचारक, एचजे ब्लैकहैम, लंदन, रूटलेज और केगन पॉल, लिमिटेड 1951, पृष्ठ. 43-44

2. अस्तित्ववाद का एक संक्षिप्त इतिहास, जीन वाहल, न्यूयॉर्क दार्शनिक पुस्तकालय, पृष्ठ. 09-10

3. कार्ल जसपर्स- उनके दर्शन का परिचय, वालराफ्ट चार्ल्स, एफ. पृष्ठ. 93

4. छह अस्तित्ववादी विचारक, एचजे ब्लैकहैम, लंदन, रूटलेज और केगन पॉल, लिमिटेड 1951, पृष्ठ. 45-48

5. कारण और अस्तित्व Tr। विलियम अर्ले, कार्ल जैस्पर, पृष्ठ. 10

6. दर्शन का बारहमासी दायरा, राल्फ मैनहेम, पृष्ठ. 62

7. दार्शनिक विश्वास और रहस्योद्घाटन, कार्ल जसपर्स, ट्र। ई.बी. एश्टन द्वारा, पृष्ठ.95

8. कार्ल जसपर्स- उनके दर्शन का परिचय, वालराफ्ट चार्ल्स, एफ. पृष्ठ. 113

9. फिलॉसफी, वॉल्यूम II, कार्ल जैस्पर्स, पृष्ठ. 334

10. मैन इन द मॉडर्न एज, कार्ल जैस्पर्स, ईडन एंड सीडर पॉल द्वारा, पृष्ठ. 307

11. मैन इन द मॉडर्न एज, कार्ल जैस्पर्स, ईडन एंड सीडर पॉल द्वारा, पृष्ठ. 188-190

12. छह अस्तित्ववादी विचारक, एचजे ब्लैकहैम, लंदन, रूटलेज और केगन पॉल, लिमिटेड 1951, पृष्ठ. 56-58

चौथा अध्याय

1. छह अस्तित्ववादी विचारक, एचजे ब्लैकहैम, लंदन, रूटलेज और केगन पॉल, लिमिटेड 1951, पृष्ठ. 66-67

2. होना/Being और होना/Having- एक अस्तित्ववादी डायरी, ट्र। पीटर स्मिथ द्वारा, पृष्ठ. छठी vi- एक्सx

3. होना/Being और होना/Having - एक अस्तित्ववादी डायरी, ट्र। पीटर स्मिथ द्वारा, पृष्ठ. नौवीं ix

4. मानव गरिमा की अस्तित्ववादी पृष्ठभूमि, गेब्रियल मार्सेल, बीकेएस डिमांड यूएमआई, पृष्ठ. 150-152

5. होना/Being और होना/Having - एक अस्तित्ववादी डायरी, Tr। पीटर स्मिथ द्वारा, पृष्ठ. 172

6. छह अस्तित्ववादी विचारक, एचजे ब्लैकहैम, लंदन, रूटलेज और केगन पॉल, लिमिटेड 1951, पृष्ठ. 78

7. अस्तित्ववादी अवधारणाएं और हिंदू दार्शनिक प्रणाली, जी. श्रीनिवासन, पृष्ठ. 185

अध्याय पांच

1. अस्तित्ववाद - के लिए और खिलाफ, पॉल रूबिकजेक, बीकेएस डिमांड यूएमआई, पृष्ठ. 29

2. नीत्शे और ईसाई धर्म, कार्ल जसपर्स पृष्ठ. 47

3. बियॉन्ड गुड एंड एविल, नीत्शे फ्रेडरिक विल्हेम, पृष्ठ. 55

4. अस्तित्ववाद, एक सर्वेक्षण और प्राचीन भारतीय विचार, के. गुरु दत्त पृष्ठ. 21

5. नीत्शे, रिचर्ड शैक्ट, पृष्ठ. 304-305

6. फ्रीडम एंड कार्ल जैस्पर्स फिलॉसफी, यंग ब्रूहल एलिजाबेथ, पृष्ठ. 72

7. ए मैनुअल ऑफ एथिक्स, जदुनाथ सिन्हा, द सेंट्रल बुक एजेंसी, कलकत्ता, 1960 पृष्ठ. 249

8. अस्तित्ववादी अवधारणा और हिंदू दार्शनिक प्रणाली, जी. श्रीनिवासन पृष्ठ. 203

9. नीत्शे- रिचर्ड स्कैच, पृष्ठ. 306-309

10. ए मैनुअल ऑफ एथिक्स, जदुनाथ सिन्हा, द सेंट्रल बुक एजेंसी, कलकत्ता, 1960 पृष्ठ. 256-258

11. तर्कवाद से अस्तित्ववाद तक, अस्तित्ववादी और उनकी 19वीं शताब्दी की पृष्ठभूमि, सोलोमन रॉबर्ट सी. पृष्ठ. 127-130

12. दर्शनशास्त्र का अध्ययन, विल डुरंट, पृष्ठ. 461

अध्याय छह

1. मार्टिन हाइडेगर ऑन बीइंग ह्यूमन, रिचर्ड श्मिट, पृष्ठ. 190-192

2. तर्कवाद से अस्तित्ववाद तक, अस्तित्ववादी और उनकी 19वीं शताब्दी की पृष्ठभूमि, सोलोमन रॉबर्ट सी. पृष्ठ. 219-223

3. एक्ज़िस्टेंशियल एथिक्स, वार्नॉक मैरी, पृष्ठ. 13-14

4. ईसाई अस्तित्ववाद में अध्ययन, जॉन मैक्वेरी, पृष्ठ. 51-52

5. छह अस्तित्ववादी विचारक, एचजे ब्लैकहैम, लंदन, रूटलेज और केगन पॉल, लिमिटेड 1951, पृष्ठ. 52-53

अध्याय सात

1. स्वतंत्रता की निंदा की, जस्टस स्ट्रेलर, पृष्ठ. 10-12

2. स्वतंत्रता की निंदा की, जस्टस स्ट्रेलर, पृष्ठ. 123

3. अस्तित्ववाद (फ्रेंच) Tr। कैथलीन राइन द्वारा, फॉल्की पॉल पृष्ठ. 69

4. छह अस्तित्व सूची विचारक, एचजे ब्लैकहैम, लंदन, रूटलेज और केगन पॉल, लिमिटेड 1951, पृष्ठ.123

5. स्वतंत्रता की निंदा की, जस्टस स्ट्रेलर, पृष्ठ.41

6. छह अस्तित्ववादी विचारक, एचजे ब्लैकहैम, लंदन, रूटलेज और केगन पॉल, लिमिटेड 1951, पृष्ठ.136

7. सार्त्र का दर्शन, वार्नेक मैरी, पी.पी. 43-45

8. तर्कवाद से अस्तित्ववाद तक, अस्तित्ववादी और उनकी 19वीं सदी की पृष्ठभूमि, सोलोमन रॉबर्ट सी. पृष्ठ. 278

9. अस्तित्ववाद - के लिए और खिलाफ, पॉल रूबिकजेक, बीकेएस डिमांड यूएमआई, पृष्ठ. 126-128

10. अस्तित्ववाद और मानवीय भावनाएं, जीन पॉल सार्त्र, कैरल पब ग्रुप, पृष्ठ. 59

अध्याय आठ

1. एक्ज़िस्टेंशियलिज़्म एंड द मॉडर्न प्रेडिकेमेंट बाय एफ.एच. हेनेमैन, लंदन एडम एंड चार्ल्स ब्लैक, 1953, पृष्ठ. 167

2. अस्तित्व का दर्शन, जीन वाहल, रूटलेज और केगन पॉल, 1969, पृष्ठ. 59

3. अस्तित्व और स्वतंत्रता की ओर और मानव परिमितता की ऑन्कोलॉजी, केल्विन ओ श्राग, उत्तर पश्चिमी यू। पीआर पृष्ठ. 49

4. अस्तित्व और स्वतंत्रता की ओर और मानव परिमितता, केल्विन ओ श्राग, उत्तर पश्चिमी यू. पीआर पृष्ठ. 63

5. अस्तित्ववाद दर्शन के रूप में, फर्नाडो मोलिना, अप्रेंटिस हॉल, 1962 पृष्ठ. 28, 97

www.ingramcontent.com/pod-product-compliance
Lightning Source LLC
LaVergne TN
LVHW010919051026
849532LV00003B/771